"十三五"江苏省重点出版规划项目
教育部人文社会科学重点研究基地重大招标课题:
中国德育数据库建设 [18JJD880002] 的阶段性成果
资助单位: 南京师范大学道德教育研究所 南京师范大学立德树人协同创新中心

中国儿童道德发展报告系列
孙彩平 主编

浙江省
儿童道德发展报告
10到18岁

滕春燕 方丽敏 编著

南京师范大学出版社
NANJING NORMAL UNIVERSITY PRESS

图书在版编目(CIP)数据

浙江省儿童道德发展报告.10到18岁/滕春燕,方丽敏编著.—南京:南京师范大学出版社,2019.1
(中国儿童道德发展调查报告系列)
ISBN 978-7-5651-3868-3

Ⅰ.①浙… Ⅱ.①滕… ②方… Ⅲ.①儿童教育—德育—研究报告—浙江 Ⅳ.①G41

中国版本图书馆 CIP 数据核字(2018)第 242388 号

丛 书 名	中国儿童道德发展调查报告系列
丛书主编	孙彩平
书　　名	浙江省儿童道德发展报告(10到18岁)
编　　著	滕春燕　方丽敏
策划编辑	姜爱萍　翟桂叶
责任编辑	翟桂叶
出版发行	南京师范大学出版社
地　　址	江苏省南京市后宰门西村9号(邮编:210016)
电　　话	(025)83598919(总编办)　83598412(营销部)　83598297(邮购部)
网　　址	http：//press.njnu.edu.cn
电子信箱	nspzbb@163.com
印　　刷	江苏中山印务有限公司
开　　本	718毫米×1000毫米　1/16
印　　张	12.5
字　　数	197千
版　　次	2019年1月第1版　2019年1月第1次印刷
书　　号	ISBN 978-7-5651-3868-3
定　　价	39.80元
出版人	彭志斌

南京师大版图书若有印装问题请与销售商调换
版权所有　侵犯必究

序 言

调查目的

当前,中国正处于历史发展的新时期,开放、多元化、全球化、信息化成了中国社会的典型特征,社会的伦理精神和道德生活也出现了新的转变。文化多元、阶层隔阂、社会分化的情况加剧,极端个人主义、功利主义和盲目攀比、追求奢华生活等价值观念借助新媒体等技术手段,对核心价值观与传统价值观形成了新的挑战。

那么,当代中国儿童的道德发展状况如何?儿童是否保留着对中华传统美德的尊敬,是否认同社会主义核心价值观,是否关注公共生活的文明与秩序?他们的道德发展状况存在着什么样的趋势与阶段性特点?什么是他们道德成长中的限制性影响因素以及他们喜欢什么样的道德教育方式?对中国儿童道德发展的根本与关键问题的深刻关切,融合着家庭对后代的殷切希望、教育对儿童的成长责任,也包含着国家与社会对未来的期许。

长期以来,由于缺乏基本可靠的数据支撑,中国道德教育理论研究长于哲学思辨,失于对中国儿童道德发展的现实问题的深入分析与把握,致使理论研究对问题解决的力度不足。

基于时代与研究的需要,更基于中国儿童道德发展的需要,南京师范大学道德教育研究所与立德树人协同创新中心启动中国儿童道德发展的数据采集工作,以期建立中国儿童道德发展的国家样本库,为中国道德教育理论研究的深化提供支撑;为中国道德教育现实问题的解决提供支撑;为国家德育课程、教学及教材改革提供支撑;为中国精神文明建设和伦理道德发展提供支撑;为国际社会准确了解中国儿童道德发展状况提供支撑。

道德是一种文化—心理结构,儿童道德是儿童与他所在的社会文化环境(包括学校生活与家庭生活)相互作用的结果。这意味着儿童的道德成长是社会性的,在特定的社会与特定的时期,儿童的道德成长状况可能在整体上不同于其他的社会与其他的时期,儿童所认同的价值观念,形成的道德情感,进行道德判断的依据乃至道德行为倾向,既会呈现出一些整体性的特点,也会存在一些整体性的问题。本调查的基本目的,正是了解与把握这些整体情况、倾向与问题。

调查内容

关于中国儿童道德发展状况的实证研究,在国际和国内并没有被普遍认可的综合性量表或调查问卷,尽管国际道德教育研究领域有经典的道德认知发展学派的两难故事法测验及其变式确定问题测验(Defining Issues Test, DIT),国内有顾海根、李伯黍老师的上海地区道德判断的常模研究,卢家楣老师的全国范围的道德情况测验,但这些研究都是针对儿童道德发展的某一个指标——道德判断或者道德情感,以此为基础设计的问卷,并不是针对道德发展的综合性问卷。

在道德发展理论中,知、情、行是道德教育理论普遍认可的人的品德的三个基本构成要素,分别对应道德观念、道德情感与道德行为,也有人把道德意志和道德信念列为人的品德的第四和第五要素。同时,在20世纪的道德发展心理学中,道德判断备受关注,成为道德发展理论和德育理论关注的重要内容,因为学界普遍认为道德判断与道德行为间有着更密切的相关性。德育理论界一直认为,品德中某一因素的发展状况,即使再精确,也很难说明品德发展的整体状况。为了对中国儿童道德发展的整体状况有全面的了解,我们采用了自编问卷的方式,将道德观念、道德情感、道德理性和道德行为作为考察当代中国儿童道德发展的四个核心要素,同时调查当代儿童对学校德育方式的看法,以及影响其成长

序 言

的困扰性因素。

此调查核心目的在于了解当代儿童道德发展的整体状况及其随年龄变化的发展趋势,同时了解影响儿童道德成长的关键因素,因此,在自然情况分类中,包括年龄、性别、区域、城乡、家庭生活方式(是否长期与父母、祖辈生活在一起,是否单亲或者离异家庭)、生活满意度、民族。需要说明的是,这些要素,是回应社会关注视角,在逻辑上不是完全并列的关系。

由此,本调查报告提供中国 10 到 18 岁儿童(2016 年 7 月为止)道德观念、道德情感、道德理性、道德行为、德育方式、成长困扰 6 个指标的整体状况,以及其年龄、性别、区域、城乡、家庭生活方式、生活满意度和民族因素的相关情况,以此把握 2016 年中国儿童道德发展的整体情况、趋势特点与影响因素。整体结构如下图所示:

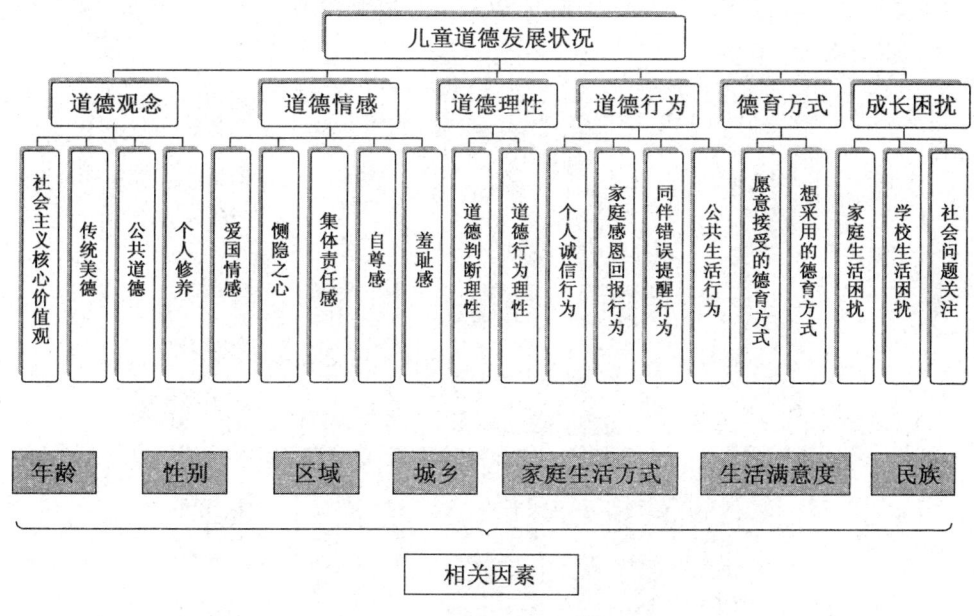

中国儿童道德发展状况整体结构图

调查对象

包含道德观念、道德情感、道德理性、道德行为、德育方式及成长困扰因素在内的综合性问卷,不同于标准化的测验,也不同于心理学的量表,而是更接近于社会调查,因此,其调查的信度与效度,跟样本选取的代表性与普遍性有着密切的关系。

为最大限度了解中国儿童道德发展的整体面貌,我们在取样时选择了分组分层相结合的取样方式。本次调查取样以全国七大行政区东北、西北、华北、华中、华东、西南、华南为分组,每个大行政区选择一个省份(自治区、直辖市)(华南地区选择了两个)作为一层样本,每省(自治区、直辖市)选择一个地级市作为二层样本,各市选择城市中心区(城市)、城市新兴区(城乡接合部)、一个县(农村)作为三层样本,各区(县)选择优质、普通及薄弱小学、初中、高中各一所作为四层样本,各学校以年级为单位,以7个班为年级班数上限进行采样,作为五层样本。此次调查样本总量涵盖7个省(自治区、直辖市)、21个区(县),189所学校,对象为小学四年级到高中三年级(4~12年级)儿童,分别对应10到18岁儿童。

具体图示如下:

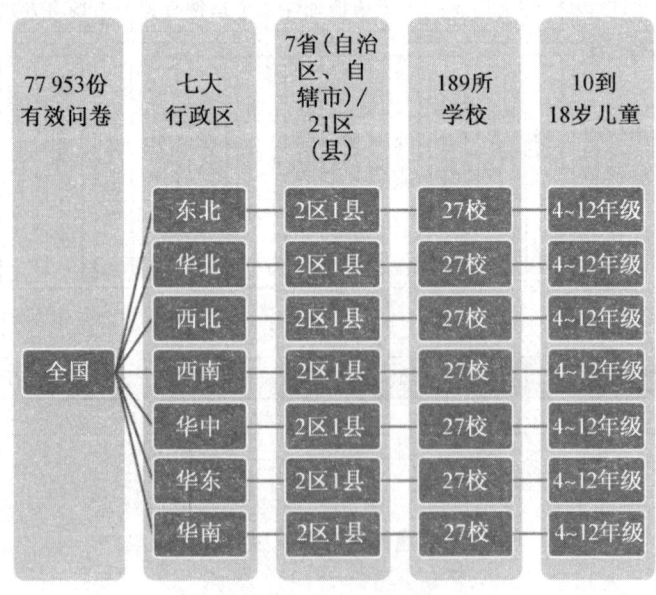

全国七大行政区分组分层取样详情图

其中,黑龙江省作为东北地区取样代表,河北省作为华北地区取样代表,宁夏回族自治区作为西北地区取样代表,重庆市作为西南地区取样代表,湖北省作为华中地区取样代表,浙江省作为华东地区取样代表;考虑到华南地区内部发展差异较大的现实情况,取深圳市作为华南地区城市发展样本代表,海南省作为华南地区一般发展样本代表。此套丛书即以此次数据采集为依据,是上述各省(自治区、直辖市)再加上江苏省的儿童道德发展报告的单行本的合辑。为方便大家了解各省(自治区、直辖市)与全国儿童道德发展状况的比较,每个分册在基本结论部分提供了相应的全国数据。

解读说明

这是首次全国范围大样本的儿童道德发展状况调查,在问卷编写、取样设计与结果处理中都面临着重大的困难,虽多方努力,但仍存在着一定的不足,如取样不能在各个维度上与人口学样本完全一致,问卷调查的方法对了解儿童道德发展状况的有效性有待验证,类别变量差异检验因样本量过大而且不均衡可能存在偏差等。存在不足,知道不足,不断克服与改进这些不足,需要我们长期的努力,也提醒我们对调查结果本身保持应有的理性。由此,课题组明确以下几个方面的问题,提请大家在阅读与使用本丛书时注意。

首先,此调查报告提供当代儿童的整体状况,不适用于个体道德状况的诊断。

由于道德发展本身的社会情境性、长期性以及道德动机的内隐性特征,道德测评至今在理论上与现实中都还是难题。小样本的个案跟踪可以提供个案的深入细致的道德发展过程,发现道德成长的特殊文化机制与困境,有望对个体道德发展状况做较准确的判断,但因其个体化特征,无法对群体的整体状况做出推断;而大样本的问卷调查(如此次调查)难以对个体道德成长进行深入了解,但在了解当代中国儿童道德发展的整体特征以及发展趋势上有着其他方法不能媲美的优势,也可以呈现不同群体间的整体差异与变化。例如,高中生、初中生和小学生的道德发展差异,不同家庭生活方式的儿童,如留守儿童与跟父母一起生活的儿童道德成长的整体差异等。把握整体情况与群体差异及整体趋势与倾向,才可能超越个体经验与个案的视野,制定各自适宜的教育策略,避免以偏概全。此调查报告属于大样本的问卷调查,因而适宜以此了解当代儿童道德发展的整体情况与趋势,不能作为个体道德成长判断的依据;可以以此了解不同群体儿童道德发展的整体状况,但也要注意避免将其中的结论当作特定群体的道德标签。如调查发现,留守儿童群体在道德发展上面临更大的困境,是当前道德发展的弱势群体。这个结论意味着相对于与父母一起生活的儿童而言,留守儿童整体上感受到成长困扰的比例更高,在更多方面表现出值得关注的道德发展倾向,但不意味着每个留守儿童都如此,也不意味着所有留守儿童在道德成长上都处于弱势状态。多数留守儿童在道德成长上是健康的,只是这样的儿童在留守儿童中的比例,明显低于与父母一起生活的儿童群体中的相应比例。因而,不可以以此作为留守儿童个体或者群体的道德成长标签,但只有了解此情况,国家和相关区域才可能采取相应的针对性策略,与学校教育一起帮助更多的留守儿童走出困扰,健康成长。

其次,道德是一种综合性极强的实践智慧,对道德发展状况的理解必须是整体性的、综合性的,不能只考虑单一因素或者将各因素简单相加。

理论上品德包括知、情、行三因素或者知、情、意、行四因素,同时强调这些因素间的相互影响、相互制约的关系,因而,知行脱离或者知行不一长期以来被当作道德教育要解决的难题。道德发展状况的研究,要特别关注几个因素间的内在联系和一致性。为了了解儿童道德发展的多因素状况,此次调查内容涉及儿童的价值观念、道德情感、道德判断以及道德行为表现等几个方面。结果显示,知行不一的问题,并非当代儿童道德成长中的普遍状况。在某些方面,儿童的价值观、情感与行为表现出高度的内在统一性,如对孝敬和诚信,儿童既在观念上有较高的认同度,也在行为上表现出跨越年龄的高度普遍性,而对规则的认可,也在道德判断与道德行为中有着较突出的一致性。由此可见,孝敬、诚信和守规则是当代儿童较为稳定的道德品质。而在另一些方面,如关心他人,90%以上的儿童对弱势群体有着关怀的情感,但只有不到一半的儿童会真的施以援手,其他儿童仅限于同情,在行为上,一方面寄希望于有好心人去帮助他们,另一方面担心自己惹上麻烦而选择观望或者避开,可见,在关心他人方面儿童存在着某种程度的情感与行为间的不一致性,说明这一品质在当代儿童身上还不稳定,或者出于多方面条件的限制,还有较大的提升空间。综合地考察儿童道德发展的各个因素,尤其是注意各个因素间的一致性状况,从而发现儿童的稳定性道德品质,以及尚需要注意培养的品质,特别是发现不同年龄儿童道德成长的不稳定层面,才能制定针对性的学习内容和培养方案。

再次,道德是一种"中庸"的状况,"持续增长"的发展观念不适用于理解儿童的道德发展。

受现代化发展观的影响,很多人已经习惯把"增长"看作发展的表现,将"下降"理解为退步的象征,这一观念,在道德发展中并不适用。中西方传统哲学有着很大的差异,但亚里士多德和孔子,都将"中庸"作为德性的特点。孔子强调"过犹不及""君子中庸",亚里士多德则认为"德性是适度",这是道德品质的特殊性。依据这样的观念,道德情感过度强烈与不彰都不是美德的内在要求,与美德相宜的,是"中",是恰到好处。依据儿童道德发展报告的结果,儿童的爱国情感、集体责任感、恻隐之心、自尊感以及羞耻感,都在不同程度上表现出随年龄增长而下降的趋势,但不能由此简单地认为这是一种道德发展的下滑或者后退的标志。年龄小的儿童思虑简单,情感表现单纯强烈,容易出现冲动的行为反应,从道德是一种慎思后的表现以及中庸的视角,这不是道德成熟或较高水平的表现。进一步的数据分析可以印证这一点。道德情感的强度,由于加入了不同的原因(理性或者思虑)而表现出消减,如将国际比赛中的成绩归因于个人荣誉比例的小幅上升导致了爱国情感随年龄增长的小幅下降;将当众批评归因于他人过错比例的上升导致了羞耻感的明显下滑。同时,也要注意一些细微的内在变化。如,虽然整体上恻隐之心的比例没有出现随着年龄增长的明显下降,但儿童的内心感受却发生着微妙的变化:随着年龄的增长,更多儿童限于同情的感受,寄希望于好心人对弱势者履行帮助,而非亲自施以援手。这看上去是同情的强度发生了变化,或者处理同情心的方式发生了变化,而这种变化,部分应源于基于现实情况的慎思——多数儿童在经济上不独立,直接助人的能力有限,部分则可能源于个体功利的道德思维倾向。

最后,当代儿童的道德成长是文化社会性的,也是时代性的。

儿童的道德发展是普遍性的,还是具有文化和社会的特殊性?这在理论上依然是有争议性的话题。到目前为止,国际上尚没有公认的常模,也没有较为权威的整体道德发展量表。此次调查发现,在道德认知发展形式上,中国10到18岁儿童表现出完全不同于西方经典理论(科尔伯格道德认知发展的三水平六阶段理论)的发展模式。中国儿童的道德认知判断理由,呈现多元并存状态,且呈现一种非阶段性发展模式。这个结果为儿童道德发展的文化和社会的特殊性论断提供了佐证,提醒中国的教育理论与实践要对中国儿童道德成长的文化特殊性保持足够的敏感度,努力研究中国儿童发展的特点、问题与趋势,不可完全用其他文化、社会情境中儿童发展的模式来思考中国儿童的道德成长问题,更不能把其他国家儿童发展中的问题简单地当作是当代中国儿童发展的问题。当然,确认一个结论,仅一次调查是不够的,还有待在后期的跟踪中进一步深入地研究。

调查发现的儿童道德成长的文化与社会特殊性的另一个佐证,是中国传统道德观在当代儿童身上的明显印迹,最为典型的是孝敬。上文提到,在当代儿童身上,孝敬的美德,从观念到行为,保持着高度的内在一致性。这是其他文化中的儿童所没有的。如果说道德认知判断发展模式的不同,体现的是道德发展形式上的文化特殊性,孝敬这一中国文化的特有内涵在中国儿童身上的烙印,则是在内容上体现了中国儿童道德发展的特色。自然,选择哪些中国传统文化道德通过教育的途径加以传承,是当前中国文化重建的重大问题之一。

中国儿童道德发展的特殊性,还表现在其发展倾向上。调查发现,当代儿童在肯定性道德判断分化后,更普遍地把个体功利作为理由,把规则与法律作为否定性道德判断的理由;在责任承担上,随着年龄的增长,更普遍有着"自扫门前雪"的心态与行动,这当然也是一种承担责任的方式,但显然是一种与集体或者公共责任间的联系不够紧密和明显的承担方式。规则与法律的行为规范性功能的突显,当然是非常重要的一个方面,但这也可能是当下规则与法律的禁令性倾向明显、权利保障略显不足的现实在儿童观念与思维方式上的反映。这些,都是中国社会的特殊性的体现,也是时代性的体现,是值得国家、社会关注的当代儿童道德成长倾向。这提示我们要从顶层设计出发,通过课程与学校活动,以及社会媒体的舆论导向,对儿童道德成长中的一些偏向进行分阶段、有针对性的引导,同时通过不同层次的法治建设活动,调整规则与法律的禁令性倾向,引导儿童健康成长。

致谢

本次调查由教育部人文社会科学重点研究基地南京师范大学道德教育研究所、南京师范大学立德树人协同创新中心共同组织开展,同时得到兄弟高校,各省(自治区、直辖市)、市、区教育研究院或教育厅(局)的大力协助与支持,他们是(排名不分先后):

黑龙江省教育学院

黑龙江省哈尔滨市南岗区教师进修学校

黑龙江省鹤岗市教师进修学院

黑龙江省穆棱市教育局

河北师范大学教育学院

河北省石家庄市教育局

宁夏大学教育学院

宁夏回族自治区教育厅师资处

湖北省教育科学研究院

湖北省武汉市教育科学研究院

重庆市教育科学研究院

江苏省南京市教育科学研究所

江苏省南京市鼓楼区教育局

江苏省南京市栖霞区教育局

江苏省丹阳市教师发展中心

海南省教育研究培训院

此次调查,上海闻政教育管理咨询有限公司给予了免费数据技术支持,在此一并表示感谢!

中国儿童道德发展数据库建设课题组

孙彩平

2018 年 12 月

前　言

浙江省地处我国东部沿海,社会开放程度高,文化多元性强,市场经济发展快速,人们思想道德状况变化快。为了解浙江省儿童道德发展状况,以期通过客观评价,为改进儿童德育工作提供科学依据,2016年春季,本课题组在浙江省部分学校和地区,通过网络问卷的形式进行抽样调查和数据采集,样本为小学四年级到高中三年级的学生,分别对应10到18岁的儿童,样本选取顾及年段差异、性别差异、城乡差异等共六方面影响因素,共收到有效问卷11 871份。

通过对浙江省的取样和分析,得出浙江省儿童道德发展整体情况如下:诚信、自由、和谐是受关注程度相对较高的社会主义核心价值观,孝敬父母是受关注程度最高的传统美德,正义是受关注程度最高的公共道德,勤奋、大度是受关注程度相对较高的个人修养方面的价值观。不同年段儿童对各项价值观的关注存在不同程度的差异。在各种价值观中,浙江省儿童对自由的关注明显高于全国平均水平;大部分浙江省儿童有明确而积极的道德情感,年龄不同,道德情感的表达存在一定差异;浙江省儿童在道德行为理由上表现出普遍的规范认同,明显高于全国平均水平。浙江省儿童在道德判断、道德行为理由上表现出年段差异;在道德行为上普遍表现良好,诚信、感恩回报、遵守规则一直保持较高比例;实际锻炼法是儿童普遍愿意接受的德育方式;对自己生活(家庭生活、学校生活)的满意程度高于全国平均水平,最集中的家庭生活困扰是学业压力重;留守儿童处于道德发展的不利境地,各项指标的发展情况与其他家庭生活方式的孩子有着较大差距。

  此次调查,对于精准把握浙江省儿童道德发展的现实状况,深入分析道德发展过程中的具体问题,通过理性数据和客观评价为更新和改进儿童德育工作内容、丰富和创新德育工作模式、加强和提高德育工作的针对性及有效性而提供科学依据意义重大。在此,向为本次调查提供积极帮助的学校和老师表示衷心感谢!

方丽敏 滕春燕

目 录

序 言	1
前 言	1

I 报告基本情况说明

1 问卷编制与施测	3
1.1 问卷编制	3
1.2 施测情况及数据处理	3
2 被试基本情况	5
3 基本结论	7
3.1 整体结论	7
3.2 分项结论	12

II 浙江省各项指标的详细数据分析

1 浙江省儿童价值观发展状况	31
1.1 社会主义核心价值观	31

1.2	传统美德	47
1.3	公共道德	53
1.4	个人修养	58

2 浙江省儿童道德情感发展状况　65
2.1	爱国情感	66
2.2	关爱情感	72
2.3	集体责任感	79
2.4	自尊感	85
2.5	羞耻感	92

3 浙江省儿童道德理性发展状况　99
3.1	儿童道德判断水平发展状况	99
3.2	儿童道德行为理由	124

4 浙江省儿童道德行为发展状况　130
4.1	个人诚信行为	130
4.2	家庭感恩回报行为	136
4.3	同伴错误提醒行为	142
4.4	公共生活行为	148

5 浙江省儿童愿意接受的道德教育方式　162

6 浙江省儿童成长的困扰　168
6.1	家庭生活困扰	168
6.2	学校生活困扰	176

I 报告基本情况说明

1 问卷编制与施测

1.1 问卷编制

《儿童道德发展状况问卷》是在查阅国内外相关文献的基础上,邀请了道德教育、教育发展心理学、道德发展心理学、教育社会学、社会学等领域的专家学者共同研制而成的。问卷的自然情况包括性别、年段(龄)、所在省份、学校所在地(城乡)、生活满意度、家庭养育方式六个方面。主体问卷以选择题为主、扩展填空题为辅,共 23 题,涵盖儿童道德观念、道德情感、道德理性、道德行为、德育方式、成长困扰六个指标。

1.2 施测情况及数据处理

1.2.1 试测

2015 年 1 月到 3 月,课题组先在江苏、安徽、山东范围内,邀请小学四年级到高中三年级儿童各 5 到 10 人试填写了问卷,根据试测结果和反馈,对各年段的问卷进行了调整。

1.2.2 施测

2016 年春季,本课题组在浙江省部分学校和地区,通过网络问卷的形式进行抽样调查和数据采集。此次调查,共收到有效问卷 11 871 份。涉及的对象为小学四年级到高中三年级学生,分别对应10到18岁群体。样本选取顾及性别分布——参与调查的男生5 416人,占45.62%,女生6 455人,占54.38%;顾及年级分布——小学阶段3 027人,占25.50%,初中阶段3 401人,占28.65%,高中阶段5 443人,占45.85%;顾及城乡分布——大中城市人数为11 106人,占93.56%,小城镇人数为622人,占5.24%,乡村人数为143人,占1.20%;此外还兼顾生活满意度分布和家庭生活方式分布。

1.2.3 数据处理方法

课题组使用IBM SPSS Statistics 22数据分析软件进行数据分析。由于数据是分类变量而非连续变量,因而对各类儿童的道德发展状况进行差异检验时,采用列联表分析中的卡方检验(Chi-square test)的方法。

通过列联表卡方检验,可以得到卡方值、显著性概率值(P)以及调整后的残差值(AR)。在非参数检验的列联表中,通过观察卡方值和P值可以初步判断数据之间的相关性,即两类变量之间的相关性。如果卡方值的显著性小于或等于0.05,即$P \leqslant 0.05$,说明自变量(年段、性别、城乡等)各水平类别在所有反应变量(问卷中的各选项)上至少有一个反应变量的人数比例间有显著差异。卡方值越大P值就越小,差异就越显著。具体而言:

若$P \leqslant 0.01$,表示差异非常显著;

若$0.01 < P \leqslant 0.05$,表示差异比较显著;

若$P > 0.05$,表示没有显著差异。

若$P \leqslant 0.05$,则进一步考察交叉表中调整后的残差值(AR),由此可以获知具体的哪一个或者哪一些反应变量的人数比例间存在显著差异。

若$|AR| > 2.58$,代表差异非常显著;

若$1.96 < |AR| \leqslant 2.58$,代表差异比较显著;

若$|AR| \leqslant 1.96$,代表差异不显著。

2 被试基本情况

被试基本情况如下表所示：

特征			样本量	百分比
性别		男	5 416	45.62%
		女	6 455	54.38%
年段（龄）	小学高段	10 岁	1 043	8.79%
		11 岁	1 085	9.14%
		12 岁	899	7.57%
	初中	13 岁	1 296	10.92%
		14 岁	1 088	9.17%
		15 岁	1 017	8.57%
	高中	16 岁	2 101	17.70%
		17 岁	2 022	17.03%
		18 岁	1 320	11.12%
城乡		大中城市	11 106	93.56%
		小城镇	622	5.24%
		乡村	143	1.20%
生活满意度		很满意	6 143	51.75%
		基本满意	5 239	44.13%
		不满意	489	4.12%

(续表)

特征		样本量	百分比
家庭生活方式	和爸妈、爷爷奶奶经常住在一起	2 860	24.09%
	和爸妈经常在一起	7 995	67.35%
	父母(1人或2人)常年在外打工	376	3.17%
	单亲家庭	445	3.75%
	离异再组合家庭	195	1.64%

3 基本结论

3.1 整体结论

(1)浙江省儿童在社会核心价值观上,对自由的关注程度远高于全国平均水平,对和谐的关注程度略高于全国。相较全国平均水平,浙江省儿童对个人修养价值观中的勤奋的关注度明显较低;浙江省儿童对传统美德中的孝敬父母以及公共道德中的正义的关注程度与全国基本持平。

诚信(57.64%,全国:57.98%)、自由(36.48%,全国:26.13%)、和谐(34.46%,全国:32.85%)是受浙江省儿童关注程度相对较高的社会主义核心价值观;孝敬父母(56.70%,全国:56.43%)是受关注程度最高的传统美德;正义(31.43%,全国:30.11%)是受关注程度最高的公共道德;勤奋(30.22%,全国:36.10%)和大度(27.18%,全国:26.43%)是受关注程度相对较高的个人修养方面的价值观。

国家层面价值观,10至18岁儿童普遍比较看重和谐与文明两项价值观。随着年龄的增长,看重和谐的人数比例整体上呈下降趋势,看重文明的人数比例变化则较为平缓;同时,关注富强、民主两项价值观的人数比例随着儿童年龄的增长而呈上升趋势(见图1-3)。社会层面价值观,不同年段儿童普遍比较关注的是自由与平等,关注自由、法治的人数比例整体上随着儿童年龄的增长而增长,关注平等与公正的人数比例整体上呈下降趋势(见图1-10)。个人层面价值观,不同年段儿童普遍最关注诚信,其次是友善。儿童对诚信的关注程度最高点和最低点相差约15个百分点,整体上随着年龄的增长而下降。对友善的关注程度最高点和最低点相差约10个百分点,整体上随儿童年龄变化波动增长(见

图1-17)。

传统美德方面,10至18岁儿童普遍都很看重孝敬父母,整体上随着年龄的增长,儿童对孝敬父母的关注程度整体上有所下降,对谦虚礼让的关注程度则整体上有所上升(见图1-24)。

公共道德方面,10至18岁儿童,随着年龄的增长关注不影响他人及按规则办事的人数比例整体上呈上升趋势。10至12岁的儿童,随着年龄的增长,关注正义的人数比例逐渐下降,关注廉洁奉公的人数比例逐渐上升。13至18岁儿童,随着年龄的增长,关注廉洁奉公的人数比例逐渐下降,关注正义的人数比例最高点和最低点相差近9个百分点。(见图1-31)

个人修养方面,10至15岁儿童普遍比较关注的是勤奋和大度,16至18岁儿童最为关注的是自省。随着儿童年龄的增长,看重勤奋和大度的人数比例整体上呈下降趋势,看重自省的人数比例则逐渐上升。(见图1-38)

(2) 浙江省大部分儿童有明确而积极的道德情感,年龄不同,道德情感的表达存在一定差异。其中,浙江省儿童的爱国情感与责任感略高于全国平均水平,关爱情感与羞耻感明显高于全国平均水平,自尊感低于全国平均水平。

86.18%的浙江省儿童因中国运动员在国际比赛中获得冠军而敬佩和激动,与全国平均水平(85.78%)基本持平。其中38.06%的儿童表示十分激动,觉得中国人是好样的,48.12%的儿童认为这个运动员为国争光,表示很敬佩。初中年段的儿童比高中和小学年段的儿童更倾向于将此事归于"中国人是好样的",小学年段的儿童更倾向于将此事归为"这个运动员为国争光,我很敬佩"上。(见图2-1,2-2)

在关爱情感方面,94.52%的浙江省儿童对弱势群体具有明显的关爱情感(恻隐之心),明显高于全国平均水平(91.07%),但儿童表现关爱情感的方式不同。小学年段的儿童更倾向于尽己所能施以援手,高中年段的儿童更倾向于希望有好心人去帮助他们。(见图2-8,2-9)

85.82%的浙江省儿童表现出明显的集体责任感,与全国平均水平(85.41%)基本持平,其中45.85%的儿童通过管好自己为他人做表率,39.97%的儿童想说服全班同学共同维护班集体的卫生。随着年级的上升,说服全班同学共同维护班级卫生的比例整体呈下降趋势。(见图2-15,2-17)

81.19%的浙江省儿童自尊感普遍表现强烈,略低于全国平均水平(82.88%),其中69.93%的儿童在犯错误被老师当众批评后,都会决心日后要改正。随着年级的升高,儿童选择"日后一定要改正,找回尊严"的比例整体呈波动下降的趋势。(见图2-22,2-24)

浙江省儿童普遍具有很强的羞耻感,54.93%的儿童会为自己作弊得到高分受到表扬而感到羞耻,明显高于全国平均水平(50.13%);23.81%的儿童认为"抄袭是作弊,以后不能这么做了"。随着年级的升高,儿童会对自己的作弊行为感到羞耻的比例整体呈波动下降的趋势。(见图2-29,2-31)

(3)浙江省儿童在道德理性和道德行为理由上表现出年段差异。在道德行为理由上,普遍认可社会规范,明显高于全国平均水平。

73.72%的浙江省儿童能够作出明确的道德判断,与全国平均水平(74.11%)基本持平,78.06%的浙江省儿童在道德行为理由上表现出强烈的规范认同(全国:67.16%)。(见图3-1,3-29)

在道德判断上,26.28%的浙江省儿童不能作出明确的道德判断,处于道德理性发展的矛盾期或过渡期,五年级儿童容易面临道德困惑的人数比例略高,占39.17%。(见图3-1,3-3)

在"肯定性"道德判断中,随着儿童年龄的增长,从道德判断水平处于阶段二的角度分析,小学阶段较平稳,从初中到高中呈逐渐上升趋势。在阶段三水平上,整体呈现先下降后上升再下降的趋势,六年级比例最低(3.68%)。在阶段四水平上,整体呈现上升趋势。在阶段五水平上,从小学四年级到高中三年级,整体上呈下降趋势。在阶段六水平上,呈现先下降后上升的趋势,初三达到最低(14.67%)。(见图3-10)

在"否定性"道德判断中,随着儿童年龄的增长,从小学四年级至高中三年级儿童的道德判断水平普遍处于阶段四和阶段五,且随着年龄的增长,处于阶段五的人数比例呈波动上升趋势,处于阶段四的人数比例整体上呈现先上升后下降趋势。处于阶段一和阶段三的人数比例在不同年段所占比例都比较小。(见图3-17)

在"两难性"道德判断中,无论是小学生还是初中生和高中生,都存在道德焦虑问题,并且集中表现在阶段六"以普遍伦理原则为价值取向"水平上,五年级和六年级人数比例较高,分别为50.59%和46.71%,其他阶段所占比例很低(见图3-24)。全国儿童平均水平也集中表现在阶段六"以普遍伦理原则为价值取向"水平上,五年级和六年级人数比例较高,分别为40.68%和38.24%。

在认可的道德行为理由上,75%以上的儿童把社会规范作为道德行为的理由。儿童普遍认可的道德行为理由是社会规范,在各年级的人数所占百分比在70%到85%之间波动,基本上不随年龄的变化而发生大幅度变化;其他道德行为理由所占比例基本在10%以下。(见图3-29,3-31)

(4) 浙江省儿童在道德行为上普遍表现良好,保持诚信、感恩回报、遵守规则一直保持较高比例,各种道德行为频率整体上随年龄增长呈现下降的趋势,与全国趋势相同。

86.57%的浙江省儿童能做到诚信自律,拿到多找的钱时会还回去,与全国平均水平(85.36%)基本持平,但选择这样做的儿童人数比例随着年龄的增长总体呈现下降趋势,高一降到最低点80.91%(全国最低点高三:75.70%)。(见图4-1,4-3)

79.71%的浙江省儿童在家庭生活中能经常感恩回报,略高于全国平均水平(77.77%)基本持平,人数比例随着年龄的增长波动不大。(见图4-8,4-10)

67.48%的浙江省儿童会主动提醒同伴的错误,与全国平均水平(68.61%)基本持平,但这样做的儿童人数比例随着年龄的增长总体呈现下降趋势,到高二降到最低点57.57%。(见图4-15,4-17)

61.81%的浙江省儿童通常不会在公共场所因一己之私违反规则,远远高于全国平均水平(55.12%),在六年级达到最低值(54.95%)。(见图4-22,4-24)

45.73%的浙江省儿童在看到弱势者陷入困境时会施以援手,并在必要时寻求周围人的帮助,与全国平均水平(45.68%)基本持平。选择上前制止并会寻求周围人帮助的儿童人数比例随着年龄的增长整体上出现下降的趋势,高一达到最低值(37.08%)。会上前劝止并提出警告的儿童人数比例整体上也呈现明显的下降趋势,高二达到最低值6.58%。(见图4-29,4-31)

(5) 实际锻炼法是浙江省儿童普遍愿意接受的德育方式,与全国儿童选择相同。

实际锻炼法(34.41%,全国:33.34%)、说理教育法(26.79%,全国:

24.80%)和榜样示范法(12.32%,全国:14.08%)是浙江省儿童比较愿意接受的道德教育方式。其中,实际锻炼法是儿童普遍愿意接受的道德教育方式,不同年级的儿童人数所占百分比基本都在30%以上,与全国平均水平基本持平。说理教育法也是儿童喜欢的道德教育方式,从整体上看,随着儿童年级的升高,喜欢说理教育法的人减少。榜样示范法在不同的年级受认可的程度也不尽相同,整体呈下降趋势。(见图5-1,5-3)

(6) 浙江省儿童对生活很满意的人数比例低于全国平均水平,对生活基本满意的人数比例高于全国平均水平。学业压力作为浙江省儿童的主要家庭困扰,其比例低于全国平均水平。

51.75%的浙江省儿童对自己的生活很满意(全国:54.49%),44.13%的浙江省儿童对生活基本满意(全国:41.29%)。46.04%的浙江省儿童感受到来自家庭的各种困扰(全国:53.43%),最集中的是学业压力(见图6-1)。62.19%的浙江省儿童感受到来自学校的各种困扰(全国:65.16%),最集中的是上课无趣(见图6-8)。

家人给予的学业压力是浙江省儿童感受到的最为普遍的家庭困扰(见图6-3)。上课无趣是儿童感受到的最普遍的学校困扰,中学后,儿童受学校学习环境困扰的比例明显上升,学习环境困扰甚至在高三时成为最主要的学校困扰(见图6-10)。

(7) 浙江省儿童在道德发展上与全国状况相同,道德行为表现和所受道德困扰存在一定的性别差异。

浙江省女生在诚信行为(88.39%,全国:86.57%)、感恩回报(82.46%,全国:78.94%)、不因私违规行为(68.93%,全国:59.95%)方面的普遍性大于男生;在扶助弱者和施以援手行为(55.63%,全国:58.87%)方面的普遍性稍逊于男生;女生更少受到来自家庭的困扰,学校的困扰更普遍来自同学关系(14.88%),与全国平均水平(16.60%)基本持平。

相对而言,浙江省男生在诚信行为(85.05%,全国:84.21%)、感恩回报(77.40%,全国:76.64%)、不因私违规行为(76.48%,全国:73.32%)方面不如女生;在扶助弱者行为(57.40%,全国:61.02%)方面,比女生更愿意施以援手;在家庭中更普遍感受到学业压力(25.07%,全国:26.38%)、严厉的批评与体罚

(3.39%,全国:6.32%)等困扰;在学校更普遍感受到学校处理事情不公平(11.19%,全国:12.50%)的困扰。

(8) 浙江省留守儿童处于道德发展的不利境地,各项指标的发展情况与非留守儿童(与父母或与父母祖辈一起生活的儿童)有着较大距离,与全国相关结论保持一致。

浙江省留守儿童个体诚信行为(80.85%)低于最高值(88.50%)约7个百分点(全国:77.10%,低于最高值86.48%约9个百分点),浙江省留守儿童与非留守儿童发展的落差略低于全国平均的落差(见图4-7)。其经常回报家庭的感恩行为(77.66%)低于最高值(81.85%)约4个百分点(全国:68.76%,低于最高值79.35%约11个百分点),浙江省留守儿童与非留守儿童发展的落差远远低于全国平均的落差(见图4-14)。其提醒同伴错误的行为(62.23%)低于最高值(71.68%)约9个百分点(全国:60.99%,低于最高值70.28%约9个百分点),浙江省留守儿童与非留守儿童发展的落差与全国平均的落差基本持平(见图4-21)。其制止对弱势处境者不利的行为(49.46%)低于最高值(62.24%)约13个百分点(见图4-35)。

3.2 分项结论

3.2.1 儿童的价值观

(1) 浙江省儿童对自由的关注程度远高于全国平均水平,对和谐的关注程度略高于全国,对诚信的关注程度与全国基本持平。

总体上,96.00%以上的浙江省儿童都有自己最为关注的社会主义核心价值观。诚信(57.64%,全国:57.98%)、自由(36.48%,全国:26.13%)、和谐(34.46%,全国:32.85%)都是比较受浙江省儿童关注的社会主义核心价值观。儿童对各项价值观的关注存在不同维度的差异。

年段差异 国家层面价值观,本省小学生更看重和谐(全国:和谐),初中生更看重文明(全国:文明),高中生更看重民主和富强(全国:民主和富强)(见图1-2)。社会层面价值观,本省小学生更看重平等和公正(全国:平等和公正),高中生更看重自由和法治(全国:自由和法治)(见图1-9)。个人层面价值观,本省小学生更看重诚信(全国:诚信),高中生更看重爱国、敬业和友善(全国:友善)(见图1-16)。

性别差异 国家层面价值观,本省男生更看重民主和富强(全国:民主和富强),女生更看重文明与和谐(全国:文明与和谐)(见图1-4)。社会层面价值观,本省男生更看重自由(全国:自由),女生更看重平等、公正、法治(全国:平等、公正、法治)(见图1-11)。个人层面价值观,本省男生更看重爱国和敬业(全国:敬业),女生更看重诚信和友善(全国:诚信和友善)(见图1-18)。

城乡差异 国家层面价值观,本省小城镇儿童更看重和谐与文明(全国:文明),乡村儿童更看重富强与民主(全国:富强)(见图1-5)。社会层面价值观,本省大中城市儿童更看重自由(全国:自由和法治),小城镇儿童更看重平等和公正(全国:平等),乡村儿童更看重法治(全国:公正)(见图1-12)。个人层面价值观,本省大中城市儿童更看重敬业和友善(全国:诚信和友善),小城镇儿童更看重诚信,乡村儿童更看重爱国(见图1-19)。

生活满意度差异 国家层面价值观,本省对生活很满意的儿童更看重文明与和谐(全国:文明与和谐),对生活不满意的儿童更看重富强和民主(全国:富强和民主)(见图1-6)。社会层面价值观,本省对生活很满意的儿童更看重平等、公正和法治(全国:平等、公正、法治),对生活不满意的儿童更看重自由(全国:自由)(见图1-13)。个人层面价值观,本省对生活很满意的儿童更看重诚信和爱国(全国:诚信),对生活不满意的儿童更看重敬业和友善(全国:敬业和友善)(见图1-20)。

家庭生活方式差异 国家层面价值观,本省单亲家庭的儿童更看重富强、民主,"和爸妈经常在一起"的儿童更看重文明(全国:文明),"和爸妈、爷爷奶奶经常住在一起"的儿童更看重和谐(全国:和谐)(见图1-7)。社会层面价值观,本省"和爸妈、爷爷奶奶经常住在一起"的儿童更看重平等(全国:平等、公正、法治),"父母(1人或2人)常年在外打工"的儿童更看重公正和法治,离异再组合家庭的儿童更看重自由(全国:自由)(见图1-14)。个人层面价值观,本省"和爸妈、爷爷奶奶经常住在一起"的儿童更看重诚信和爱国,"和爸妈经常在一起"的儿童更看重敬业(全国:诚信),单亲家庭的儿童更看重友善(见图1-21)。

(2) 在传统美德价值观上,浙江省儿童最看重孝敬父母和谦虚礼让,并与全国平均水平基本持平。

97.00%以上的浙江省儿童都有自己关注的传统美德。受儿童关注程度最高的传统美德是孝敬父母(56.70%,全国:56.43%),其次是谦虚礼让(19.38%,全国:16.53%)。浙江省儿童对忠于国家和勤劳节俭两项传统美德的关注程度相对较低,均不达10.00%。

年段差异 本省小学生更看重孝敬父母和忠于国家(全国:忠于国家),初中生更看重勤劳节俭(全国:谦虚礼让、勤劳节俭),高中生更看重谦虚礼让(全国:孝敬父母)(见图1-23)。

性别差异 本省男生更看重忠于国家和勤劳节俭(全国:忠于国家和勤劳节俭),女生更看重孝敬父母和谦虚礼让(全国:孝敬父母和谦虚礼让)(见图1-25)。

城乡差异 本省大中城市儿童更看重谦虚礼让和忠于国家(全国:孝敬父母和谦虚礼让),小城镇儿童更看重孝敬父母,乡村儿童更看重勤劳节俭(全国:忠于国家和勤劳节俭)(见图1-26)。

生活满意度差异 本省对生活很满意的儿童更看重孝敬父母(全国:孝敬父母),对生活基本满意的儿童更看重谦虚礼让和勤劳节俭(全国:谦虚礼让),对生活不满意的儿童更看重忠于国家(全国:忠于国家、勤劳节俭)(见图1-27)。

家庭生活方式差异 本省"和爸妈、爷爷奶奶经常住在一起"的儿童更看重孝敬父母、忠于国家,离异再组合家庭的儿童更看重谦虚礼让和勤劳节俭(见图1-28)。

(3) 在公共道德价值观上,浙江省儿童对正义的关注程度较高,且与全国平均水平基本持平,儿童对公共道德的关注存在多维度的差异。

98.00%以上的浙江省儿童都有自己看重的公共道德。儿童相对较为关注的公共道德是正义,占31.43%,与全国平均水平(30.11%)基本持平;对按规则办事、不影响他人和廉洁奉公三项公共道德的关注程度相当。

年段差异 本省小学生更看重正义(全国:正义和按规则办事),初中生更看重廉洁奉公(全国:廉洁奉公),高中生更看重按规则办事及不影响他人(全国:不影响他人)(见图1-30)。

性别差异 本省男生更看重正义和按规则办事(全国:正义),女生更看重不影响他人及廉洁奉公(全国:不影响他人和廉洁奉公)(见图1-32)。

城乡差异 本省大中城市儿童更看重按规则办事及不影响他人(全国:不影响他人),小城镇儿童更看重正义和廉洁奉公(全国:正义和廉洁奉公)(见图1-33)。

生活满意度差异 本省对生活很满意的儿童更看重正义和廉洁奉公(全国:正义、按规则办事和廉洁奉公),对生活基本满意的儿童更看重按规则办事,对生活不满意的儿童更看重不影响他人(全国:不影响他人)(见图1-34)。

家庭生活方式差异 本省"和爸妈、爷爷奶奶经常住在一起"的儿童更看重廉洁奉公(全国:正义),"和爸妈经常在一起"的儿童更看重正义(全国:廉洁奉公),"父母(1人或2人)常年在外打工"的儿童更看重按规则办事(全国:按规则办事),单亲家庭的儿童更看重不影响他人(全国:不影响他人)(见图1-35)。

(4) 在个人修养价值观上,浙江省儿童最关注的是勤奋。儿童对各项价值观的关注存在不同维度的差异。

97.00%以上的浙江省儿童都有自己看重的个人修养方面的价值观。受关注程度最高的个人修养方面的价值观是勤奋,占30.22%,远远低于全国平均水平(36.10%);其次分别是大度、自省、节制。

年段差异 本省小学生更看重大度和勤奋(全国:大度和勤奋),高中生更看重自省和节制(全国:自省)(见图1-37)。

性别差异 本省男生更看重节制(全国:节制),女生更看重自省、大度和勤奋(全国:自省)(见图1-39)。

城乡差异 本省大中城市儿童更看重自省(全国:自省和大度),小城镇儿童更看重大度和勤奋(全国:勤奋),乡村儿童更看重节制(全国:节制)(见图1-40)。

生活满意度差异 本省对生活很满意的儿童更看重大度和勤奋(全国:勤奋),对生活基本满意的儿童更看重自省和节制(全国:自省)(见图1-41)。

家庭生活方式差异 本省"和爸妈、爷爷奶奶经常住在一起"的儿童更看重大度(全国:大度和勤奋),"和爸妈经常在一起"的儿童更看重自省和勤奋(全国:自省),单亲家庭的儿童更看重节制(见图1-42)。

3.2.2 道德情感发展状况

浙江省儿童整体上有较强烈的爱国情感、关爱情感（恻隐之心）、集体责任感、自尊和羞耻感等道德情感。

(1) 爱国情感。

86.18%的浙江省儿童为中国运动员在国际比赛中获得冠军而骄傲,爱国情感表现强烈（与全国平均水平 85.78%基本持平）,在多个维度上存在显著差异。

年段差异 本省不同年龄儿童的爱国情感表现方式不同,年龄越小,儿童更易将其表现为对运动员的敬佩之情上,初中生比高中生和小学生更倾向于"十分激动,觉得中国人是好样的"（见图 2-2,2-3）。

性别差异 本省89.33%的女生流露出明显的爱国情感（全国:87.49%）,比男生(83.53%,全国:84.14%)更加强烈（见图 2-4）。

城乡差异 本省大中城市儿童(47.85%,全国:47.05%)、小城镇儿童(56.27%,全国:48.44%)和乡村儿童(33.57%,全国:43.27%)都更倾向于以他人带来的国家荣誉激励自己,相比乡村儿童和小城镇儿童,大中城市儿童(38.46%,全国:39.32%)更倾向于将此事归结于民族情感（中国人是好样的）(见图 2-5)。

生活满意度差异 本省 91.18%的对生活很满意的儿童表示出普遍的爱国情感（全国:89.40%）,对生活不满意的儿童的相应数据是 60.32%(全国:67.53%)(见图 2-6)。

家庭生活方式差异 本省50.38%的"和爸妈、爷爷奶奶经常住在一起"的儿童（全国:47.01%）与 47.92%的"和爸妈经常在一起"的儿童（全国:47.52%）会以他人的国家荣誉行为激励自己。相比其他家庭生活方式的儿童,留守儿童(40.16%,全国:35.47%)更倾向于觉得中国人是好样的,与"和爸妈经常在一起"的儿童相比,离异再组合家庭的儿童(9.74%,全国:8.34%)更倾向于"没什么感觉,跟我没什么关系"（见图 2-7）。

(2) 关爱情感。

94.52%的浙江省儿童有对弱势人群的恻隐之心（明显高于全国平均水平91.07%）,但在如何表达关心上,表现出显著的差异。

年段差异 年段越低,本省儿童越倾向于尽己所能亲自去帮助别人,这种倾向随着年龄增长整体呈波动下降的趋势;随着年级的升高,儿童更倾向于有好心人而非自己去帮助处境不利人群(见图2-9,2-10)。

性别差异 本省女生(97.18%,全国:92.95%)比男生(92.29%,全国:89.26%)表现出更普遍的关爱情感,女生(44.00%,全国:48.44%)更倾向于尽己所能帮助他人(男生相应数据为36.44%,全国:42.75%),男生把帮助他人的希望寄托在好心人身上的比例(55.85%,全国:46.51%)高于女生(53.18%,全国:44.51%)(见图2-11)。

城乡差异 在表达关心的方式上,本省小城镇儿童(48.07%,全国:48.64%)更倾向于"尽己所能去帮助他们"(乡村儿童和大中城市儿童的相应数据分别为29.37%和39.56%,全国对应数据:43.50%、44.47%)(见图2-12)。

生活满意度差异 本省对生活很满意的儿童(49.05%,全国:54.12%)比对生活基本满意(30.52%,全国:36.04%)和不满意(25.15%,全国:27.63%)的儿童更倾向于尽己所能去帮忙处境不利的人,而对生活基本满意的儿童更倾向于(63.68%,全国:54.02%)"希望有好心人帮助他们"(对生活很满意的儿童的相应数据是47.31%,对生活不满意的儿童相应数据为49.69%,全国对应的数据分别为:38.88%和48.36%)(见图2-13)。

家庭生活方式差异 本省与父母或者与父母及祖辈生活在一起的儿童,更倾向于尽己所能帮助处境不利的人,数据分别为39.14%和44.34%(全国对应数据分别为:45.58%和48.25%),而单亲家庭、离异再组合家庭的儿童和留守儿童的数据则分别为31.46%、35.90%和34.04%(全国对应数据分别为:39.83%、39.40%和39.39%);单亲家庭的儿童(61.12%,全国:49.27%)更倾向于"希望有好心人帮助他们"(见图2-14)。

(3) 集体责任感。

85.82%的浙江省儿童表现出明显的集体责任感(与全国平均水平85.41%基本持平),但在集体责任感的落实上,存在多维度的显著差异。

年段差异 随着年级的升高,本省儿童选择会打扫好自己所在区域的卫生的比例波动升高,选择说服班级同学共同保持卫生的比例波动下降,儿童选择"不开心,但不会去管"的比例也随着年级的升高呈上升趋势(见图2-16,2-17)。

性别差异 本省女生(89.14%,全国:87.46%)维护好自己所在区域的卫生或说服全班同学共同维持班级卫生比男生(83.04%,全国:83.44%)更积极,女生选择会说服其他同学一起努力的比例(41.43%,全国:49.46%)高于男生(38.75%,全国:47.71%)(见图2-18)。

城乡差异 本省更多小城镇儿童(47.43%,全国:54.58%)会说服全班同学一起努力(乡村儿童和大中城市儿童的相应数据分别为23.08%和39.77%,全国相应数据分别为:49.21%和45.97%),而更多大中城市儿童(46.24%,全国:40.16%)会选择打扫好其所在的区域(小城镇和乡村儿童的相应数据分别为40.51%和39.16%,全国相应数据分别为:30.82%和29.81%)(见图2-19)。

生活满意度差异 本省更多对生活很满意的儿童(51.07%,全国:58.34%)会说服全班同学一起努力(对生活不满意的儿童的相应数据是18.81%,全国:27.15%),对生活基本满意(53.52%,全国:44.14%)的儿童会只打扫好其所在区域的卫生(对生活很满意和不满意的儿童的相应比例为39.70%和40.90%,全国:31.18%和38.53%)(见图2-20)。

家庭生活方式差异 本省跟父母及祖辈或者跟父母生活在一起的儿童,更普遍地表现出集体责任感,倾向于说服全班同学一起努力,相应数据分别为46.08%和39.37%(全国相应数据分别为:51.91%和48.64%),然后依次是留守儿童(28.99%,全国:42.61%)、单亲家庭儿童(27.19%,全国:40.26%)和离异再组合家庭儿童(25.13%,全国:38.08%)(见图2-21)。

(4) 自尊感。

81.19%的浙江省儿童有很强的自尊感,略低于全国平均水平(82.88%),如果犯错误被当众批评了,会觉得"很丢人,没面子"或者决心"日后一定要改正,找回尊严",但在很多维度上存在显著差异。

年段差异 随着年龄上升,本省儿童表现出日后一定改正,找回尊严的比例整体呈下降趋势,觉得无所谓,反正又不止自己受批评和认为老师不应该当众批评自己的比例整体呈上升趋势(见图2-23,2-24)。

性别差异 本省女生(71.64%,全国:72.32%)在受到当众批评时会决心日后改正,找回尊严的比例高于男生(68.49%,全国:69.13%)(见图2-25)。

城乡差异 在受到当众批评时,本省小城镇儿童选择决心改正,找回尊严的比例(76.37%,全国:71.44%)最高(乡村和大中城市儿童的相应数据分别为45.45%和69.88%,全国相应数据分别为:60.52%和71.53%)(见图2-26)。

生活满意度差异 本省对生活很满意的儿童(79.52%,全国:78.91%)表现出强烈的尊严感,在受到当众批评时会"日后一定要改正,找回尊严",对生活不满意的儿童的相应数据是35.99%(全国:41.69%)(见图2-27)。

家庭生活方式差异 本省与父母及祖辈或者与父母生活在一起的儿童(72.90%和69.84%,全国:72.16%和71.71%)都表现更普遍的强自尊感,单亲家庭、留守儿童和离异再组合家庭的儿童相应的数据分别是60.67%、65.69%和58.97%(全国对应数据分别为:63.41%、62.60%和61.17%)(见图2-28)。

(5) 羞耻感。

浙江省54.93%的儿童有明显的羞耻感,明显高于全国平均水平(50.13%),在由于抄袭得了高分而受到表扬时会对自己的行为感到羞耻,有23.81%的儿童知道抄袭不好,决定以后不再抄袭,明显低于全国平均水平(28.58%)。但在很多维度上差异显著。

年段差异 本省年段低的儿童羞耻感总体表现得比年段高的儿童较强烈。随着年级的升高,儿童会对自己的作弊行为感到羞耻的比例整体呈波动下降趋势,各年级认为"抄袭是作弊,以后不能这么做了"的比例基本稳定在23%左右(见图2-31)。

性别差异 本省女生(82.55%,全国:80.48%)的羞耻感比男生(75.54%,全国:77.02%)强烈,女生对自己的作弊行为感到羞耻的比例(59.32%,全国:52.73%)高于男生(51.25%,全国:47.64%)(见图2-32)。

城乡差异 在因抄袭得高分而受到表扬时,本省大中城市儿童(55.22%,全国:52.36%)和小城镇儿童(54.18%,全国:47.17%)都会表现出明确的羞耻感,乡村儿童比例较低(35.66%,全国:41.44%),更多乡村儿童(23.08%,全国:7.36%)表示很高兴,以后有机会还这么做(大中城市和小城镇的儿童相应数据分别是2.74%和1.61%,全国相应数据分别为:3.15%和3.91%)(见图2-33)。

生活满意度差异 本省对生活很满意的儿童羞耻感更为普遍和强烈,对生活很满意的儿童中有62.92%会在抄袭得高分被表扬时出现强烈的羞耻感(全国:56.13%),而对生活不满意的儿童的相应数据是 34.97%(全国:32.90%)(见图 2-34)。

家庭生活方式差异 在因抄袭得高分被表扬时,本省与父母及祖辈或者与父母生活在一起的儿童(56.82%和 55.10%,全国:50.85%和 50.97%)会对自己的作弊行为感到羞耻的比例高于其他家庭的儿童。同样情况下,单亲家庭、离异再组合家庭和留守儿童家庭的数据分别为 47.64%、46.67%和 50.00%(全国相应数据分别为:45.97%、44.29% 和 43.71%)(见图 2-35)。

3.2.3 道德理性发展状况

(1) 儿童道德判断的理由。

年段差异 本省 66.44%的小学生、71.58%的初中生和 79.10%的高中生都能够作出明确的道德判断。小学生更容易面临道德困惑与迷茫(见图 3-2)。

本省小学生的"肯定性"道德判断集中以社会契约、普遍伦理原则为导向(见图 3-9)。"否定性"道德判断集中以社会契约、法律与秩序为导向,其次主要以普遍伦理原则为导向(见图 3-16)。"两难性"道德判断主要以普遍伦理原则为导向,其次是以协调人际关系为导向(见图 3-23)。

本省初中生的"肯定性"道德判断主要以社会契约为价值取向,其次是以个人的功利主义与交换为导向(见图 3-9)。"否定性"道德判断集中以社会契约、法律与秩序为导向(见图 3-16)。"两难性"道德判断主要以普遍伦理原则为导向,其次以惩罚和服从为导向(见图 3-23)。

本省高中生的"肯定性"道德判断主要以个人的功利主义与交换为价值取向,其次主要以社会契约为导向(见图 3-9)。"否定性"道德判断主要以社会契约为导向,其次以法律与秩序为导向(见图 3-16)。"两难性"道德判断主要以普遍伦理原则为导向,其次是以法律与秩序为导向(见图 3-23)。

性别差异 本省男生更容易作出明确的道德判断,女生比男生更容易面临道德困惑与迷茫(见图 3-4)。在"肯定性"道德判断上,男生和女生都更倾向于以个人的功利主义与交换为价值取向,其次是以社会契约为导向(见图 3-11)。在"否定性"道德判断上,男女生都倾向于以社会契约、法律与秩序为导向,其次是以普遍伦理为导向(见图 3-18)。在"两难性"道德判断上,男女生都倾向于以普遍伦理为导向(见图 3-25)。

城乡差异 本省小城镇儿童比大中城市儿童和乡村儿童更容易面临道德困惑(见图 3-5)。在"肯定性"道德判断上,大中城市儿童和乡村儿童倾向于以个人的功利主义与交换为价值取向,小城镇儿童更倾向于以社会契约为价值取向(见图 3-12)。在"否定性"道德判断上,大中城市儿童和小城镇儿童倾向于以社会契约、法律与秩序为导向,乡村儿童更倾向于法律与秩序,其次是社会契约(见图 3-19)。在"两难性"道德判断上,城乡儿童都倾向于以普遍伦理为导向,其次是以惩罚与服从为导向(见图 3-26)。

生活满意度差异 本省对生活基本满意的儿童更容易面临道德困惑(见图 3-6)。在"肯定性"道德判断上,三种生活满意度的儿童都倾向于以个人的功利主义与交换为导向,其次是以社会契约、普遍伦理原则为导向(见图 3-13)。在"否定性"道德判断上,三种生活满意度的儿童都倾向于以社会契约为导向,其次是以法律与秩序为导向(见图 3-20)。在"两难性"道德判断上,三种生活满意度的儿童都更倾向于以普遍伦理原则为导向(见图 3-27)。

家庭生活方式差异 本省"和爸妈经常在一起"的儿童选择"不知道是否支持"的人数比例比其他家庭的儿童低,"和爸妈、爷爷奶奶经常住在一起"的儿童选择"不支持"的比例高于其他家庭的儿童(见图 3-7)。在"肯定性"道德判断上,不同家庭生活方式的儿童都倾向于以个人的功利主义与交换为导向,其次是社会契约、普遍伦理原则为导向(见图 3-14)。在"否定性"道德判断上,不同家庭生活方式的儿童都倾向于以社会契约为导向,其次是以法律与秩序为导向(见图 3-21)。在"两难性"道德判断上,不同家庭生活方式的儿童都更倾向于以普遍的伦理原则为导向(见图 3-28)。

(2) 儿童道德行为的理由。

浙江省儿童普遍把社会规范(文明)作为行为认可的理由,同时也存在着其他维度的显著差异(见图 3-29)。

年段差异 本省各年段儿童都更倾向于把社会规范看作道德行为的理由(全国小学生:个体功利和权威要求,全国初中生:道德榜样,全国高中生:社会规范)(见图 3-30)。

性别差异 本省女生更倾向于把社会规范看作道德行为的理由(全国:社会

规范),男生更倾向于把社会规范看作道德行为的理由(全国:社会规范)(见图 3-32)。

城乡差异 本省城乡儿童都更倾向于把社会规范看作道德行为的理由(全国:社会规范)(见图 3-33)。

生活满意度差异 本省三种生活满意度的儿童都更倾向于把社会规范看作道德行为的理由(全国:对生活很满意的儿童更多把社会规范作为行为认可的理由,而更多对生活不满意的儿童则还将功利作为认可的理由)(见图 3-34)。

家庭生活方式差异 本省五种家庭生活方式的儿童都更倾向于把社会规范看作道德行为的理由。相比其他家庭,"父母(1 人或 2 人)常年在外打工"家庭和单亲家庭的儿童更倾向于把集体效率看作道德行为的理由[全国:各生活方式不同的儿童都倾向于把社会规范看作道德行为的理由,其中"父母(1 人或 2 人)常年在外打工"家庭的儿童比其他家庭的儿童更倾向把道德榜样看作道德行为的理由]。(见图 3-35)

3.2.4 道德行为发展状况

(1)在个体诚信行为上,浙江省儿童的表现与全国平均水平基本持平。浙江省 86.57% 的儿童(全国:85.36%)能做到诚信自律,并在多个维度上存在显著差异。

年段差异 本省儿童诚信行为有随年龄下降的整体趋势,最高的比例出现在四年级 10 岁时,为 95.97%,到高二 17 岁降低到 80.17%(见图 4-3)。

性别差异 本省女生(88.39%,全国:86.57%)诚信行为好于男生(85.05%,全国:84.21%)(见图 4-4)。

城乡差异 本省小城镇儿童(90.19%,全国:84.38%)诚信行为表现好于大中城市儿童(86.69%,全国:87.01%)和乡村儿童(61.54%,全国:74.40%)(见图 4-5)。

生活满意度差异 本省对生活很满意的儿童(92.28%,全国:90.78%)诚信行为表现好于对生活不满意的儿童(57.87%,全国:60.29%)(见图 4-6)。

家庭生活方式差异 本省与父母或与父母祖辈共同生活的儿童(86.53%、88.50%,全国:86.20%、86.48%)诚信行为表现好于其他家庭生活方式的儿童

(见图4-7)。

(2) 在家庭感恩回报行为上,浙江省儿童的表现好于全国平均水平。浙江省 **79.71%** 的儿童(全国:**77.77%**)能知恩回报,在多个维度上均存在显著差异。

年段差异 本省知恩回报行为的儿童人数比例总体较稳定,最高的比例出现在四年级时,为 86.10%,高一时为最低值 74.35%(见图 4-10)。

性别差异 本省男生(77.40%,全国:76.64%)没有女生(82.46%,全国:78.94%)回报行为更经常(见图 4-11)。

城乡差异 本省大中城市儿童(79.92%,全国:78.81%)的知恩回报比例高于小城镇儿童(79.10%,全国:77.41%)和乡村儿童(65.73%,全国:69.80%)(见图 4-12)。

生活满意度差异 本省对生活很满意的儿童(88.34%,全国:84.31%)比对生活不满意的儿童(58.28%,全国:57.76%)回报行为比例高(见图 4-13)。

家庭生活方式差异 本省与父母(79.96%,全国:79.35%)或者与父母祖辈生活在一起的儿童(81.85%,全国:78.20%)相对其他家庭类型的儿童更常回应家人的爱和关心(见图 4-14)。

(3) 在指出同伴过错行为上,浙江省儿童的表现与全国平均水平基本持平。浙江省 **67.48%** 的儿童(全国:**68.61%**)能坦诚相待、指出对方的错误,在多个维度上均存在显著差异。

年段差异 本省愿意指出同伴错误的儿童随着年龄增长呈整体下降的趋势,最高值(83.03%,全国:77.27%)出现在四年级儿童群体,最低值(57.57%,全国:58.77%)出现在高二儿童群体(见图 4-17)。

性别差异 本省愿意指出同伴错误的儿童中男生比例(66.38%,全国:68.30%)略低于女生(68.80%,全国:68.94%)(见图 4-18)。

城乡差异 本省小城镇儿童更经常提醒同学的错误,高出最低的乡村儿童约 22 个百分点(见图 4-19)。

生活满意度差异 本省对生活很满意的儿童(76.75%,全国:76.25%)比对生活不满意的儿童(46.83%,全国:49.12%)更经常指出同伴的错误(见图 4-20)。

家庭生活方式差异 本省与父母(67.14%,全国:69.36%)或者与父母祖辈一起生活的儿童(71.68%,全国:70.28%)相比于其他家庭类型的儿童更经常指出同伴的错误(见图4-21)。

(4)在遵守公共规则上,浙江省儿童的表现远远好于全国平均水平,浙江省61.81%的儿童(全国:55.12%)遵守公共规则,不会因私利而不顾他人感受违反规则;在制止欺负行为上,浙江省45.73%的儿童(全国:59.97%)会对需要帮助的人伸出援助之手或制止欺负弱小及特殊儿童的行为。

在不因私利而不顾他人感受违反规则方面:

年段差异 本省儿童人数比例整体呈现先降后升再降的趋势,最低点出现在六年级(54.95%),最高点是高一(68.97%),不同年段儿童间存在显著差异(见图4-24)。

性别差异 本省男生(55.85%,全国:50.49%)在不因私利而不顾他人感受违反规则上的比例低于女生(68.93%,全国:59.95%)(见图4-25)。

城乡差异 本省大中城市儿童(62.44%,全国:56.86%)好于乡村儿童(55.24%,全国:48.02%)和小城镇儿童(52.09%,全国:52.91%)(见图4-26)。

生活满意度差异 本省对生活很满意的儿童(64.59%,全国:56.66%)好于对生活不满意的儿童(50.92%,全国:48.45%)(见图4-27)。

家庭生活方式差异 本省单亲家庭儿童表现最好,留守儿童表现最差。数据从高到低依次为:单亲家庭的儿童(65.84%),其次是和父母经常在一起的儿童(62.24%)、离异再组合家庭的儿童(61.54%)、和父母祖辈经常在一起的儿童(60.56%)、父母常年在外打工的儿童(57.71%)(见图4-28)。

在制止欺负与帮助他人行为方面:

年段差异 本省会伸出援手且寻求周围人帮助的儿童人数比例呈现先降后升再降的趋势,高一时会去制止的人数比例下降到最低值37.08%(四年级最高为63.67%),而选择忽视的儿童人数有随年级上升的趋势,最高值为高三时15.68%(最低为四年级儿童4.52%,全国:5.73%)(见图4-31)。

性别差异 本省46.01%(全国:61.02%)的男生更倾向于出面制止和伸出援手,女生相应数值为45.40%(全国:48.87%)(见图4-32)。

城乡差异 本省更多小城镇儿童(16.24%,全国:12.85%)会出面劝止欺负行为(大中城市儿童和乡村儿童相应的数据分别为10.58%和9.09%,全国:10.28%和18.46%),更多小城镇儿童(47.27%,全国:47.81%)会出面制止并在必要时求助他人(大中城市儿童和乡村儿童的相应数据分别为 45.81% 和 32.87%,全国:45.45% 和 39.86%)(见图 4-33)。

生活满意度差异 本省对生活很满意的儿童(53.18%,全国:52.77%)更倾向于出面制止并在必要时求助于人,对生活不满意的儿童相应的数据为 30.67%(全国:29.28%)(见图 4-34)。

家庭生活方式差异 本省与父母(45.24%,全国:46.43%)或者与父母祖辈共同生活的儿童(49.97%,全国:47.43%)更倾向于出面制止欺负行为或者对需要的人伸出援手(见图 4-35)。

3.2.5 最喜欢的德育方式

实际锻炼法(34.41%)与说理教育法(26.79%)和榜样示范法(12.32%)是浙江省儿童最愿意接受的三种德育方式,其中实际锻炼法受到从小学到高中的儿童的普遍喜欢。浙江省儿童在愿意接受的德育方式上,表现出多维的显著差异。

年段差异 除实际锻炼法以外,相对而言,本省小学生(29.37%)更愿意接受的德育方式是说理教育法,初中生(14.00%)更愿意接受的德育方式是榜样示范法,高中生更愿意接受陶冶教育法(10.31%)和协商法(10.14%)(见图 5-2)。

性别差异 相对而言,本省女生(40.07%)更愿意接受实际锻炼法的德育方式(男生相应的数据是 29.67%);而男生更愿意接受说理教育法(28.81%)和榜样示范法(13.01%),女生相应的数据分别为 24.37% 和 11.50%(见图 5-4)。

城乡差异 除实际锻炼法和说理教育法之外,本省小城镇儿童更愿意接受的道德教育方式是讨论法(11.74%),乡村儿童更愿意接受的道德教育方式是陶冶教育法(13.99%)(见图 5-5)。

生活满意度差异 相对而言,本省对生活很满意和基本满意的儿童(35.31% 和 34.26%)比对生活不满意的儿童(24.74%)更愿意接受实际锻炼法;对比生活基本满意的儿童,对生活很满意的儿童更愿意接受的道德教育方式是说理教育法(28.57%);对比对生活很满意和基本满意的儿童,对生活不满意的儿童更愿意接受的道德教育方式是协商法(15.95%)(见图 5-6)。

家庭生活方式差异 不同家庭生活方式的儿童在各种愿意接受的德育方式

中不存在显著差异(见图5-7)。

3.2.6 生活困扰

(1) 浙江省儿童受到来自家庭生活困扰的比例远远低于全国平均水平,各项差异略有区别。

本省46.04%的儿童(全国:53.43%)受到来自家庭生活的困扰。儿童最普遍的家庭生活困扰是学业压力(24.08%,全国:25.54%),依次为家庭关系(10.13%,全国:12.53%)、家庭经济问题5.75%(全国:7.15%)。有2.86%的本省儿童(全国:5.57%)在家受到严厉批评与体罚。儿童受到的家庭困扰表现出多维度的显著差异。

年段差异 学业压力是本省儿童感受到的最普遍的家庭困扰,21.94%的小学生有此困扰,30.49%的初中生有此困扰,高中生比例为21.28%(见图6-2)。

性别差异 相对本省男生(52.19%,全国:44.77%),未感受到家庭困扰的女生更多(56.07%,全国:48.46%)。在有困扰的女生中,除了"其他"一项外,女生在各项困扰的普遍性上都低于男生。(见图6-4)

城乡差异 本省更多大中城市儿童(54.35%,全国:44.77%)没有家庭困扰(小城镇和农村儿童的相应比例分别为48.07%和49.65%,全国:38.03%和35.27%),更多小城镇儿童(28.30%,全国:23.82%)受到家庭学业压力的困扰(大中城市和乡村儿童的相应数据是23.85%和23.78%,全国:29.13%和26.39%),更多农村儿童受到经济问题(9.09%,全国:11.27%)的困扰。(见图6-5)

生活满意度差异 本省63.32%的对生活很满意的儿童(全国:54.63%)没有家庭问题的困扰,高于对生活基本满意和不满意的儿童(45.12%和31.08%,全国:38.14%和25.02%)。有家人给予很大的学习压力的儿童中,对生活基本满意的儿童比例最高(28.19%,全国:29.39%),对生活很满意的儿童比例最低(20.58%,全国:22.56%)。有"家人间的关系不和谐"问题的儿童中,对生活不满意的儿童比例最高(14.72%,全国:18.44%),对生活基本满意的儿童次之(12.94%,全国:14.37%),对生活很满意的儿童最低(7.36%,全国:10.68%)。有家庭经济困难问题的儿童中,对生活不满意的儿童比例最高(15.95%,全国:16.62%),对生活基本满意的次之(7.37%,全国:9.11%),对生活很满意的最低

(3.57%,全国:4.94%)(见图6-6)。

家庭生活方式差异 本省更多跟父母(54.23%,全国:48.90%)或者跟父母及祖辈(56.99%,全国:47.53%)生活在一起的儿童没有受到家庭困扰,41.22%(全国:31.62%)的留守儿童没有家庭困扰。离异再组合家庭的儿童遭受更多的家庭困扰是家人给予的学业压力(22.56%,全国:27.98%)和家庭人际关系问题(21.03%,全国:17.63%)。(见图6-7)

(2)浙江省儿童受到来自学校生活的困扰明显低于全国平均水平。

本省62.19%的儿童(全国:65.16%)受到来自学校生活的困扰。儿童最普遍的学校生活困扰是"教师上课无趣"(20.02%,全国:19.01%),其次是同学关系(14.39%,全国:16.36%),然后是学习环境问题(12.68%,全国:14.25%),学校处理事件公平程度(10.28%,全国:11.49%)。儿童受到的学校困扰表现出多维度的显著差异。

年段差异 本省受到学校生活困扰的儿童人数比例波动较大,有随着年龄先减后增、再减后又增的趋势,初三受困扰的比例达到66.27%。更多六年级儿童(22.69%)受到"上课无趣"的困扰,初一(22.30%)紧随其后,更多四年级儿童(19.27%)受到同学关系的困扰;五年级儿童对学校处理问题的公平性最敏感(13.36%),高三儿童受学习环境困扰的比例最高(16.44%,全国:12.94%)。(见图6-10)

性别差异 本省女生(62.33%,全国:64.26%)更多感受到来自学校生活的困扰,男生较女生更少地受上课趣味问题(19.97%,全国:19.27%)、更多受到学校处理问题的公平程度(11.19%,全国:12.50%)的困扰(见图6-11)。

城乡差异 本省61.63%的大中城市儿童(全国:61.54%)感受到来自学校生活的困扰,低于小城镇儿童(71.38%,全国:71.16%)和乡村儿童(65.03%,全国:74.92%)。在所受困扰中,小城镇儿童最普遍的困扰是上课无趣(22.83%,全国:21.25%)和同学关系(21.06%,全国:18.03%),除上课无趣外,乡村儿童还较少受到学习环境(11.19%,全国:19.15%)的困扰。(见图6-12)

生活满意度差异 本省对生活很满意的没有受到学校生活困扰的儿童比例最高(48.22%,全国:43.32%),对生活基本满意的次之(27.10%,全国:25.50%),对生活不满意的最低(21.88%,全国:16.62%);在"渴望改善同学关系"上,对生活基本满意的儿童比例最高(15.90%,全国:17.09%),对生活很满意的最低(13.01%,全国:15.75%);在"希望老师上课有趣些"上,对生活基本满意的儿童比例最高(23.63%,全国:22.37%),对生活不满意的最低(16.36%,全国:16.36%);在"渴望改善学习环境"和"希望学校的事情能公平处理"项上,对生活不满意的比例最高(17.59%和15.34%,全国:20.30%和17.04%),对生活很满意的最低(9.72%和8.50%,全国:11.40%和10.16%)。(见图6-13)

家庭生活方式差异 本省72.13%(全国:76.71%)的单亲儿童受到学校生活的困扰,比例最高,比最少的跟父母祖辈一起生活的孩子高出约13个百分点,而且在同学关系和教师授课方式问题中有较高比例。(见图6-14)

Ⅱ
浙江省各项指标的详细数据分析

1 浙江省儿童价值观发展状况

在富强、民主、文明、和谐四项国家层面的社会主义核心价值观中,浙江省儿童关注程度最高的是和谐(34.46%);在自由、平等、公正、法治四项社会层面的社会主义核心价值观中,浙江省儿童关注程度最高的是自由(36.48%);在爱国、敬业、诚信、友善四项个人层面的社会主义核心价值观中,浙江省儿童最看重的是诚信(57.64%)。

在孝敬父母、忠于国家、谦虚礼让、勤劳节俭四项传统美德中,浙江省儿童最为关注的是孝敬父母(56.70%)。

在正义、按规则办事、不影响他人、廉洁奉公四项公共道德中,浙江省儿童对正义的看重程度相对最高,占31.43%;对其他三项公共道德的关注程度相差不大。

在自省、大度、勤奋、节制四项个人修养中,看重勤奋的浙江省儿童人数比例最高,占30.22%,其次是大度和自省,分别占27.18%和24.24%。

1.1 社会主义核心价值观

本省儿童普遍比较关注的社会主义核心价值观包括诚信(57.64%)、自由(36.48%)、和谐(34.46%)、文明(32.31%)、友善(32.31%)、平等(30.43%),诚信是受儿童关注程度最高的社会主义核心价值观。儿童对国家层面、社会层面、个人层面社会主义核心价值观的关注存在不同维度差异。

1.1.1 国家层面价值观的关注状况

国家层面,本省 97.00% 以上的儿童都有自己最为看重的价值观。看重富强、民主、文明、和谐的人数比例分别为 13.12%、17.14%、32.31%、34.46%。和谐是受儿童关注程度最高的国家层面价值观,儿童对文明的关注程度仅次于和谐。(见图 1-1)

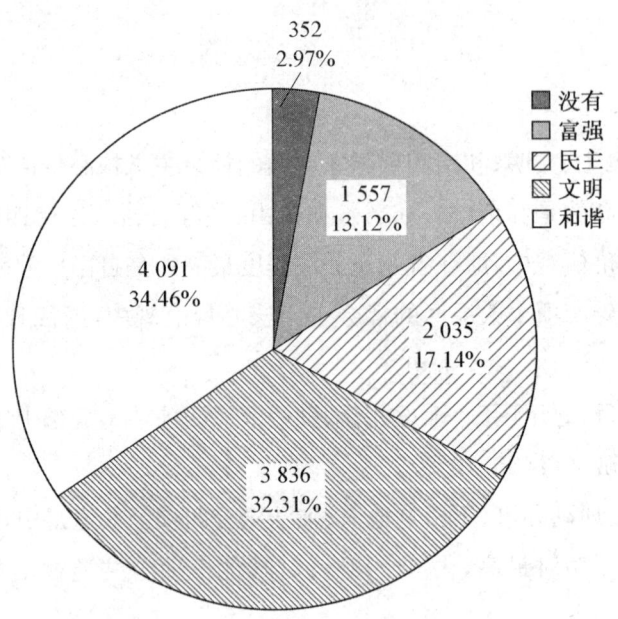

图 1-1 国家层面价值观与儿童人数百分比分布图

(1) 年段差异。

经差异检验发现,本省不同年段儿童对国家层面价值观的关注,总体上存在非常显著的差异(卡方值=272.298,$P \leqslant 0.01$)。

不同年段儿童各选项百分比如图 1-2 所示,经进一步统计分析发现:

看重富强的高中生人数比例高于小学生和初中生,且高中生与小学生或初中生之间差异非常显著($|AR|>2.58$),人数比例随年段的增长呈上升走势;看重文明的初中生人数比例高于高中生,且差异非常显著($|AR|>2.58$),人数比例随年段的增长呈倒 V 字形走势;看重和谐的小学生人数比例高于初中生和高中生,且小学生与初中生或高中生之间差异非常显著($|AR|>2.58$),人数比例随年段

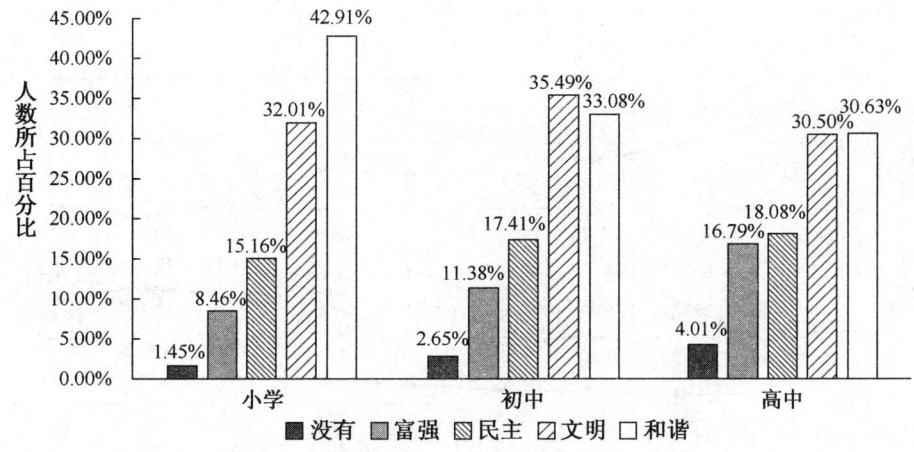

图 1-2 国家层面价值观与儿童年段分布图

的增长呈下降走势。

看重民主的高中生与小学生相比,前者人数比例高于后者,存在比较显著的差异($1.96 < |AR| \leq 2.58$);看重和谐的初中生与高中生相比,前者人数比例高于后者,存在比较显著的差异($1.96 < |AR| \leq 2.58$)。

看重民主的初中生与小学生或高中生相比,均不存在显著差异($|AR| \leq 1.96$);看重文明的小学生与初中生或高中生相比,均不存在显著差异($|AR| \leq 1.96$)。

从国家层面价值观与儿童年级变化趋势图可以看出,儿童对各项价值观的关注程度随着年龄的增长也呈现不同幅度的变化。小学四年级至高中三年级儿童,随着年龄的增长关注和谐的人数比例整体上呈下降趋势,关注民主、富强的人数比例整体上有所增长。不同年龄的儿童对文明的关注程度都很高,并几乎不随儿童年龄的增长而发生变化。(见图 1-3)

(2) 性别差异。

经差异检验发现,本省不同性别儿童对国家层面价值观的关注,总体上存在非常显著的差异(卡方值=264.049,$P \leq 0.01$)。

不同性别儿童各选项百分比如图 1-4 所示,经进一步统计分析发现:

男女生对富强、民主、文明与和谐的关注情况均表现出非常显著的差异($|AR| > 2.58$),男生对富强和民主的关注程度高于女生,女生对文明和和谐的关注程度高于男生。

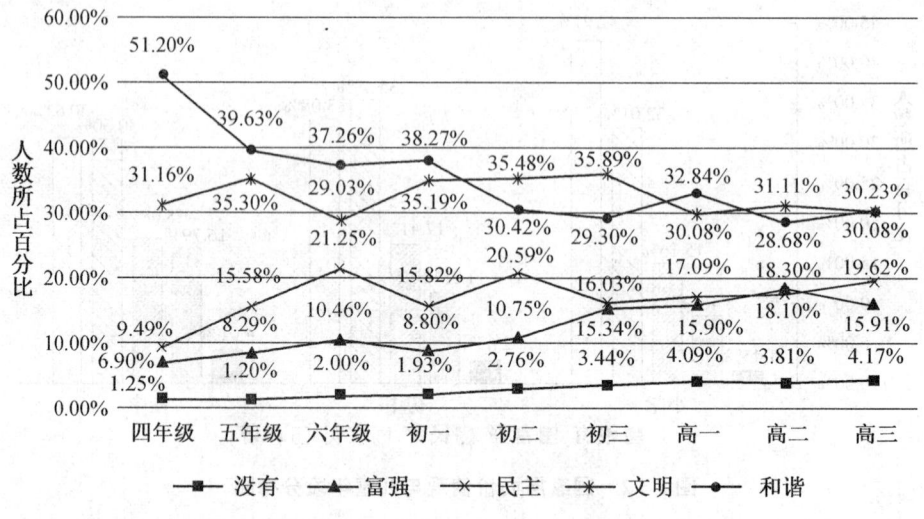

图1-3 国家层面价值观与儿童年级变化趋势图

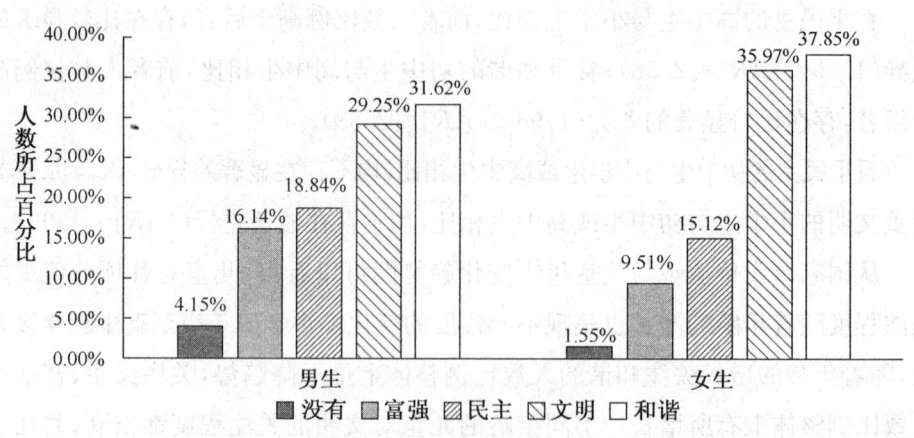

图1-4 国家层面价值观与儿童性别分布图

(3) 城乡差异。

经差异检验发现,本省城乡儿童对国家层面价值观的关注,总体上存在非常显著的差异(卡方值=191.731,$P\leqslant0.01$)。

城乡儿童各选项百分比如图1-5所示,经进一步统计分析发现:

看重和谐的小城镇儿童人数比例高于乡村儿童,且差异非常显著($|AR|>2.58$),人数比例从大中城市到小城镇再到乡村呈倒 V 字形走势。

城乡儿童对富强、民主和文明的关注程度不存在显著差异($|AR|\leqslant1.96$),

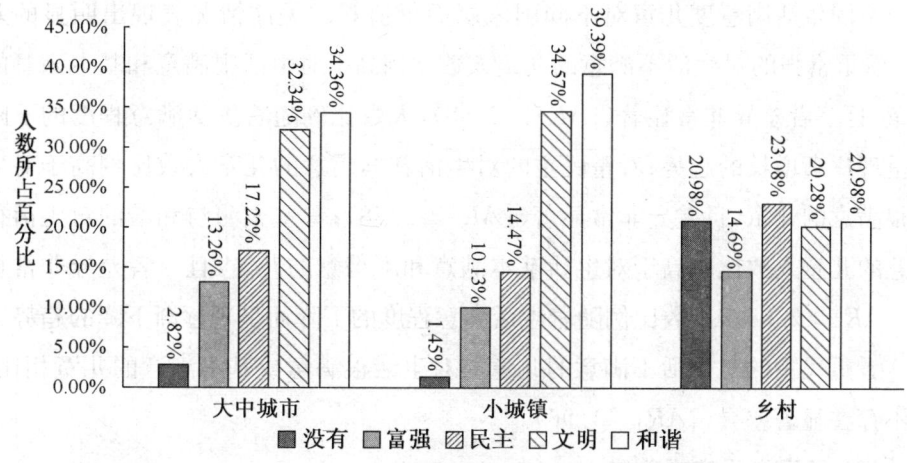

图 1-5 国家层面价值观与儿童城乡分布图

看重和谐的大中城市儿童与小城镇或乡村的儿童相比,也不存在显著差异($|AR|\leqslant 1.96$)。

(4) 生活满意度差异。

经差异检验发现,本省不同生活满意度儿童对国家层面价值观的关注,总体上存在非常显著的差异(卡方值=531.962,$P\leqslant 0.01$)。

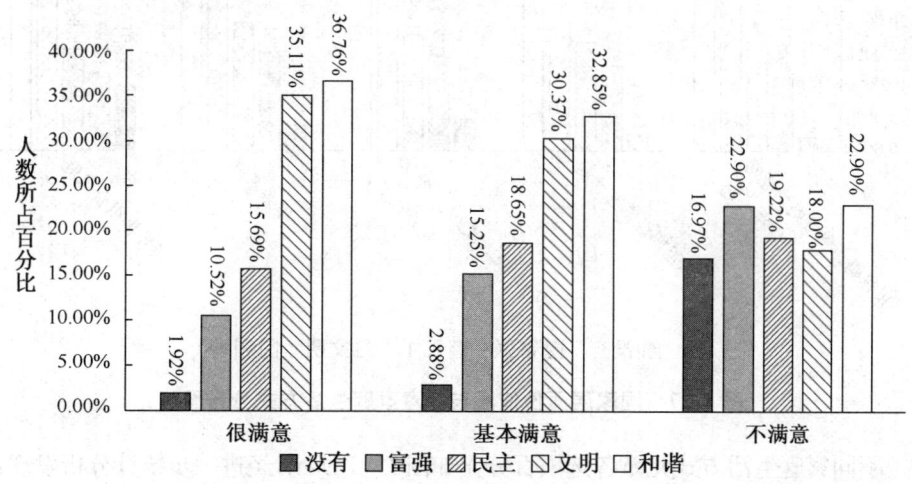

图 1-6 国家层面价值观与儿童生活满意度分布图

不同生活满意度儿童各选项百分比如图 1-6 所示,经进一步统计分析发现:

不同生活满意度儿童对不同国家层面价值观的关注情况表现出明显的差异。看重富强的对生活不满意的儿童人数比例高于对生活很满意和基本满意的儿童,且三者差异非常显著($|AR|>2.58$),人数比例随着生活满意程度的下降而呈现逐渐增长的趋势;看重民主的对生活基本满意的儿童人数比例高于对生活很满意的儿童,且差异非常显著($|AR|>2.58$);看重文明与和谐的对生活很满意的儿童人数比例高于对生活基本满意和不满意的儿童,且三者差异非常显著($|AR|>2.58$),人数比例随着生活满意程度的下降而呈现逐渐下降的趋势。

看重民主的对生活不满意的儿童与对生活很满意或基本满意的儿童相比,均不存在显著差异($|AR|\leqslant1.96$)。

(5) 家庭生活方式差异。

经差异检验发现,本省不同家庭生活方式儿童对国家层面价值观的关注,总体上存在非常显著的差异(卡方值=72.651,$P\leqslant0.01$),但差异集中体现在被试对"没有"项的选择上。

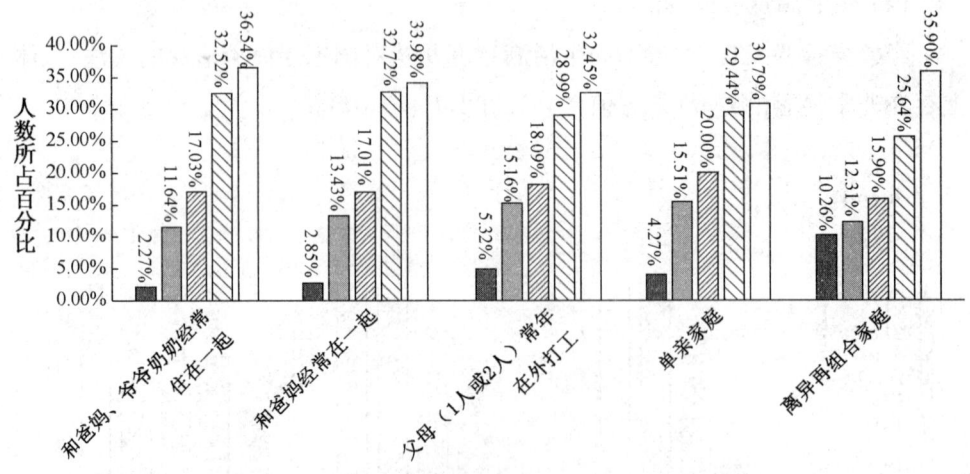

图1-7　国家层面价值观与儿童家庭生活方式分布图

不同家庭生活方式儿童各选项百分比如图1-7所示,经进一步统计分析发现:

不同家庭生活方式的儿童对富强、民主、文明、和谐四项价值观的关注均不存在显著差异($|AR|\leqslant1.96$)。

1.1.2 社会层面价值观的关注状况

社会层面,本省97.00%以上的儿童都有自己看重的价值观。看重自由、平等、公正、法治的人数比例分别为36.48%、30.43%、22.18%、8.55%。本省儿童最为看重的是自由,其次是平等、公正。(见图1-8)

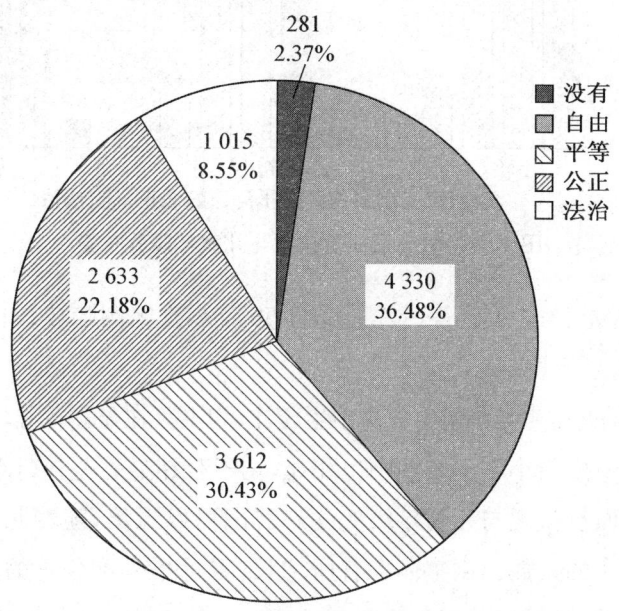

图1-8 社会层面价值观与儿童人数百分比分布图

(1) 年段差异。

经差异检验发现,本省不同年段儿童对社会层面价值观的关注,总体上存在非常显著的差异(卡方值=343.233,$P \leqslant 0.01$)。

不同年段儿童各选项百分比如图1-9所示,经进一步统计分析发现:

小学生、初中生、高中生对不同社会层面价值观的关注情况表现出明显的差异。看重自由的高中生人数比例高于小学生,且差异非常显著($|AR|>2.58$),人数比例随年段的增长呈上升走势;看重平等的小学生人数比例高于初中生和高中生,且三者差异非常显著($|AR|>2.58$),人数比例随年段的增长呈下降走势;看重公正的小学生人数比例高于初中生,且差异非常显著($|AR|>2.58$),人数比例随年段的增长呈V字形走势;看重法治的高中生人数比例高于小学生和

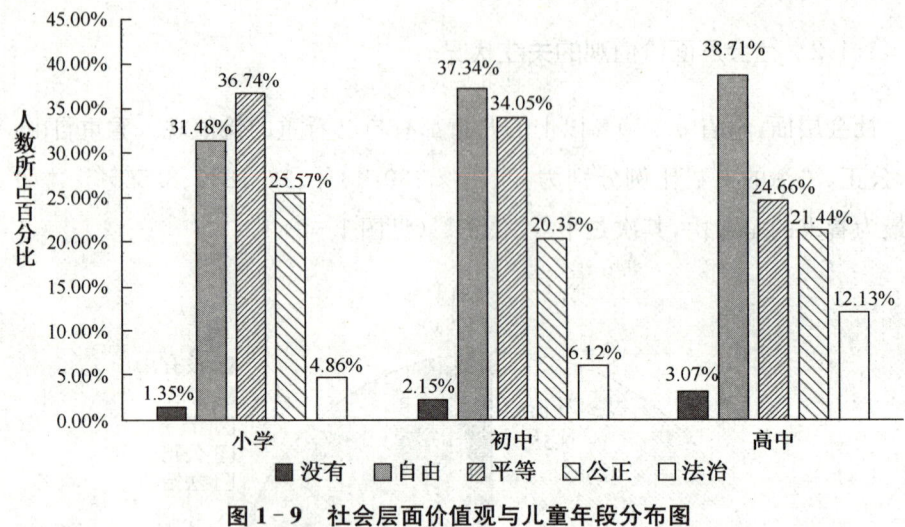

图 1-9 社会层面价值观与儿童年段分布图

初中生,且三者差异非常显著（$|AR|>2.58$）,人数比例随年段的增长呈上升走势。

看重自由的初中生与小学生或高中生相比,均不存在显著差异（$|AR|\leqslant 1.96$）,看重公正的高中生与小学生或初中生相比,均不存在显著差异（$|AR|\leqslant 1.96$）。

从社会层面价值观与儿童年级变化趋势图可以看出,随着儿童年龄的增长看重法治和自由的人数比例整体上有所增长,看重平等和公正的人数比例整体上呈下降趋势。（见图 1-10）

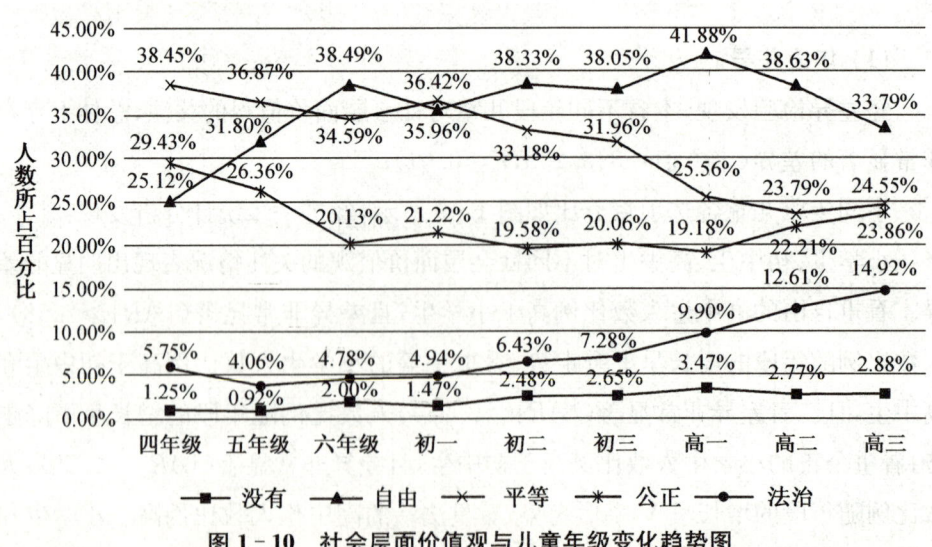

图 1-10 社会层面价值观与儿童年级变化趋势图

(2) 性别差异。

经差异检验发现,本省不同性别儿童对社会层面价值观的关注,总体上存在非常显著的差异(卡方值=201.952,$P \leqslant 0.01$)。

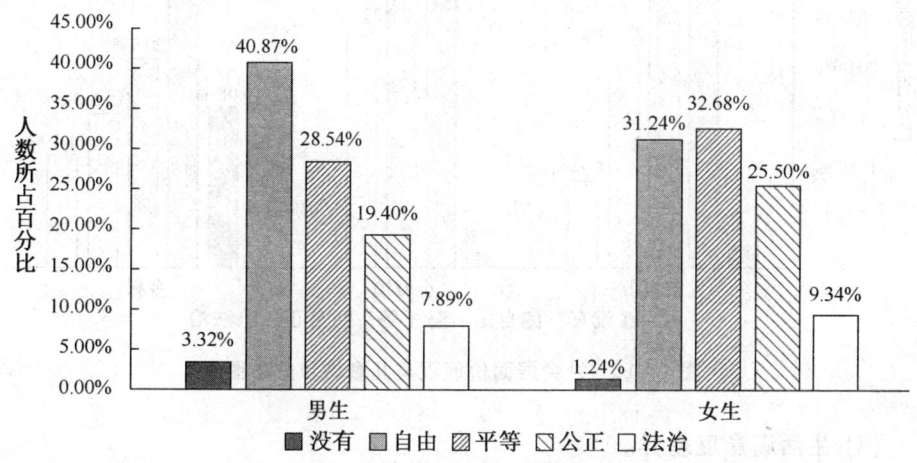

图1-11 社会层面价值观与儿童性别分布图

不同性别儿童各选项百分比如图1-11所示,经进一步统计分析发现:看重自由的男生人数比例高于女生,且差异非常显著($|AR|>2.58$);看重平等、公正与法治的女生人数比例高于男生,且差异非常显著($|AR|>2.58$)。

(3) 城乡差异。

经差异检验发现,本省城乡儿童对社会层面价值观的关注,总体上存在非常显著的差异(卡方值=150.931,$P \leqslant 0.01$)。

城乡儿童各选项百分比如图1-12所示,经进一步统计分析发现:

看重平等的小城镇儿童人数比例高于大中城市和乡村的儿童,且三者差异非常显著($|AR|>2.58$),人数比例从大中城市到小城镇再到乡村呈倒V字形走势;看重法治的大中城市儿童人数比例高于小城镇儿童,且差异非常显著($|AR|>2.58$),人数比例从大中城市到小城镇再到乡村呈V字形走势。

看重公正和自由的城乡儿童之间均不存在显著差异($|AR|\leqslant 1.96$);看重法治的乡村儿童与大中城市或小城镇的儿童相比,均不存在显著差异($|AR|\leqslant 1.96$)。

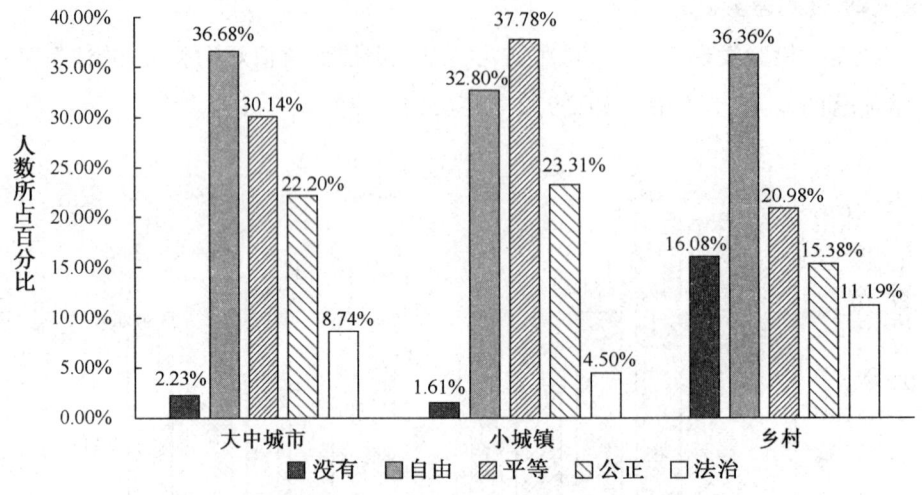

图 1-12 社会层面价值观与儿童城乡分布图

(4) 生活满意度差异。

经差异检验发现,本省不同生活满意度儿童对社会层面价值观的关注,总体上存在非常显著的差异(卡方值=444.160,$P\leqslant0.01$)。

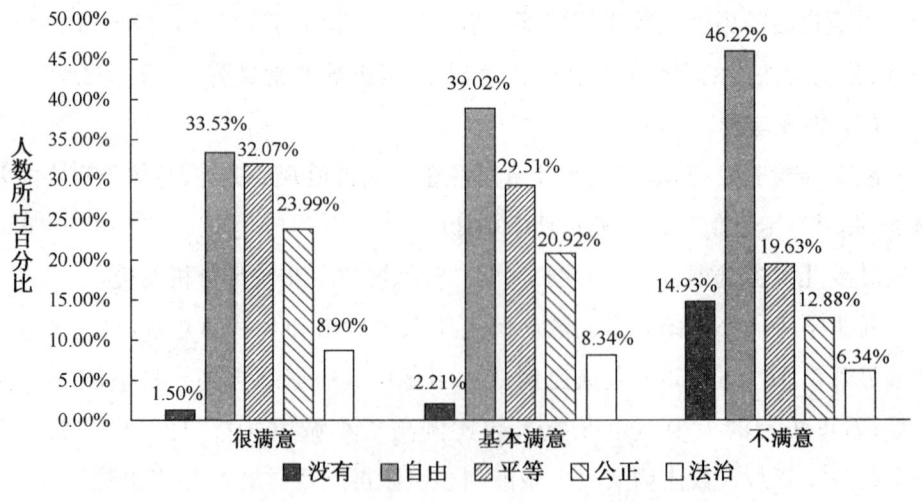

图 1-13 社会层面价值观与儿童生活满意度分布图

不同生活满意度儿童各选项百分比如图 1-13 所示,经进一步统计分析发现:

1 浙江省儿童价值观发展状况

看重自由的对生活不满意的儿童人数比例高于对生活很满意和基本满意的儿童,且三者差异非常显著($|AR|>2.58$),人数比例随着生活满意程度的下降而呈现逐渐增长的趋势;看重平等的对生活很满意的儿童人数比例高于对生活不满意的儿童,且差异非常显著($|AR|>2.58$),人数比例随着生活满意程度的下降而呈现逐渐下降的趋势;看重公正的对生活很满意的儿童人数比例高于对生活基本满意和不满意的儿童,且三者差异非常显著($|AR|>2.58$),人数比例随着生活满意程度的下降而呈现逐渐下降的趋势。

看重法治的不同生活满意度儿童之间均不存在显著差异($|AR|\leqslant1.96$),看重平等的对生活基本满意的儿童与对生活很满意或不满意的儿童相比,均不存在显著差异($|AR|\leqslant1.96$)。

(5)家庭生活方式差异。

经差异检验发现,本省不同家庭生活方式儿童对社会层面价值观的关注,总体上存在非常显著的差异(卡方值=41.736,$P\leqslant0.01$),但差异集中体现在被试对"没有"项的选择上。

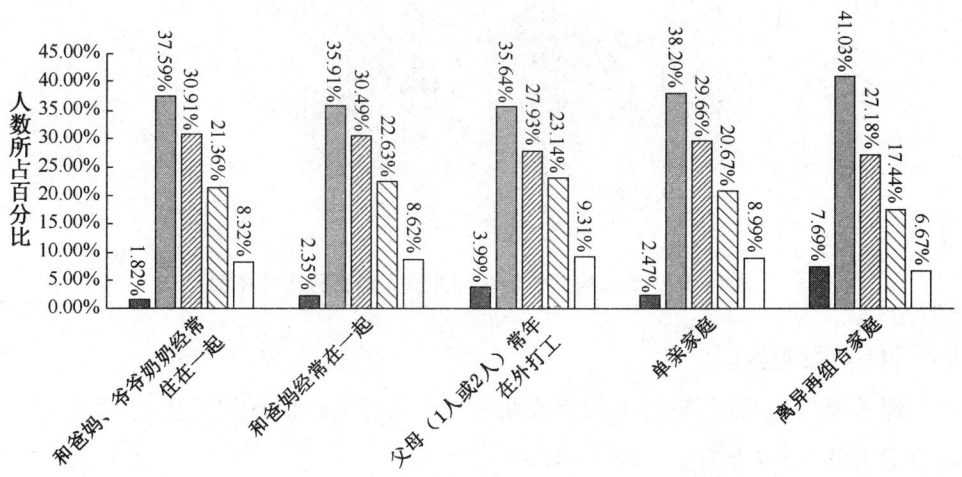

图1-14 社会层面价值观与儿童家庭生活方式分布图

不同家庭生活方式儿童各选项百分比如图1-14所示,经进一步统计分析发现:

不同家庭生活方式儿童对社会层面四项价值观的关注均不存在显著差异（$|AR|\leqslant 1.96$）。

1.1.3　个人层面价值观的关注状况

个人层面，本省 96.00% 以上的儿童都有自己关注的价值观。诚信（57.64%）是最受儿童关注的个人层面价值观，其次是友善，占 32.31%。（见图 1－15）

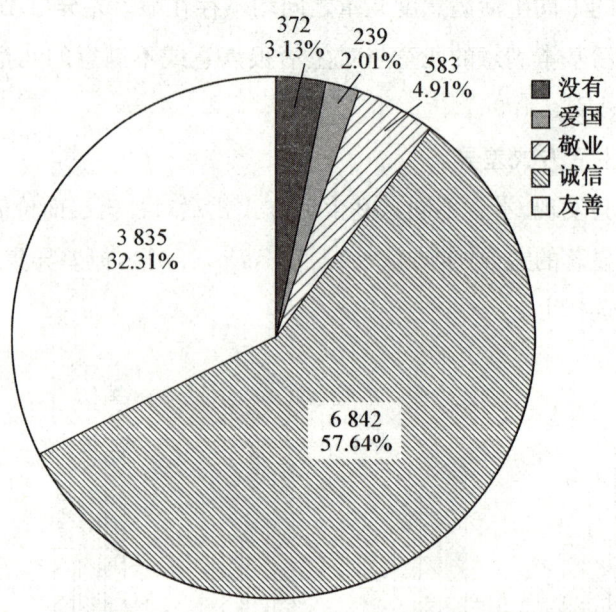

图 1－15　个人层面价值观与儿童人数百分比分布图

(1) 年段差异。

经差异检验发现，本省不同年段儿童对个人层面价值观的关注，总体上存在非常显著的差异（卡方值＝98.436，$P\leqslant 0.01$）。

不同年段儿童各选项百分比如图 1－16 所示，经进一步统计分析发现：

看重敬业的高中生人数比例高于小学生和初中生，且高中生与小学生或初中生之间差异非常显著（$|AR|>2.58$），人数比例随年段的增长呈 V 字形走势；看重诚信的小学生人数比例高于高中生，且差异非常显著（$|AR|>2.58$），人数比例随年段的增长呈下降走势。

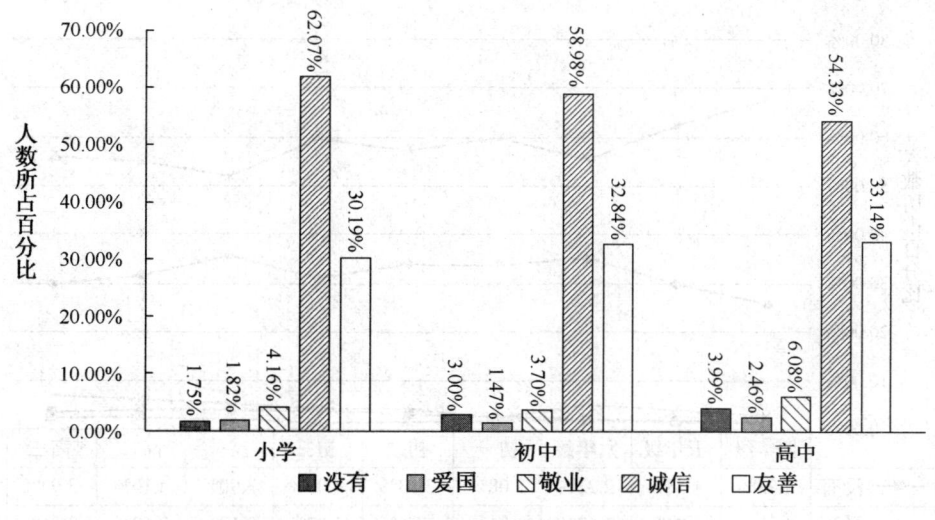

图 1-16　个人层面价值观与儿童年段分布

看重敬业的小学生与初中生相比,前者人数比例高于后者,存在比较显著的差异($1.96<|AR|\leqslant2.58$)。

看重友善的不同年段儿童之间均不存在显著差异($|AR|\leqslant1.96$);看重诚信的初中生与小学生或高中生相比,均不存在显著差异($|AR|\leqslant1.96$)。

从个人层面价值观与儿童年级变化趋势图可以看出,不同年级儿童普遍比较看重的个人层面价值观都是诚信,其次是友善,并且儿童对这两项价值观的关注程度几乎不随儿童年龄的增长而发生大幅度变化。(见图 1-17)

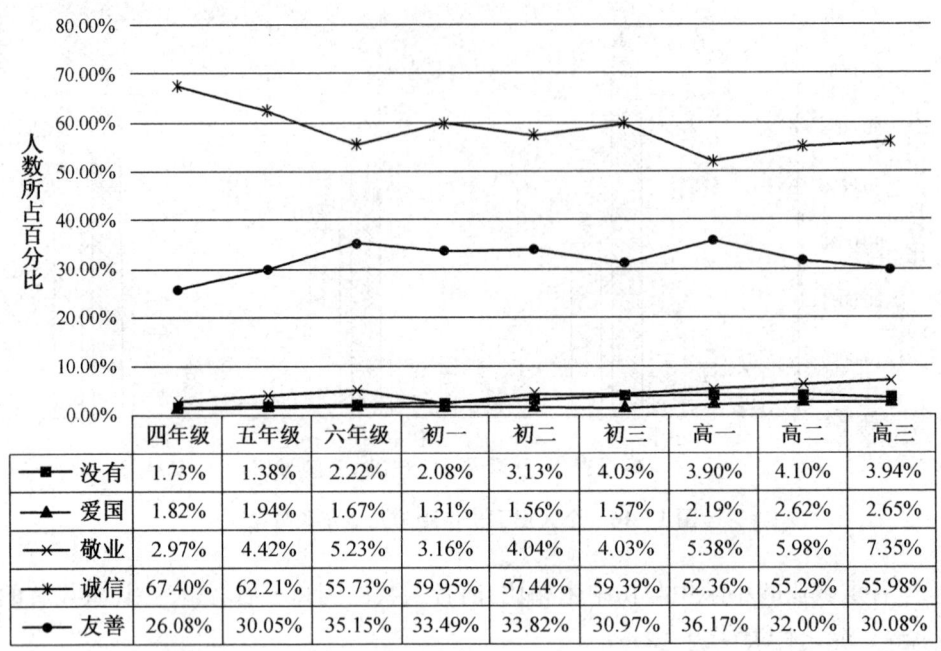

	四年级	五年级	六年级	初一	初二	初三	高一	高二	高三
没有	1.73%	1.38%	2.22%	2.08%	3.13%	4.03%	3.90%	4.10%	3.94%
爱国	1.82%	1.94%	1.67%	1.31%	1.56%	1.57%	2.19%	2.62%	2.65%
敬业	2.97%	4.42%	5.23%	3.16%	4.04%	4.03%	5.38%	5.98%	7.35%
诚信	67.40%	62.21%	55.73%	59.95%	57.44%	59.39%	52.36%	55.29%	55.98%
友善	26.08%	30.05%	35.15%	33.49%	33.82%	30.97%	36.17%	32.00%	30.08%

图 1-17　个人层面价值观与儿童年级变化趋势图

(2) 性别差异。

经差异检验发现，本省不同性别儿童对个人层面价值观的关注，总体上存在非常显著的差异(卡方值＝103.141，$P \leqslant 0.01$)。

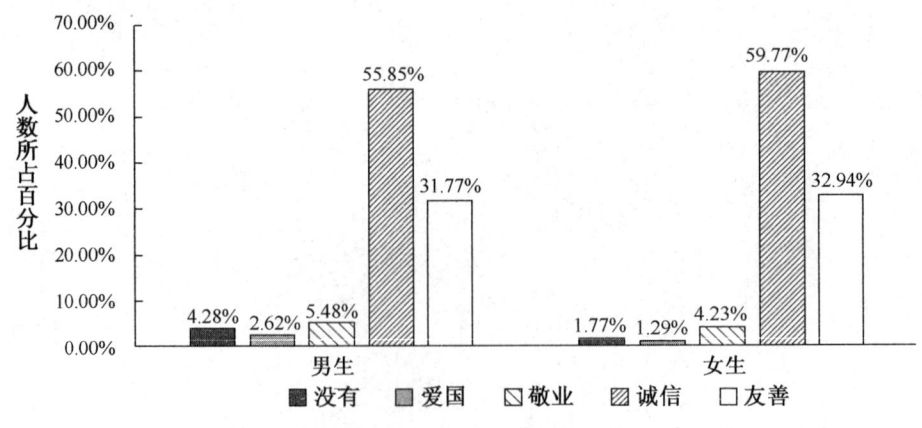

图 1-18　个人层面价值观与儿童性别分布图

不同性别儿童各选项百分比如图1-18所示,经进一步统计分析发现:

男女生对敬业和诚信的关注情况均表现出非常显著的差异($|AR|>2.58$),男生对敬业的关注程度明显高于女生,女生对诚信的关注程度明显高于男生。

男女生对友善的关注情况不存在显著差异($|AR|\leq1.96$)。

(3)城乡差异。

经差异检验发现,本省城乡儿童对个人层面价值观的关注,总体上存在非常显著的差异(卡方值=124.563,$P\leq0.01$),但差异集中体现为被试在"没有"项的选择上。城乡儿童对个人层面价值观的关注均不存在显著的差异($|AR|\leq1.96$)。

城乡儿童各选项百分比如图1-19所示。

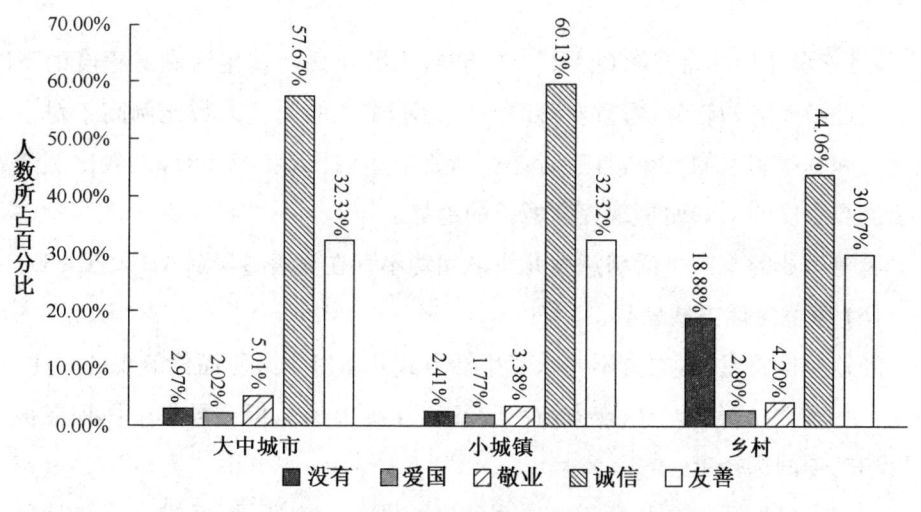

图1-19 个人层面价值观与儿童城乡分布图

(4)生活满意度差异。

经差异检验发现,本省不同生活满意度儿童对个人层面价值观的关注,总体上存在非常显著的差异(卡方值=687.622,$P\leq0.01$)。

不同生活满意度儿童各选项百分比如图1-20所示,经进一步统计分析发现:

看重诚信的对生活很满意的儿童人数比例高于对生活基本满意和不满意的

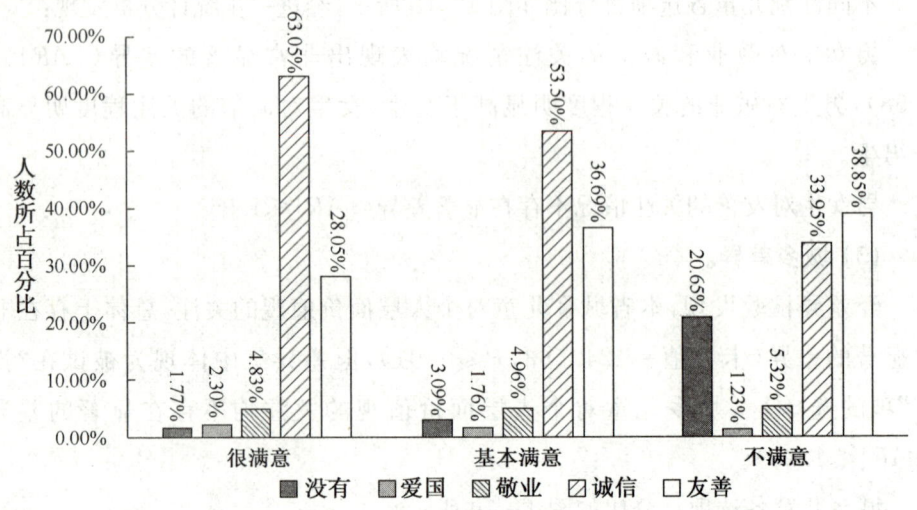

图1-20 个人层面价值观与儿童生活满意度分布图

儿童,且三者差异非常显著($|AR|>2.58$),人数比例随着生活满意程度的下降而呈现逐渐下降的趋势;看重友善的对生活不满意的儿童人数比例高于对生活很满意和基本满意的儿童,且三者差异非常显著($|AR|>2.58$),人数比例随着生活满意程度的下降而呈现逐渐增长的趋势。

看重敬业的不同生活满意度儿童之间均不存在显著差异($|AR|\leqslant 1.96$)。

(5) 家庭生活方式差异。

经差异检验发现,本省不同家庭生活方式儿童对个人层面价值观的关注,总体上存在非常显著的差异(卡方值=50.753,$P\leqslant 0.01$),但差异集中体现在被试对"没有"项的选择上。

不同家庭生活方式儿童各选项百分比如图1-21所示,经进一步统计分析发现:

看重诚信的"和爸妈、爷爷奶奶经常住在一起"的儿童人数比例高于离异再组合家庭的儿童,且差异非常显著($|AR|>2.58$);其他家庭生活方式类型的儿童之间均不存在显著差异($|AR|\leqslant 1.96$)。

看重友善的单亲家庭儿童与"和爸妈、爷爷奶奶经常住在一起"的儿童相比,前者人数比例高于后者,存在比较显著的差异($1.96<|AR|\leqslant 2.58$);其他不同家庭生活方式类型的儿童之间均不存在显著差异($|AR|\leqslant 1.96$)。

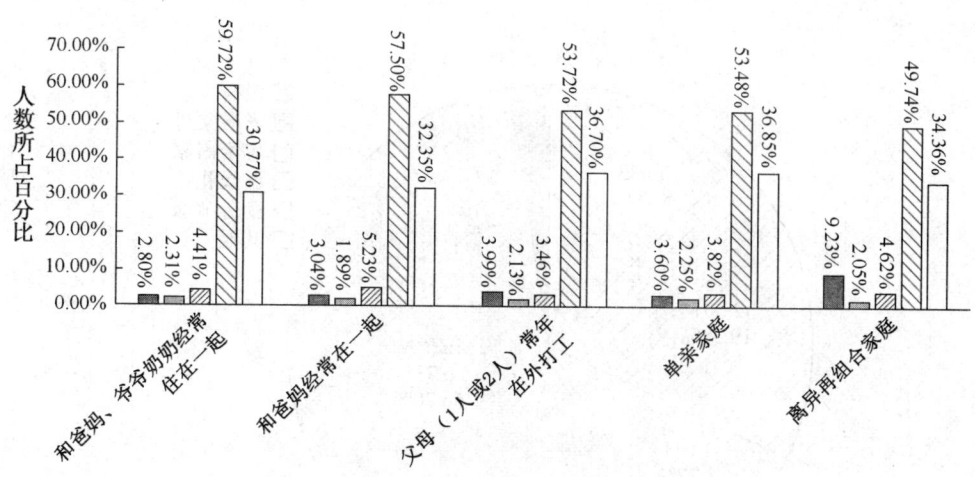

图 1-21 个人层面价值观与儿童家庭生活方式分布图

看重敬业的不同家庭生活方式类型的儿童之间均不存在显著差异（$|AR|\leqslant 1.96$）。

1.2 传统美德

传统美德方面，本省 97.00％以上的儿童都有自己关注的美德。看重孝敬父母、忠于国家、谦虚礼让、勤劳节俭的人数比例分别为 56.70％、8.77％、19.38％、8.79％，孝敬父母是儿童最为看重的传统美德。（见图 1-22）

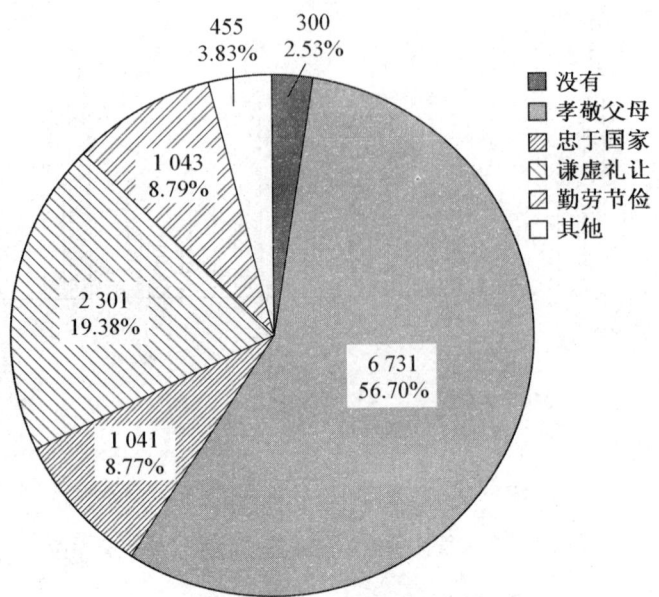

图 1-22 传统美德与儿童人数百分比分布图

(1) 年段差异。

经差异检验发现,本省不同年段儿童对传统美德的关注,总体上存在非常显著的差异(卡方值=123.960,$P \leqslant 0.01$)。

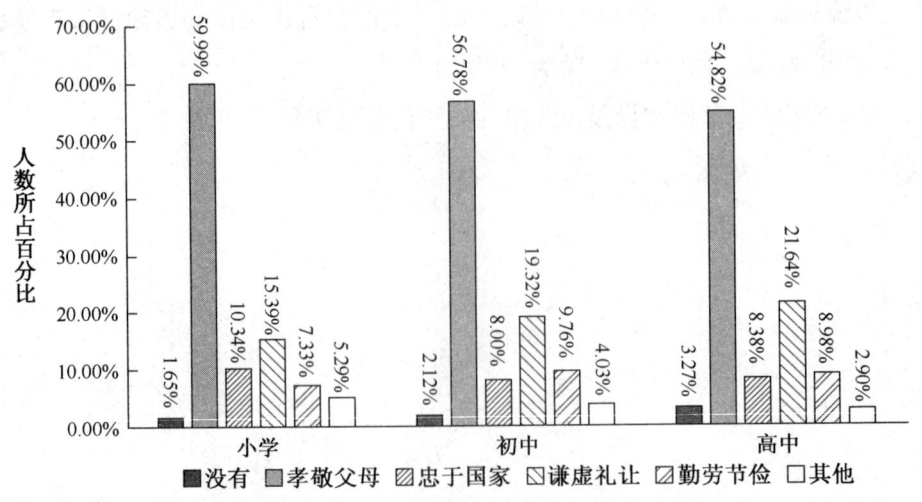

图 1-23 传统美德与儿童年段分布图

不同年段儿童各选项百分比如图 1-23 所示,经进一步统计分析发现:

看重孝敬父母的小学生人数比例高于高中生,且差异非常显著($|AR|>2.58$),人数比例随年段的增长呈下降走势;看重谦虚礼让的高中生人数比例高于小学生,且差异非常显著($|AR|>2.58$),人数比例随年段的增长呈上升走势。

看重勤劳节俭的初中生与小学生相比,前者人数比例高于后者,存在比较显著的差异($1.96<|AR|\leqslant 2.58$)。

看重孝敬父母和谦虚礼让的初中生与小学生或高中生相比,均不存在显著差异($|AR|\leqslant 1.96$);看重勤劳节俭的高中生与小学生或初中生相比,均不存在显著差异($|AR|\leqslant 1.96$);看重忠于国家的不同年段儿童之间均不存在显著差异($|AR|\leqslant 1.96$)。

从传统美德与儿童年级变化趋势图可以看出,不同年龄的儿童都很看重孝敬父母。随着儿童年龄的增长,关注谦虚礼让的儿童人数比例有所上升。不同年龄儿童之间对各项传统美德的关注程度虽略有差异,但整体上年龄变化趋势并不十分明显。(见图 1-24)

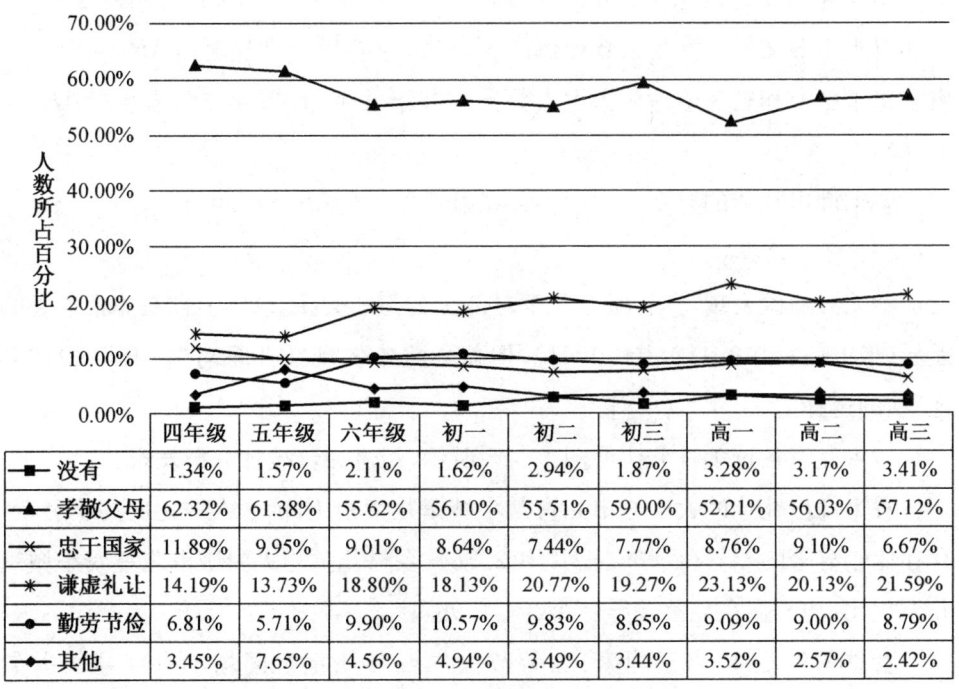

	四年级	五年级	六年级	初一	初二	初三	高一	高二	高三
没有	1.34%	1.57%	2.11%	1.62%	2.94%	1.87%	3.28%	3.17%	3.41%
孝敬父母	62.32%	61.38%	55.62%	56.10%	55.51%	59.00%	52.21%	56.03%	57.12%
忠于国家	11.89%	9.95%	9.01%	8.64%	7.44%	7.77%	8.76%	9.10%	6.67%
谦虚礼让	14.19%	13.73%	18.80%	18.13%	20.77%	19.27%	23.13%	20.13%	21.59%
勤劳节俭	6.81%	5.71%	9.90%	10.57%	9.83%	8.65%	9.09%	9.00%	8.79%
其他	3.45%	7.65%	4.56%	4.94%	3.49%	3.44%	3.52%	2.57%	2.42%

图 1-24 传统美德与儿童年级变化趋势图

(2) 性别差异。

经差异检验发现,本省不同性别儿童对传统美德的关注,总体上存在非常显著的差异(卡方值=138.148,$P\leqslant 0.01$)。

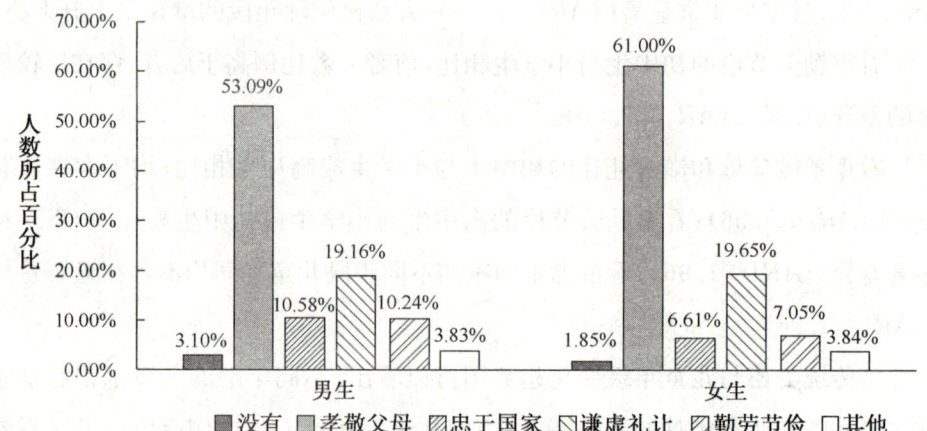

图1-25 传统美德与儿童性别分布图

不同性别儿童各选项百分比如图1-25所示,经进一步统计分析发现:

看重孝敬父母的女生人数比例高于男生,且差异非常显著($|AR|>2.58$),看重忠于国家和勤劳节俭的男生人数比例高于女生,且差异非常显著($|AR|>2.58$)。

看重谦虚礼让的男女生之间不存在显著差异($|AR|\leqslant 1.96$)。

(3) 城乡差异。

经差异检验发现,本省城乡儿童对传统美德的关注,总体上存在非常显著的差异(卡方值=100.412,$P\leqslant 0.01$),但差异集中体现在儿童对"没有"项及"其他"项的选择上。

城乡儿童各选项百分比如图1-26所示,经进一步统计分析发现:

看重谦虚礼让的大中城市儿童与小城镇儿童相比,前者人数比例高于后者,存在比较显著的差异($1.96<|AR|\leqslant 2.58$);乡村儿童与大中城市儿童或小城镇儿童相比,均不存在显著差异($|AR|\leqslant 1.96$)。

看重孝敬父母、忠于国家、勤劳节俭的城乡儿童之间均不存在显著差异($|AR|\leqslant 1.96$)。

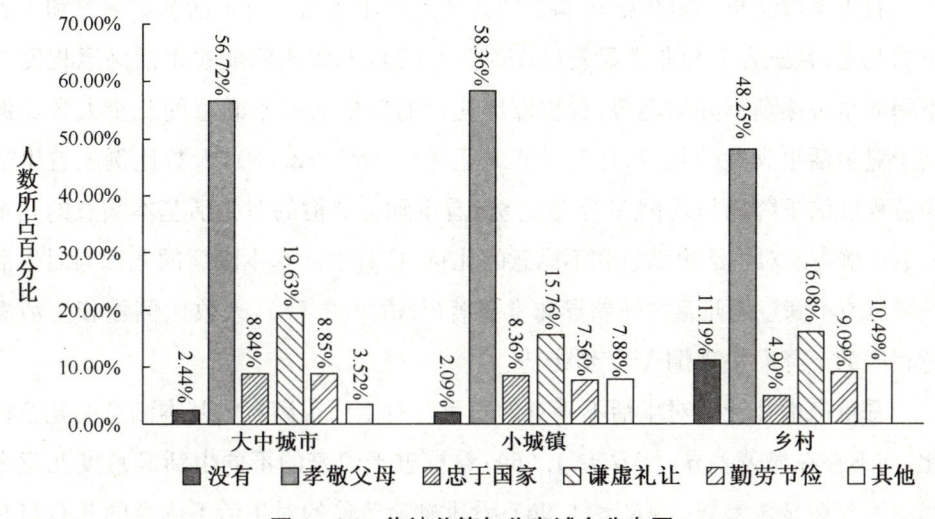

图 1-26 传统美德与儿童城乡分布图

(4) 生活满意度差异。

经差异检验发现,本省不同生活满意度儿童对传统美德的关注,总体上存在非常显著的差异(卡方值=448.918,$P \leqslant 0.01$)。

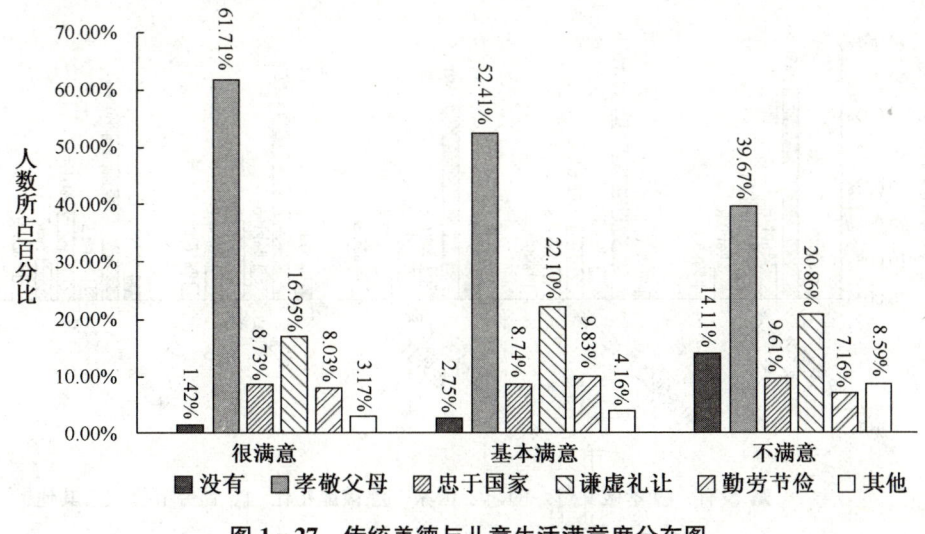

图 1-27 传统美德与儿童生活满意度分布图

不同生活满意度儿童各选项百分比如图 1-27 所示,经进一步统计分析发现:

看重孝敬父母的对生活很满意的儿童人数比例高于对生活基本满意和不满意的儿童,且三者差异非常显著($|AR|>2.58$),人数比例随着生活满意程度的下降而呈现逐渐下降的趋势;看重谦虚礼让的对生活基本满意的儿童人数比例高于对生活很满意的儿童,且差异非常显著($|AR|>2.58$),人数比例随着生活满意程度的下降而呈现倒 V 字形走势;看重勤劳节俭的对生活基本满意的儿童人数比例高于对生活很满意和不满意的儿童,且对生活基本满意的儿童与对生活很满意或不满意的儿童之间差异非常显著($|AR|>2.58$),人数比例随着生活满意程度的下降而呈现倒 V 字形走势。

看重谦虚礼让的对生活不满意的儿童与对生活很满意或基本满意的儿童相比,均不存在显著差异($|AR|\leq 1.96$);看重忠于国家的不同生活满意度儿童之间均不存在显著差异($|AR|\leq 1.96$);看重勤劳节俭的对生活不满意的儿童与对生活很满意的儿童相比,不存在显著差异($|AR|\leq 1.96$)。

(5) 家庭生活方式差异。

经差异检验发现,本省不同家庭生活方式儿童对传统美德的关注,总体上存在非常显著的差异(卡方值=55.243,$P\leq 0.01$)。

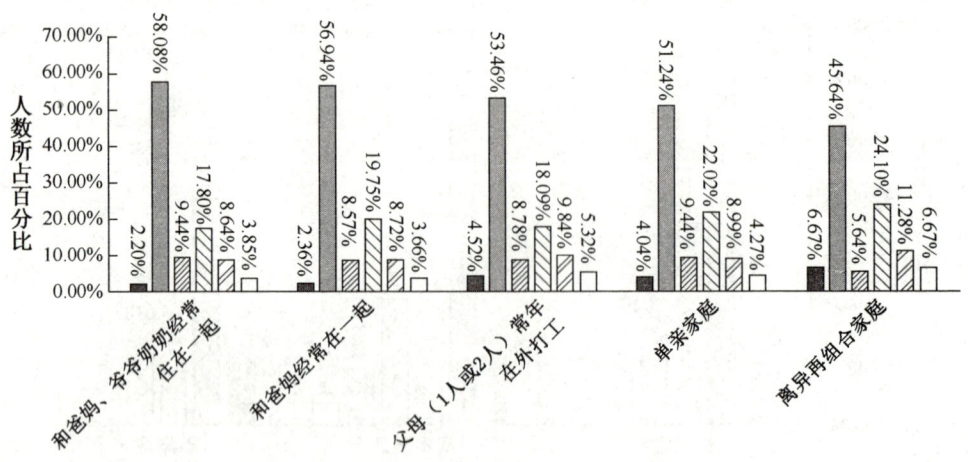

图 1-28　传统美德与儿童家庭生活方式分布图

不同家庭生活方式儿童各选项百分比如图 1-28 所示,经进一步统计分析发现:

看重孝敬父母的单亲家庭的儿童人数比例高于离异再组合家庭的儿童,且差异非常显著($|AR|>2.58$);其他家庭生活方式类型的儿童之间均不存在显著差异($|AR|\leqslant 1.96$)。

看重忠于国家、谦虚礼让和勤劳节俭的不同家庭生活方式的儿童之间均不存在显著差异($|AR|\leqslant 1.96$)。

1.3 公共道德

公共道德方面,本省 98.00% 以上的儿童都有自己关注的公共道德。看重正义、按规则办事、不影响他人、廉洁奉公的人数比例分别为 31.43%、20.26%、23.00%、20.91%。正义是儿童关注程度最高的公共道德。(见图 1-29)

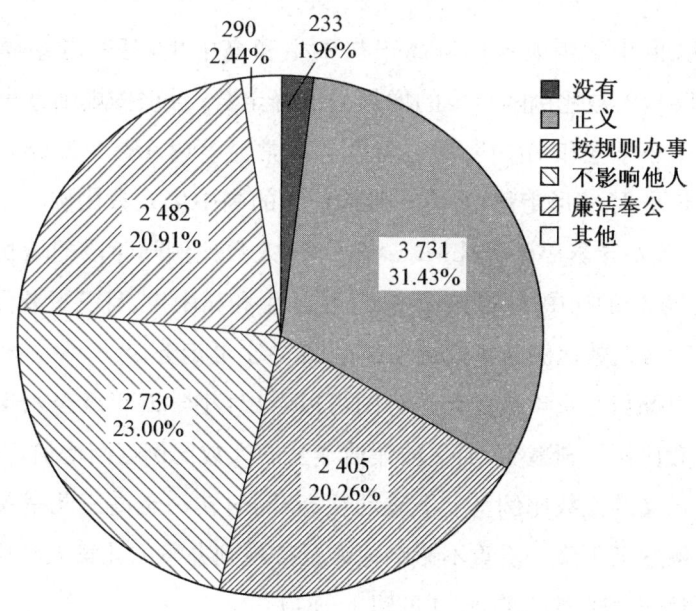

图 1-29 公共道德与儿童人数百分比分布图

(1) 年段差异。

经差异检验发现,本省不同年段儿童对公共道德的关注,总体上存在非常显著的差异(卡方值=475.235,$P\leqslant 0.01$)。

不同年段儿童各选项百分比如图 1-30 所示,经进一步统计分析发现:

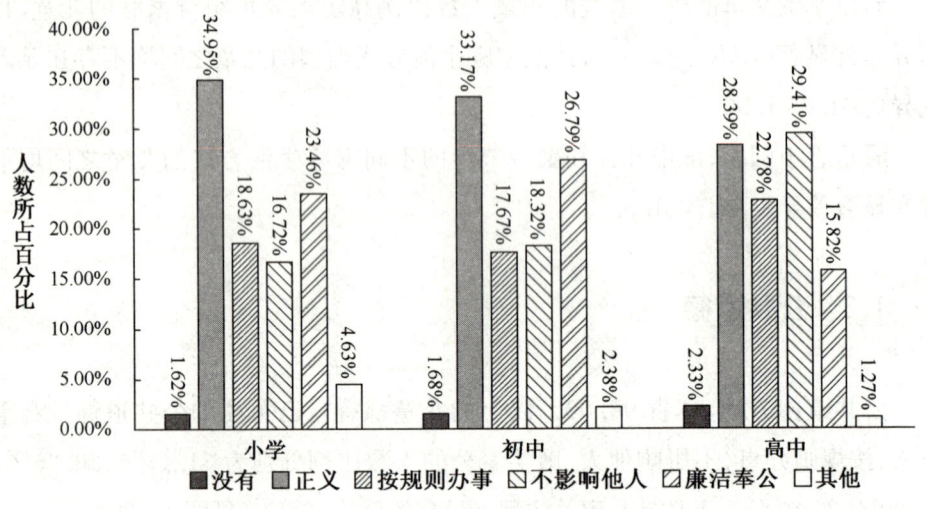

图1-30 公共道德与儿童年段分布图

看重正义的小学生人数比例高于初中生和高中生,且三者差异非常显著($|AR|>2.58$),人数比例随年段的增长呈下降走势;看重按规则办事的高中生人数比例高于小学生和初中生,且三者差异非常显著($|AR|>2.58$),人数比例随年段的增长呈V字形走势;看重不影响他人的高中生人数比例高于小学生和初中生,且三者差异非常显著($|AR|>2.58$),人数比例随年段的增长呈上升走势;看重廉洁奉公的初中生人数比例高于小学生和高中生,且三者差异非常显著($|AR|>2.58$),人数比例随年段的增长呈倒V字形走势。

从公共道德与儿童年级变化趋势图可以看出,小学四年级至六年级儿童关注正义的人数比例逐渐减少,而关注廉洁奉公的人数比例逐渐增加,而初一至初三儿童关注正义的人数比例呈上下波动状态,同时初一至高三儿童关注廉洁奉公的人数比例逐渐下降。看重不影响他人及按规则办事的儿童人数比例整体上随着儿童年龄的增长有所增加。(见图1-31)

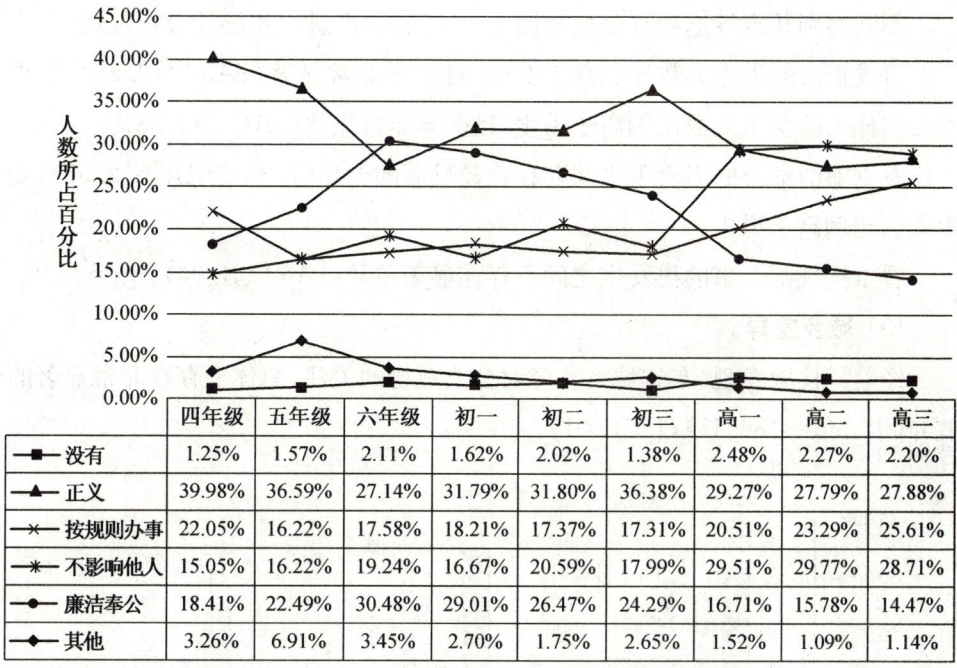

	四年级	五年级	六年级	初一	初二	初三	高一	高二	高三
没有	1.25%	1.57%	2.11%	1.62%	2.02%	1.38%	2.48%	2.27%	2.20%
正义	39.98%	36.59%	27.14%	31.79%	31.80%	36.38%	29.27%	27.79%	27.88%
按规则办事	22.05%	16.22%	17.58%	18.21%	17.37%	17.31%	20.51%	23.29%	25.61%
不影响他人	15.05%	16.22%	19.24%	16.67%	20.59%	17.99%	29.51%	29.77%	28.71%
廉洁奉公	18.41%	22.49%	30.48%	29.01%	26.47%	24.29%	16.71%	15.78%	14.47%
其他	3.26%	6.91%	3.45%	2.70%	1.75%	2.65%	1.52%	1.09%	1.14%

图 1-31 公共道德与儿童年级变化趋势图

(2) 性别差异。

经差异检验发现,本省不同性别儿童对公共道德的关注,总体上存在非常显著的差异(卡方值=74.337,$P \leqslant 0.01$)。

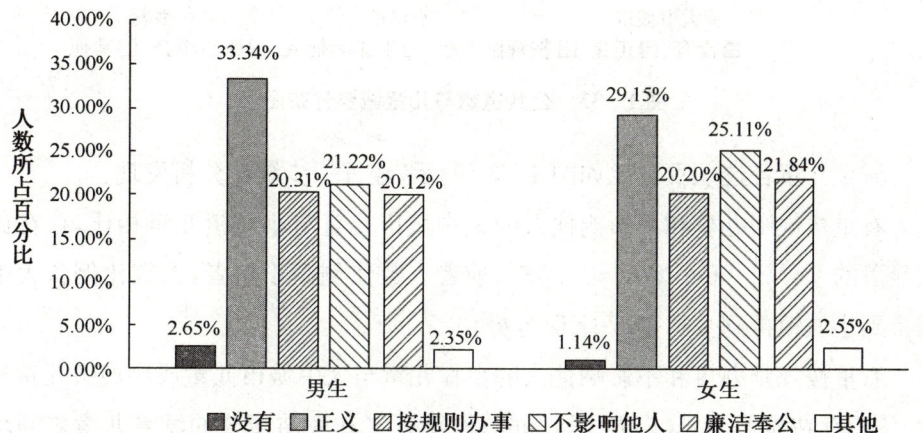

图 1-32 公共道德与儿童性别分布图

不同性别儿童各选项百分比如图1-32所示,经进一步统计分析发现:

看重正义的男生人数比例高于女生,且差异非常显著($|AR|>2.58$),看重不影响他人的女生人数比例高于男生,且差异非常显著($|AR|>2.58$)。

看重廉洁奉公的男女生之间存在比较显著的差异($1.96<|AR|\leqslant2.58$),女生人数比例高于男生。

看重按规则办事的男女生之间不存在显著差异($|AR|\leqslant1.96$)。

(3) 城乡差异。

经差异检验发现,本省城乡儿童对公共道德的关注,总体上存在非常显著的差异(卡方值=186.114,$P\leqslant0.01$)。

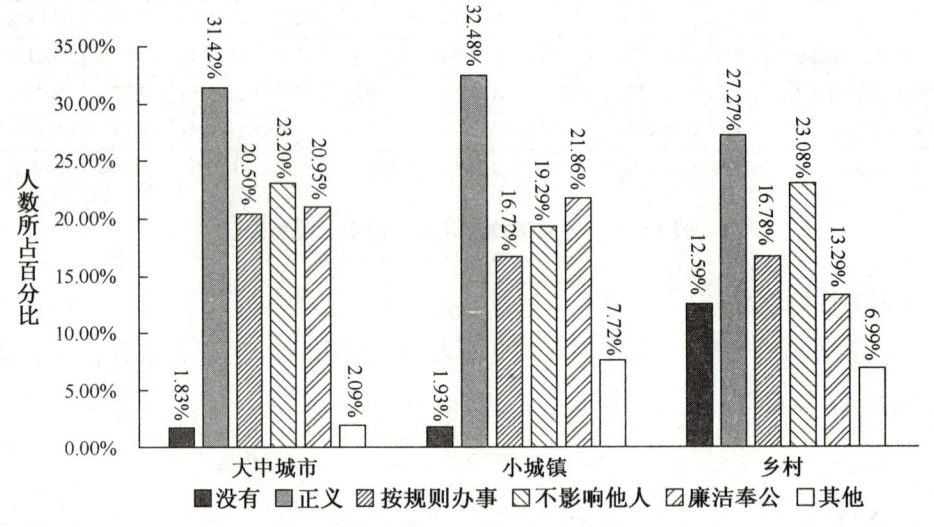

图1-33 公共道德与儿童城乡分布图

城乡儿童各选项百分比如图1-33所示,经进一步统计分析发现:

看重按规则办事和不影响他人的大中城市儿童与小城镇儿童相比,存在比较显著的差异($1.96<|AR|\leqslant2.58$),前者人数比例高于后者,人数比例从大中城市到小城镇再到乡村呈V字形走势。

看重按规则办事和不影响他人的乡村儿童与大中城市儿童或小城镇儿童相比,均不存在显著差异($|AR|\leqslant1.96$);看重正义和廉洁奉公的城乡儿童之间均不存在显著差异($|AR|\leqslant1.96$)。

(4) 生活满意度差异。

经差异检验发现,本省不同生活满意度儿童对公共道德的关注,总体上存在非常显著的差异(卡方值＝406.953,$P\leqslant0.01$)。

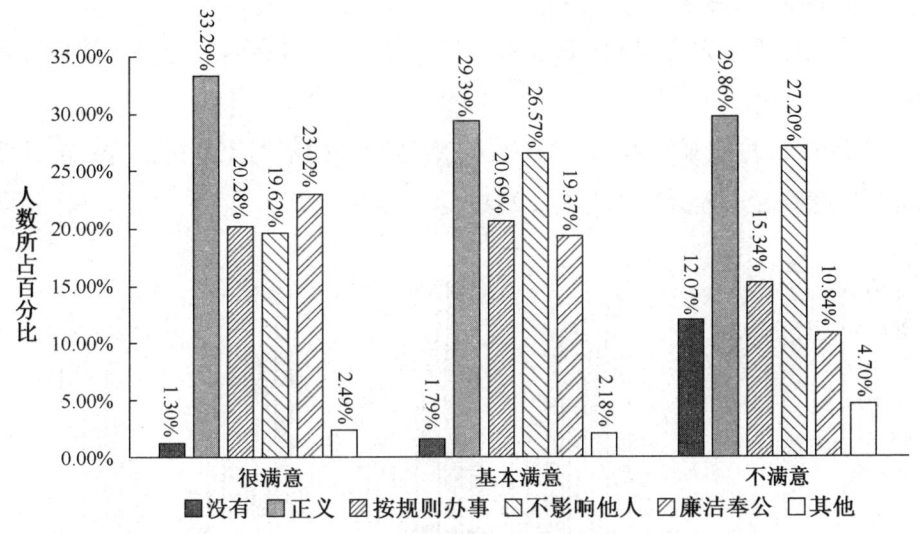

图 1-34　公共道德与儿童生活满意度分布图

不同生活满意度儿童各选项百分比如图 1-34 所示,经进一步统计分析发现:看重正义的对生活很满意的儿童人数比例高于对生活基本满意的儿童,且差异非常显著($|AR|>2.58$);看重不影响他人的对生活基本满意的儿童人数比例高于对生活很满意的儿童,且差异非常显著($|AR|>2.58$);看重廉洁奉公的对生活很满意的儿童人数比例高于对生活基本满意和不满意的儿童,且三者差异非常显著($|AR|>2.58$),人数比例随着生活满意程度的下降而呈现逐渐下降的趋势。

看重不影响他人的对生活不满意的儿童与对生活很满意或基本满意的儿童相比,均存在比较显著的差异($1.96<|AR|\leqslant2.58$),前者人数比例高于后两者。

看重正义的对生活不满意的儿童与对生活很满意或基本满意的儿童相比,不存在显著差异($|AR|\leqslant1.96$);看重按规则办事的不同生活满意度的儿童之间均不存在显著差异($|AR|\leqslant1.96$)。

(5) 家庭生活方式差异。

经差异检验发现,本省不同家庭生活方式儿童对公共道德的关注,总体上存在非常显著的差异(卡方值=67.932,$P \leqslant 0.01$),但差异集中体现在被试对"没有"项及"其他"项的选择上。

不同家庭生活方式儿童各选项百分比如图1-35所示,经进一步统计分析发现:

看重正义、按规则办事、不影响他人、廉洁奉公的不同家庭生活方式的儿童之间均不存在显著差异($|AR| \leqslant 1.96$)。

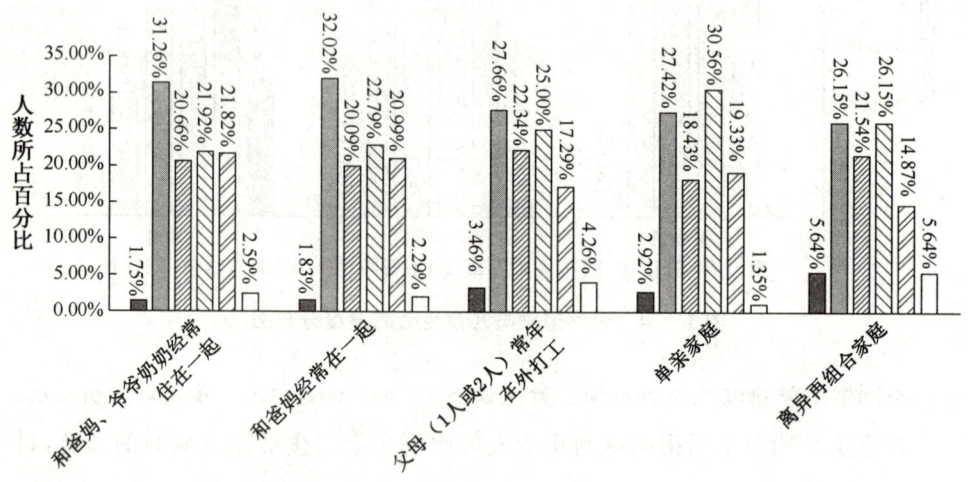

图1-35 公共道德与儿童家庭生活方式分布图

1.4 个人修养

个人修养方面,本省97.00%以上的儿童都有自己关注的价值观。看重自省、大度、勤奋、节制的儿童人数比例分别为24.24%、27.18%、30.22%、11.83%。勤奋是儿童关注程度最高的个人修养方面的价值观,其次是大度和自省。(见图1-36)

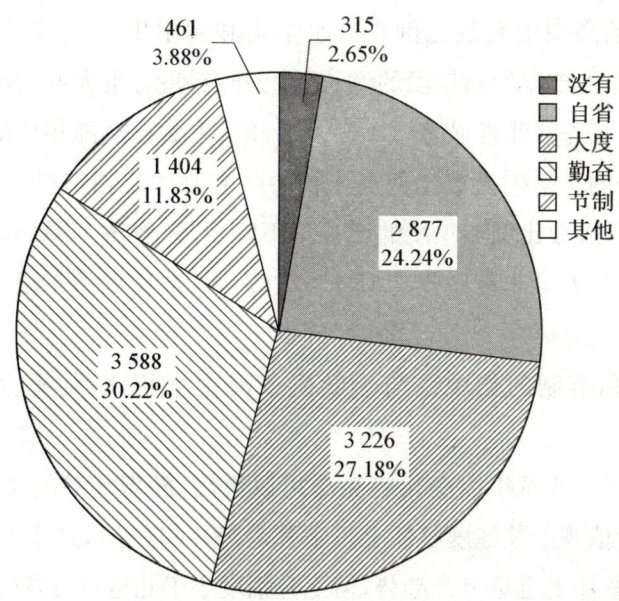

图1-36 个人修养与儿童人数百分比分布图

(1) 年段差异。

经差异检验发现,本省不同年段儿童对个人修养的关注,总体上存在非常显著的差异(卡方值=763.497,$P \leqslant 0.01$)。

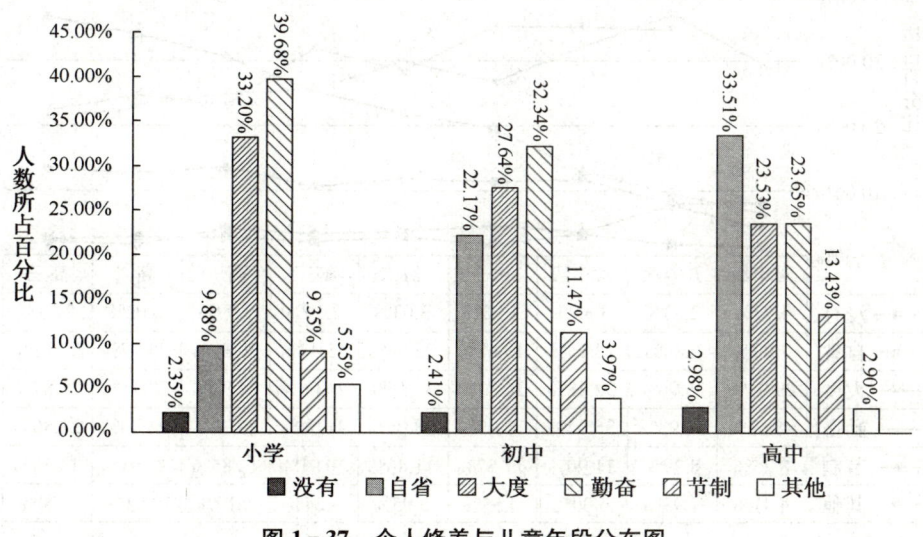

图1-37 个人修养与儿童年段分布图

不同年段儿童各选项百分比如图1-37所示,经进一步统计分析发现:

看重自省的高中生人数比例高于小学生和初中生,且三者差异非常显著($|AR|>2.58$),人数比例随年段的增长呈上升走势;看重大度的小学生人数比例高于高中生,且差异非常显著($|AR|>2.58$),人数比例随年段的增长呈下降走势;看重勤奋的小学生人数比例高于初中生和高中生,且三者差异非常显著($|AR|>2.58$),人数比例随年段的增长呈下降走势;看重节制的高中生人数比例高于小学生,且差异非常显著($|AR|>2.58$),人数比例随年段的增长呈上升走势。

看重大度和节制的初中生与小学生或高中生相比,均不存在显著差异($|AR|\leqslant1.96$)。

从个人修养与儿童年级变化趋势图可以看出,随着年龄的增长,儿童对勤奋、大度两项价值观的关注度整体上呈下降趋势,对自省的关注度逐渐上升,对节制的关注度整体上也呈上升趋势,但上升幅度小于儿童对自省的关注。(见图1-38)

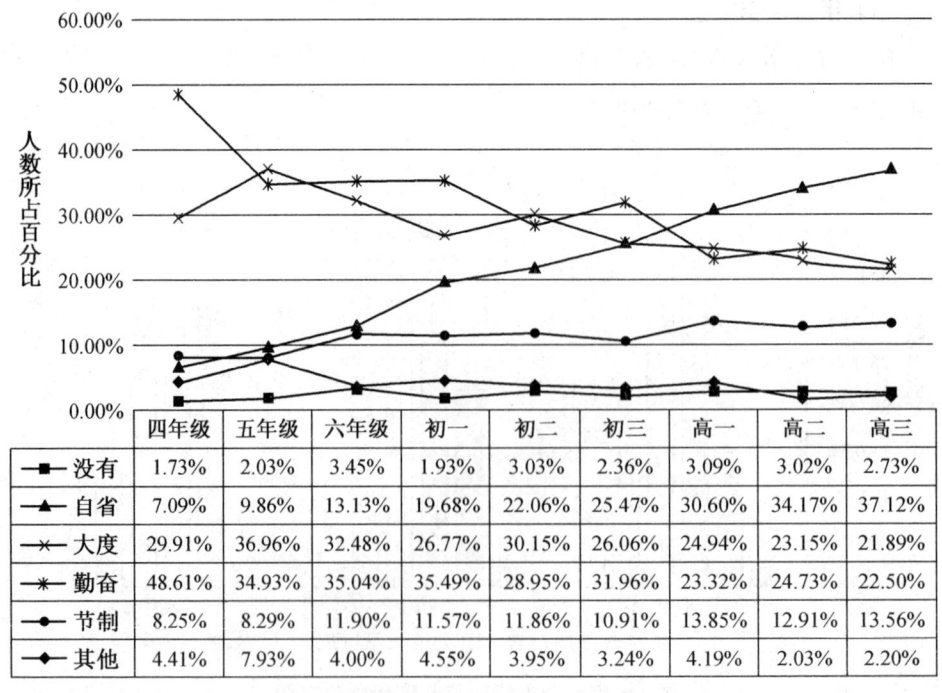

图1-38 个人修养与儿童年级变化趋势图

(2) 性别差异。

经差异检验发现,本省不同性别儿童对个人修养的关注,总体上存在非常显著的差异(卡方值＝68.023,$P\leqslant0.01$)。

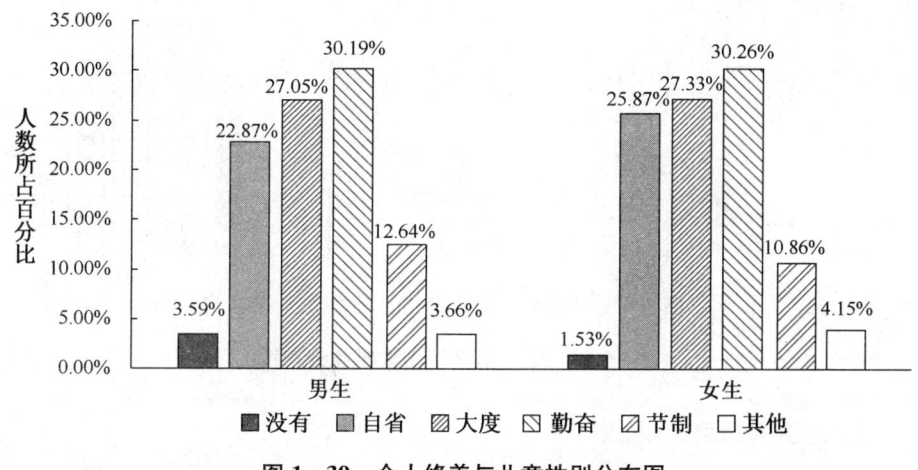

图1-39 个人修养与儿童性别分布图

不同性别儿童各选项百分比如图1-39所示,经进一步统计分析发现:

看重自省的女生人数比例高于男生,且差异非常显著($|AR|>2.58$),看重节制的男生人数比例高于女生,且差异非常显著($|AR|>2.58$)。

看重大度和勤奋的男女生之间不存在显著差异($|AR|\leqslant1.96$)。

(3) 城乡差异。

经差异检验发现,本省城乡儿童对个人修养的关注,总体上存在非常显著的差异(卡方值＝128.125,$P\leqslant0.01$)。

城乡儿童各选项百分比如图1-40所示,经进一步统计分析发现:

看重自省的大中城市儿童人数比例高于小城镇儿童,且差异非常显著($|AR|>2.58$),人数比例从大中城市到小城镇再到乡村呈V字形走势,其中乡村儿童人数比例与大中城市儿童基本持平。

看重自省的乡村儿童与大中城市儿童或小城镇儿童相比,均不存在显著差异($|AR|\leqslant1.96$);看重大度、勤奋和节制的城乡儿童之间均不存在显著差异($|AR|\leqslant1.96$)。

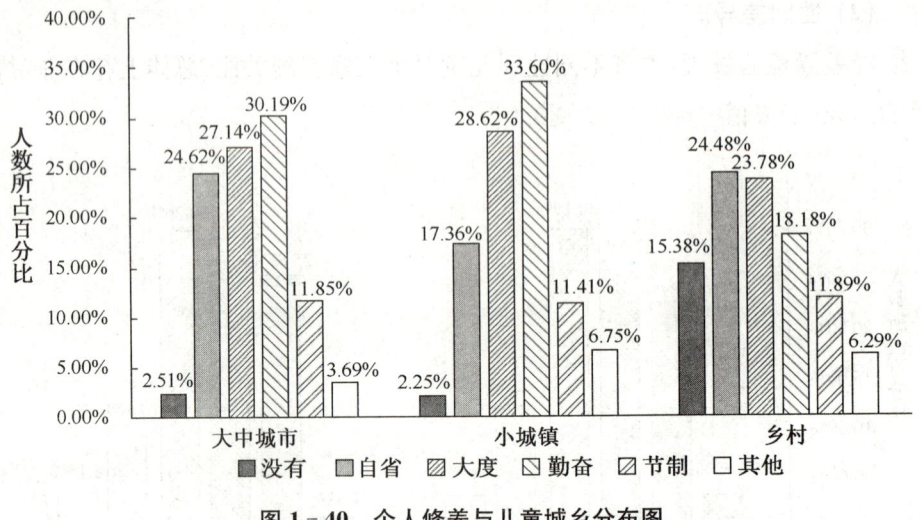

图 1-40 个人修养与儿童城乡分布图

(4) 生活满意度差异。

经差异检验发现,本省不同生活满意度儿童对传统美德的关注,总体上存在非常显著的差异(卡方值=479.246,$P \leqslant 0.01$)。

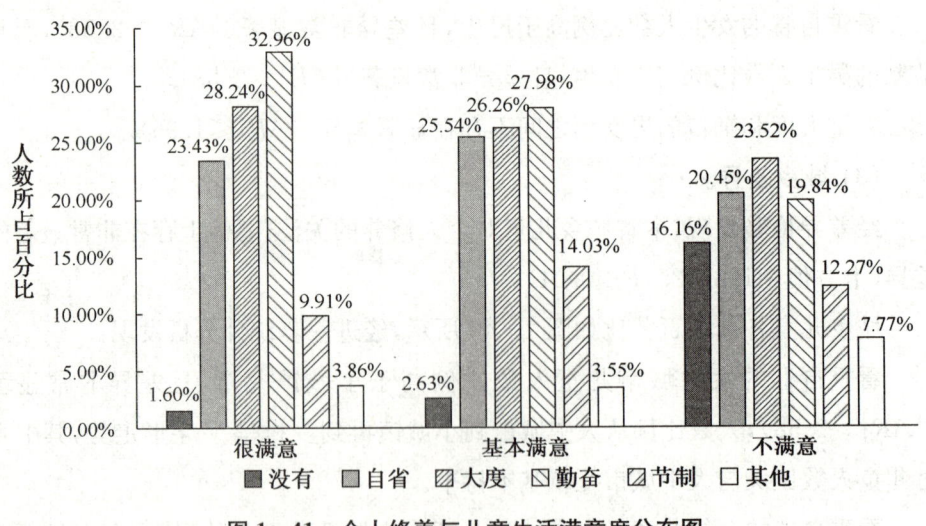

图 1-41 个人修养与儿童生活满意度分布图

不同生活满意度儿童各选项百分比如图 1-41 所示,经进一步统计分析发现:

看重自省的对生活基本满意的儿童人数比例高于对生活很满意和不满意的

儿童,且对生活基本满意的儿童与对生活很满意或不满意的儿童之间差异非常显著($|AR|>2.58$),人数比例随着生活满意程度的下降而呈现倒 V 字形走势;看重勤奋的对生活很满意的儿童人数比例高于对生活基本满意和不满意的儿童,且三者差异非常显著($|AR|>2.58$),人数比例随着生活满意程度的下降而呈现逐渐下降的趋势;看重大度的对生活很满意的儿童人数比例高于对生活基本满意的儿童,且差异非常显著($AR|>2.58$),人数比例随着生活满意程度的下降而呈现逐渐下降的趋势;看重节制的对生活基本满意的儿童人数比例高于对生活很满意的儿童,且差异非常显著($|AR|>2.58$),人数比例随着生活满意程度的下降呈现倒 V 字形走势。

看重自省的对生活很满意的儿童与对生活不满意的儿童相比,前者人数比例高于后者,存在比较显著的差异($1.96<|AR|\leqslant2.58$)。

看重大度和节制的对生活不满意的儿童与对生活很满意或基本满意的儿童相比,均不存在显著差异($|AR|\leqslant1.96$)。

(5) 家庭生活方式差异。

经差异检验发现,本省不同家庭生活方式儿童对传统美德的关注,总体上存在非常显著的差异(卡方值$=54.987,P\leqslant0.01$)。

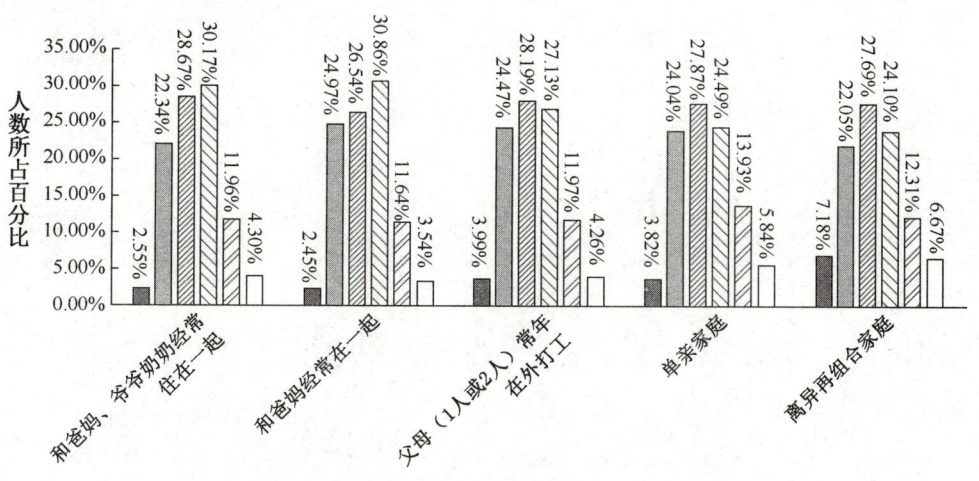

图 1-42 个人修养与儿童家庭生活方式分布图

不同家庭生活方式儿童各选项百分比如图 1-42 所示,经进一步统计分析发现:

看重自省的"和爸妈经常在一起"的儿童人数比例高于"和爸妈、爷爷奶奶经常住在一起"的儿童,且差异非常显著($|AR|>2.58$);看重自省的其他家庭生活方式的儿童之间均不存在显著差异($|AR|\leqslant1.96$)。

看重大度的"和爸妈、爷爷奶奶经常住在一起"的儿童与"和爸妈经常在一起"的儿童相比,前者人数比例高于后者,存在比较显著的差异($1.96<|AR|\leqslant2.58$);看重大度的其他不同家庭生活方式的儿童之间均不存在显著差异($|AR|\leqslant1.96$)。

看重勤奋的"和爸妈经常在一起"的儿童与单亲家庭儿童相比,前者人数比例高于后者,存在比较显著的差异($1.96<|AR|\leqslant2.58$);看重勤奋的其他不同家庭生活方式的儿童之间均不存在显著差异($|AR|\leqslant1.96$)。

看重节制的不同家庭生活方式的儿童之间均不存在显著差异($|AR|\leqslant1.96$)。

2 浙江省儿童道德情感发展状况

浙江省儿童道德情感发展状况主要涉及爱国情感、关爱情感、集体责任感、自尊感、羞耻感等方面的发展。统计分析显示,浙江省儿童在这些具体的道德情感发展方面整体表现良好。

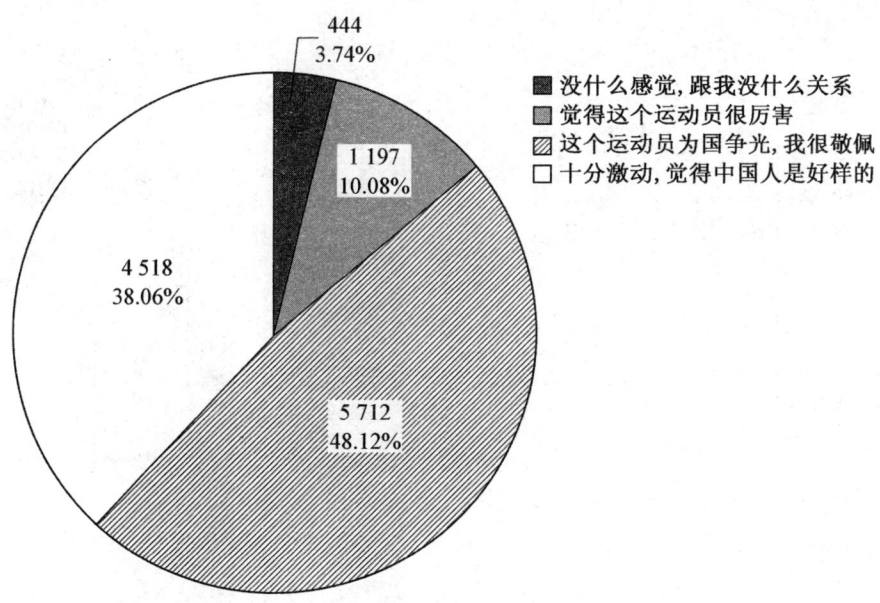

图 2-1 爱国情感与儿童人数百分比分布图

2.1 爱国情感

统计发现,本省中小学生普遍具有爱国情感。大部分儿童(86.18%)因中国运动员在国际比赛中获得冠军而激动和骄傲,其中一部分儿童(38.06%)十分激动,觉得中国人是好样的,一部分儿童(48.12%)认为这个运动员为国争光,表示很敬佩(本调查视此两种选择为具有爱国情感的表现)。同时,有一小部分儿童(3.74%)认为中国运动员在国际比赛中获得冠军与自己没有什么关系,还有一小部分儿童(10.08%)仅仅认为这个运动员很厉害。本省儿童的爱国情感表现不尽相同,整体发展良好。(见图2-1)

(1) 年段差异。

经差异检验发现,本省不同年段儿童在爱国情感方面总体上存在非常显著的差异(卡方值=232.714,$P \leqslant 0.01$)。

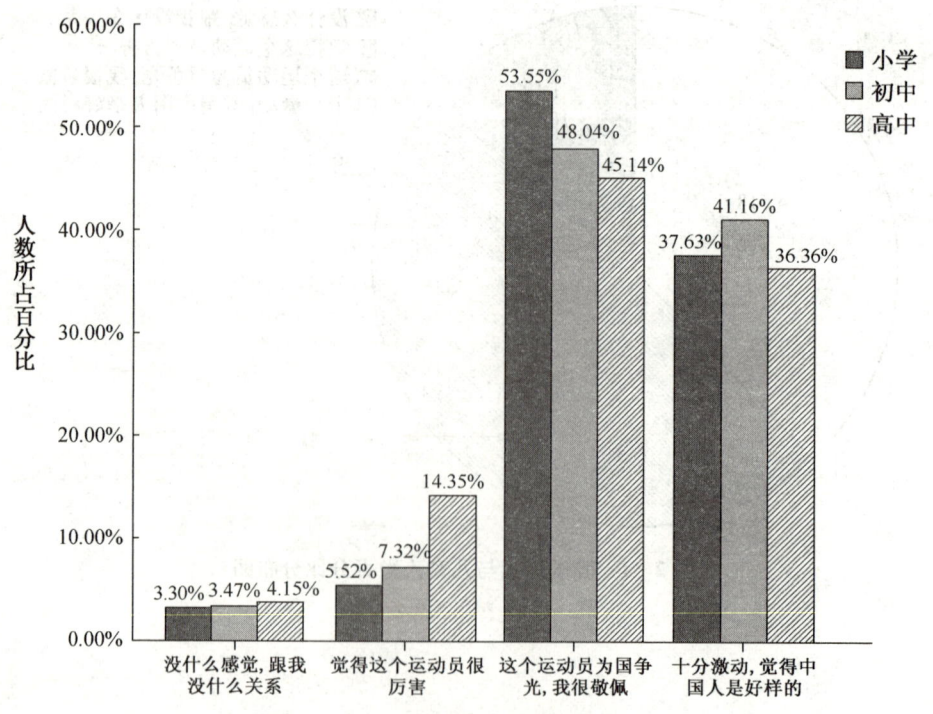

图2-2 爱国情感与儿童年段分布图

不同年段儿童各选项百分比如图 2-2 所示,经进一步统计分析发现:

小学生、初中生和高中生之间,在选择"觉得这个运动员很厉害"上,三者表现出非常显著的差异($|AR|>2.58$),人数比例随年段的增长呈上升走势;小学生和高中生之间在选择"这个运动员为国争光,我很敬佩"上,差异非常显著($|AR|>2.58$),人数比例随年段的增长呈下降走势;初中生和高中生之间在选择"十分激动,觉得中国人是好样的"上,差异非常显著($|AR|>2.58$),人数比例随年段的增长呈倒 V 字形走势。

小学生、初中生和高中生之间在"没什么感觉,跟我没什么关系"选项上,三者差异不显著($|AR|\leqslant 1.96$);初中生与小学生或高中生相比,在"这个运动员为国争光,我很敬佩"选项上,差异不显著($|AR|\leqslant 1.96$);小学生与初中生或高中生相比,在"十分激动,觉得中国人是好样的"选项上,差异不显著($|AR|\leqslant 1.96$)。

经差异检验发现,本省不同年级的儿童在爱国情感方面总体上存在非常显著的差异(卡方值=274.013,$P\leqslant 0.01$)。

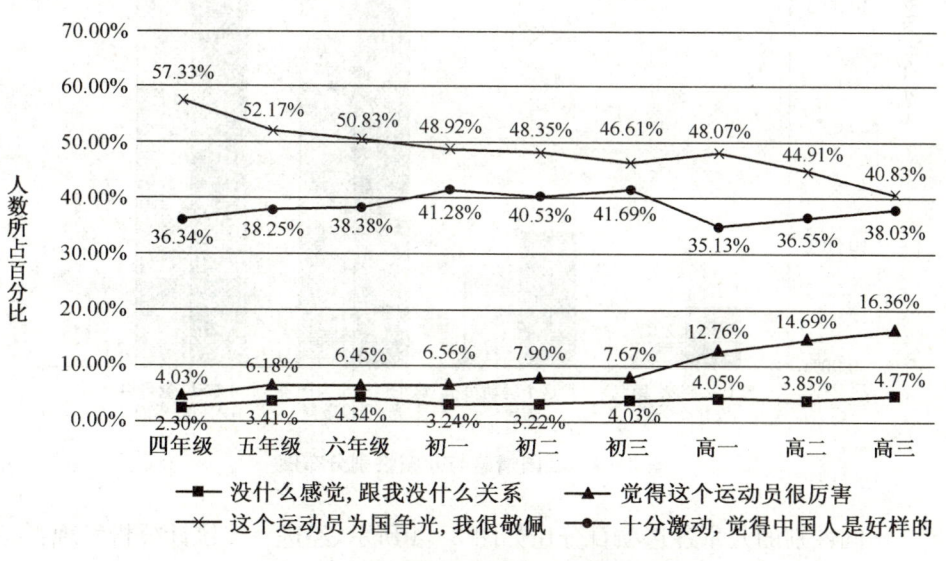

图 2-3 爱国情感与儿童年级变化趋势图

不同年级儿童各选项百分比如图 2-3 所示,经进一步统计分析发现:
当中国运动员在国际比赛中获得冠军时,各年级儿童选择"十分激动,觉得中国人是好样的"的人数比例随着年级的升高基本维持在40%左右,无明显上升或下降;选择"这个运动员为国争光,我很敬佩"的人数比例随着年级的升高整体有下降的趋势,年级越低越倾向于将他人的荣誉行为归结于敬佩并因此激励自己;选择"没什么感觉,跟我没什么关系"的人数比例随着年级的升高变化不大;选择"觉得这个运动员很厉害"的人数比例随着年级的升高整体呈上升趋势。

(2) 性别差异。

经差异检验发现,本省不同性别的儿童在爱国情感方面总体存在非常显著的差异(卡方值=106.137,$P \leqslant 0.01$)。

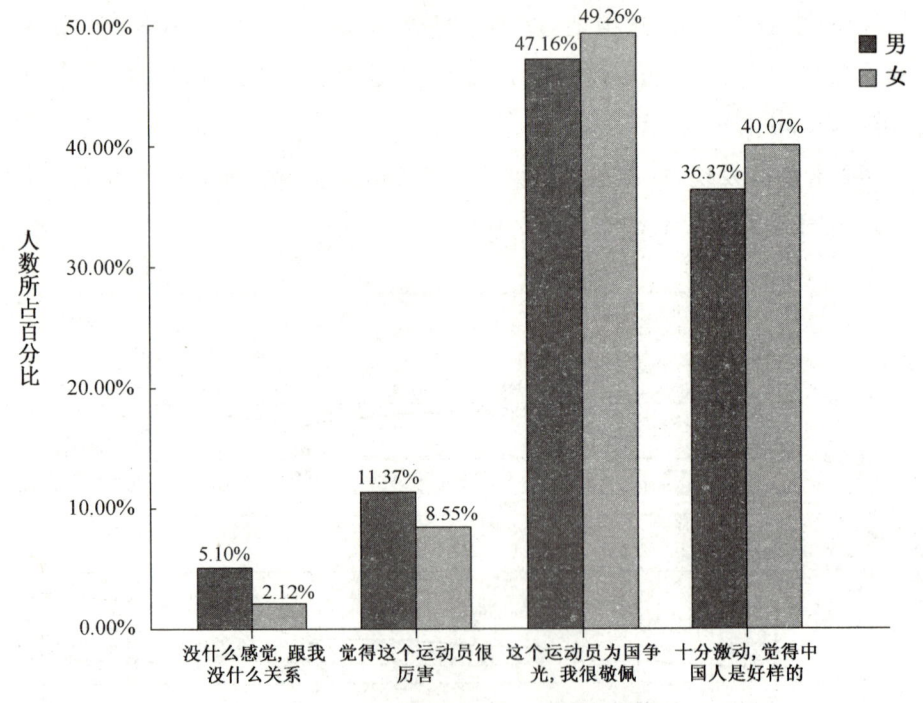

图2-4 爱国情感与儿童性别分布图

不同性别的儿童各选项百分比如图2-4所示,经进一步统计分析发现:

男生和女生在"没什么感觉,跟我没什么关系"、"觉得这个运动员很厉害"和"十分激动,觉得中国人是好样的"选项上,差异均非常显著($|AR|>2.58$)。

男生和女生在"这个运动员为国争光,我很敬佩"选项上,差异比较显著($1.96<|AR|\leqslant2.58$)。

(3) 城乡差异。

经差异检验发现,本省城乡儿童在爱国情感方面总体差异非常显著(卡方值＝102.225,$P \leqslant 0.01$)。

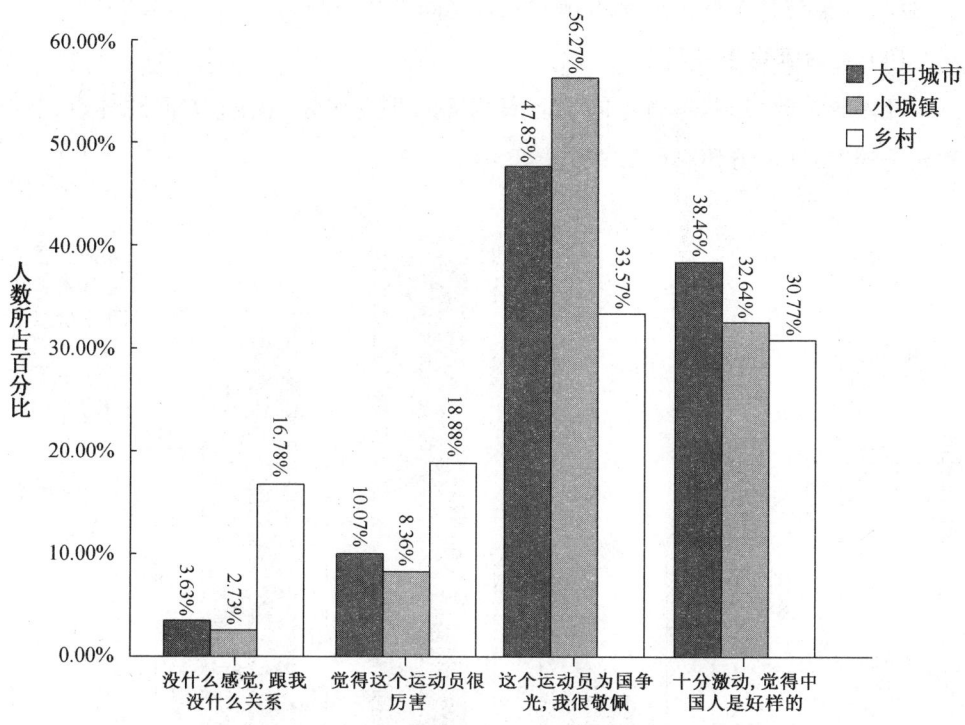

图 2-5 爱国情感与儿童城乡分布图

城乡儿童各选项百分比如图 2-5 所示,经进一步统计分析发现:

在"没什么感觉,跟我没什么关系"选项上,大中城市儿童和乡村儿童差异非常显著($|AR|>2.58$),人数比例从大中城市到小城镇再到乡村呈 V 字形走势;在"这个运动员为国争光,我很敬佩"选项上,小城镇儿童人数比例明显高于大中城市和乡村的儿童,小城镇儿童与大中城市或乡村的儿童之间差异非常显著($|AR|>2.58$),人数比例从大中城市到小城镇再到乡村呈倒 V 字形走势;在"十分激动,觉得中国人是好样的"选项上,大中城市儿童和小城镇儿童差异非常显著($|AR|>2.58$),人数比例从大中城市到小城镇再到乡村呈逐步下降的趋势。

在"这个运动员为国争光,我很敬佩"选项上,大中城市儿童人数比例高于乡村儿童,二者差异比较显著($1.96<|AR| \leqslant 2.58$)。

在"没什么感觉,跟我没什么关系"选项上,小城镇儿童与大中城市或乡村的儿童之间差异不显著($|AR|\leqslant 1.96$);在"觉得这个运动员很厉害"选项上,城乡儿童之间差异不显著($|AR|\leqslant 1.96$);在"十分激动,觉得中国人是好样的"选项上,乡村儿童与大中城市或小城镇的儿童之间差异不显著($|AR|\leqslant 1.96$)。

(4)生活满意度差异。

经差异检验发现,本省不同生活满意度的儿童在爱国情感方面总体存在非常显著的差异(卡方值$=652.295,P\leqslant 0.01$)。

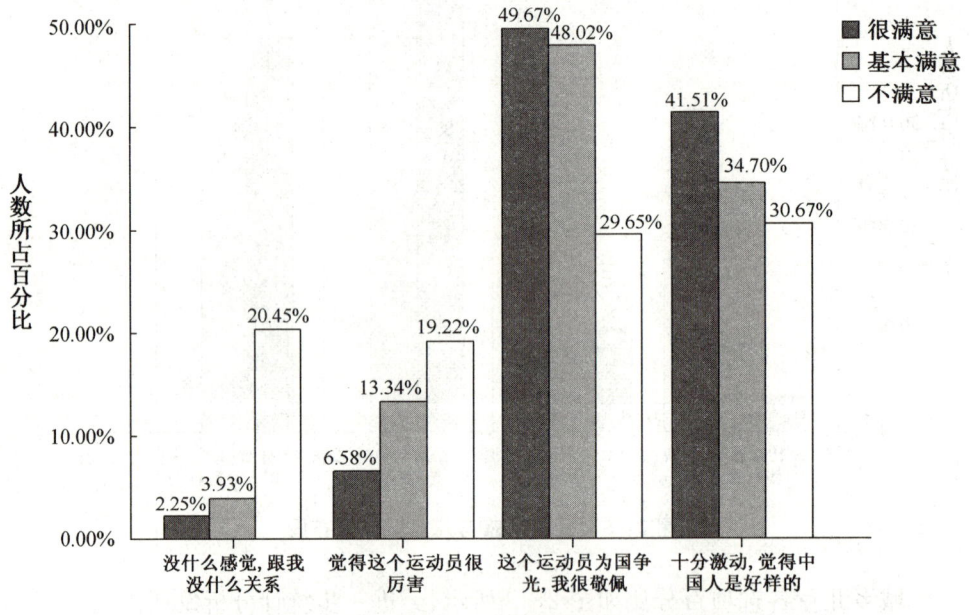

图 2-6 爱国情感与儿童生活满意度分布图

不同生活满意度的儿童各选项百分比如图 2-6 所示,经进一步统计分析发现:对生活很满意、基本满意和不满意的儿童之间在"觉得这个运动员很厉害"和"十分激动,觉得中国人是好样的"选项上,三者差异均非常显著($|AR|>2.58$),随着生活满意度的下降,选择"觉得这个运动员很厉害"的人数比例呈上升趋势,选择"十分激动,觉得中国人是好样的"的人数比例呈下降趋势。对生活很满意和不满意的儿童在"没什么感觉,跟我没什么关系"和"这个运动员为国争光,我很敬佩"选项上,差异均非常显著($|AR|>2.58$),随着生活满意度的下降,选择"没什么感觉,跟我没什么关系"的人数比例呈上升趋势,选择"这个运动员

为国争光,我很敬佩"的人数比例呈下降趋势。

对生活基本满意的儿童与对生活很满意或不满意的儿童之间在"没什么感觉,跟我没什么关系"和"这个运动员为国争光,我很敬佩"选项上,差异不显著($|AR|\leqslant1.96$)。

(5) 家庭生活方式差异。

经差异检验发现,本省不同家庭生活方式的儿童在爱国情感方面总体存在非常显著的差异(卡方值=68.094,$P\leqslant0.01$)。不同家庭生活方式的儿童爱国情感的表达不一样,但整体发展良好。

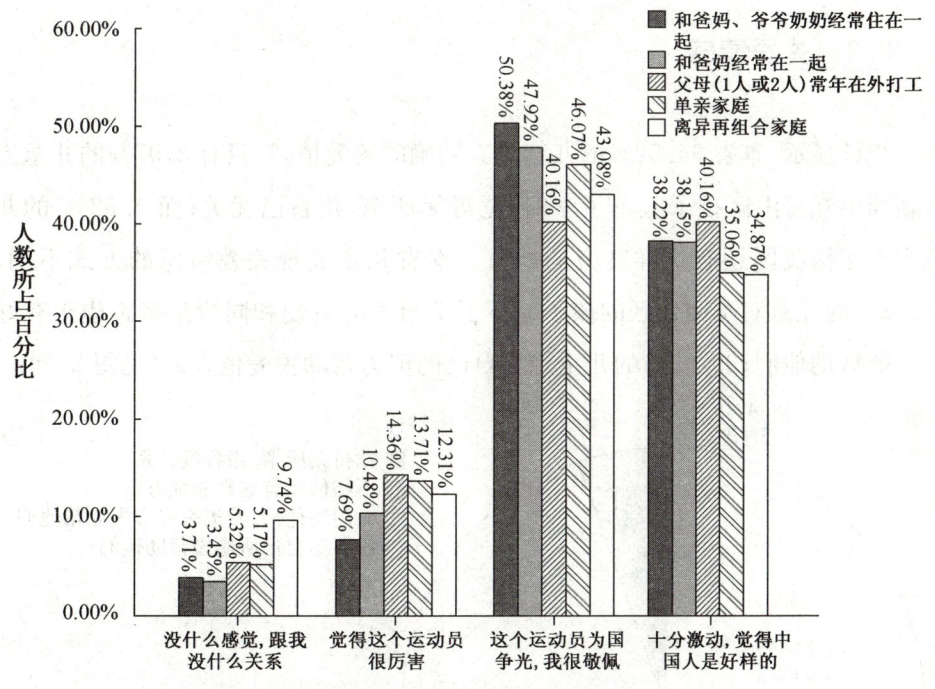

图2-7 爱国情感与儿童家庭生活方式分布图

不同家庭生活方式的儿童各选项百分比如图2-7所示,经进一步统计分析发现:

在"没什么感觉,跟我没什么关系"选项上,"和爸妈经常在一起"和离异再组合家庭的儿童之间差异非常显著($|AR|>2.58$),其他家庭生活方式的儿童之间差异均不显著($|AR|\leqslant1.96$)。

在"觉得这个运动员很厉害"选项上,"和爸妈、爷爷奶奶经常住在一起"、"父母(1人或2人)常年在外打工"和单亲家庭的儿童之间差异非常显著($|AR|>2.58$),"和爸妈经常在一起"和离异再组合家庭的儿童之间差异不显著($|AR|\leqslant 1.96$)。

在"这个运动员为国争光,我很敬佩"选项上,"和爸妈、爷爷奶奶经常住在一起"和"父母(1人或2人)常年在外打工"的儿童之间差异非常显著($|AR|>2.58$),其他家庭生活方式的儿童之间差异均不显著($|AR|\leqslant 1.96$)。

在"十分激动,觉得中国人是好样的"选项上,不同家庭生活方式的儿童之间差异均不显著($|AR|\leqslant 1.96$)。

2.2 关爱情感

统计显示,本省94.52%的儿童具有明确的关爱情感,只有3.97%的儿童当从新闻中知道山区孩子上不了学时,觉得无所谓,跟自己无关;而1.52%的儿童则不相信我国还有这样贫穷的地方。本省儿童表现关爱情感的方式不同,54.63%的儿童对贫困地区的孩子上不了学给予的关爱和同情是寄希望于有好心人能帮助他们;39.89%的儿童想尽自己的努力帮助关爱他人。(见图2-8)

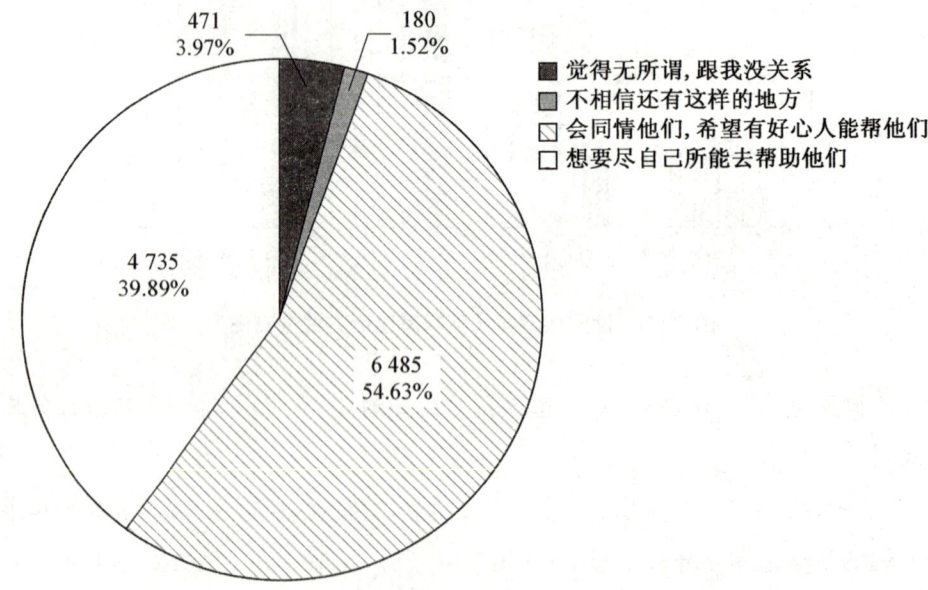

图2-8 关爱情感与儿童人数百分比分布图

(1) 年段差异。

经差异检验发现,本省不同年段的儿童在关爱情感方面总体存在非常显著的差异(卡方值=812.280,$P \leqslant 0.01$)。

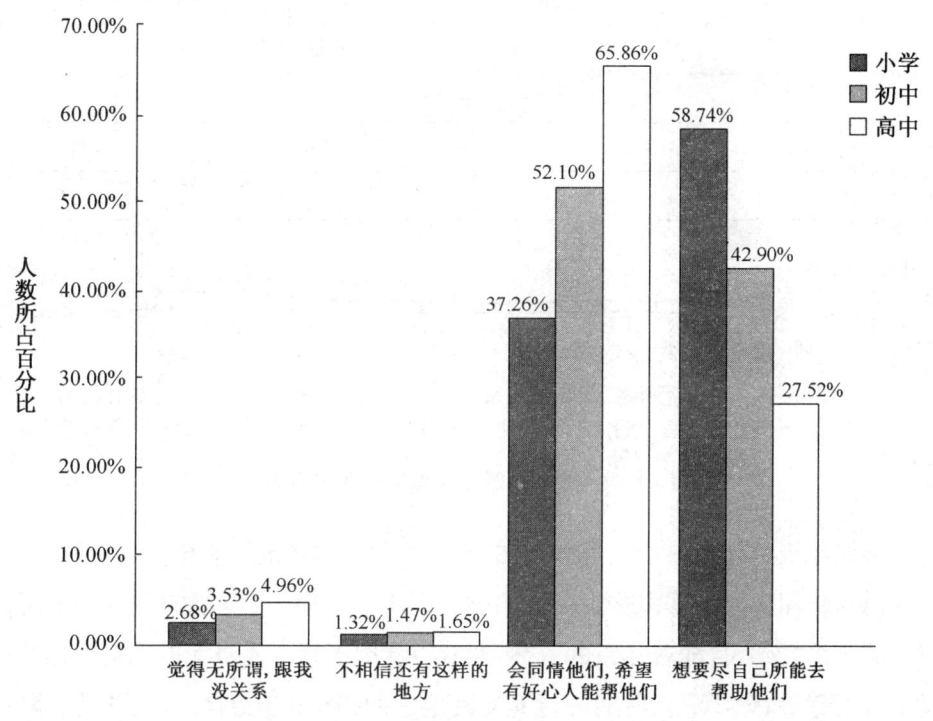

图 2-9 关爱情感与儿童年段分布图

不同年段的儿童各选项百分比如图 2-9 所示,经进一步统计分析发现:

在"觉得无所谓,跟我没关系"选项上,小学生和高中生之间的差异非常显著($|AR|>2.58$),人数比例随年段的增长呈上升走势。在"会同情他们,希望有好心人能帮他们"和"想要尽自己所能去帮助他们"选项上,小学、初中和高中三个年段之间的差异均非常显著($|AR|>2.58$),在"会同情他们,希望有好心人能帮他们"选项上,人数比例随年段的增长呈上升走势;在"想要尽自己所能去帮助他们"选项上,人数比例随年段的增长呈下降走势。

在"不相信还有这样的地方"选项上,小学、初中和高中三个年段之间的差异不显著($|AR| \leqslant 1.96$)。

经差异检验发现,本省不同年级的儿童在关爱情感方面总体存在非常显著的差异(卡方值＝886.483,$P \leqslant 0.01$)。

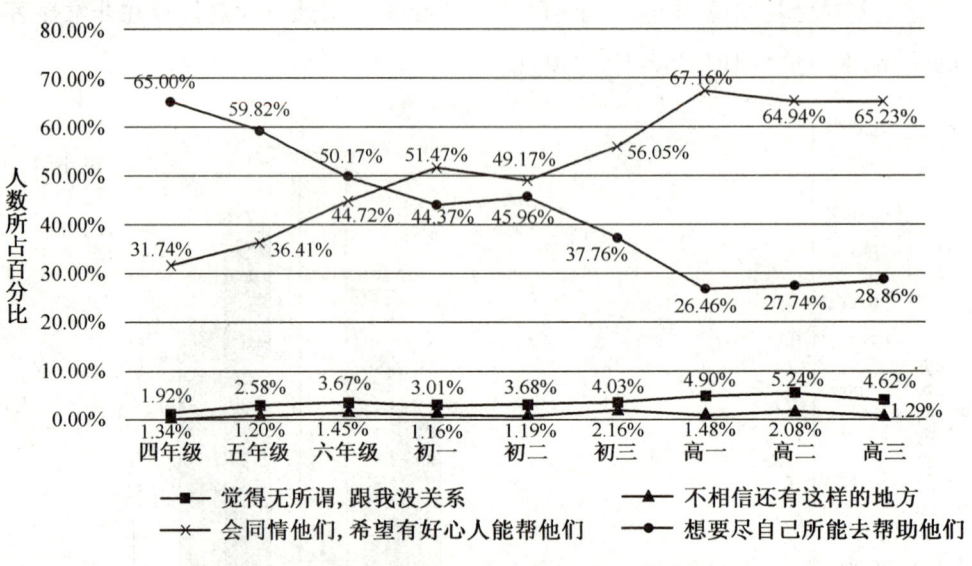

图 2-10　关爱情感与儿童年级变化趋势图

不同年级的儿童各选项百分比如图 2-10 所示,经进一步统计分析发现:

当从新闻中得知许多贫困地区的孩子上不了学时,各年级的儿童均表现出良好的关爱情感,且随着年级的升高,儿童寄希望于好心人身上的比例整体呈波动上升的趋势,想要尽己所能去帮助贫困地区的孩子的比例整体呈波动下降的趋势。选择"觉得无所谓,跟我没关系"和"不相信还有这样的地方"的比例,随着年级的上升变化幅度不大。

(2) 性别差异。

经差异检验发现,本省不同性别的儿童在关爱情感方面总体存在非常显著的差异(卡方值＝174.491,$P \leqslant 0.01$)。

不同性别的儿童各选项百分比如图 2-11 所示,经进一步统计分析发现:

男生和女生在所有选项上差异均非常显著($|AR|>2.58$)。在"觉得无所谓,跟我没关系"、"不相信还有这样的地方"和"会同情他们,希望有好心人能帮他们"选项上,男生人数比例高于女生;在"想要尽自己所能去帮助他们"选项上,女生人数比例高于男生。

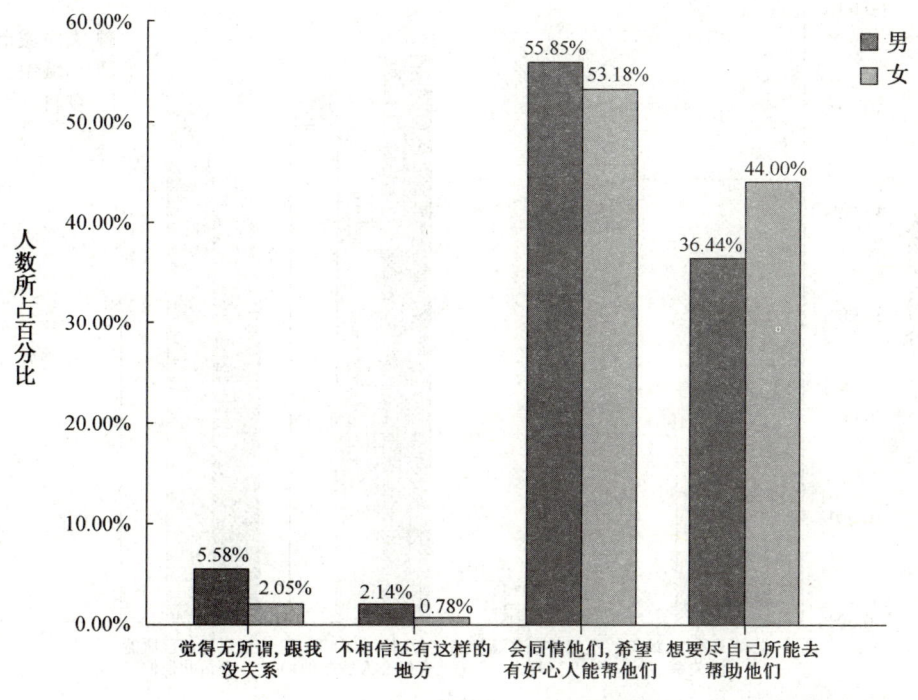

图 2-11 关爱情感与儿童性别分布图

(3) 城乡差异。

经差异检验发现,本省城乡儿童在关爱情感方面总体差异非常显著(卡方值=108.251,$P\leqslant 0.01$)。

城乡儿童各选项百分比如图 2-12 所示,经进一步统计分析发现:

在"觉得无所谓,跟我没关系"选项上,小城镇儿童和乡村儿童之间存在非常显著的差异($|AR|>2.58$),大中城市儿童与乡村儿童或小城镇儿童之间的差异不显著($|AR|\leqslant 1.96$),人数比例从大中城市到小城镇再到乡村呈 V 字形走势。

在"不相信还有这样的地方"选项上,大中城市儿童和乡村儿童之间存在非常显著的差异($|AR|>2.58$),小城镇儿童和大中城市儿童或乡村儿童之间的差异不显著($|AR|\leqslant 1.96$),人数比例从大中城市到小城镇再到乡村呈上升走势。

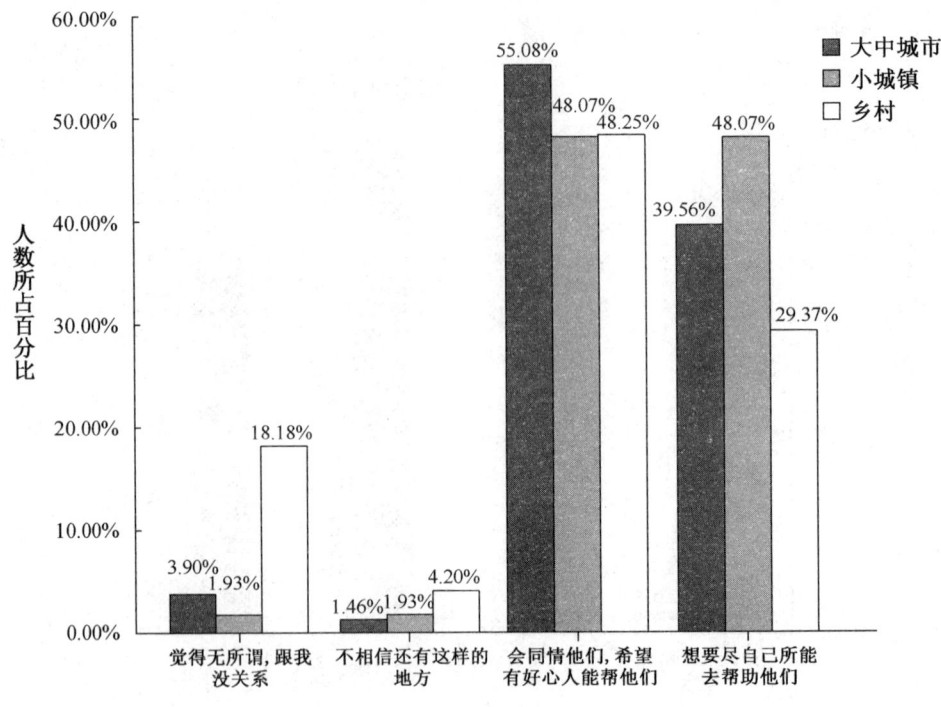

图 2-12 关爱情感与儿童城乡分布图

在"会同情他们,希望有好心人能帮助他们"选项上,大中城市儿童和小城镇儿童之间存在非常显著的差异($|AR|>2.58$),乡村儿童和大中城市儿童或小城镇儿童之间的差异不显著($|AR|\leqslant1.96$),人数比例从大中城市到小城镇再到乡村呈 V 字形走势。

在"想要尽自己所能去帮助他们"选项上,城乡儿童之间存在非常显著的差异($|AR|>2.58$),人数比例从大中城市到小城镇再到乡村呈倒 V 字形走势。

(4) 生活满意度差异。

经差异检验发现,本省不同生活满意度的儿童在关爱情感方面总体存在非常显著的差异(卡方值=852.348,$P\leqslant0.01$)。

不同生活满意度的儿童各选项百分比如图 2-13 所示,经进一步统计分析发现:

在"觉得无所谓,跟我没关系"选项上,对生活很满意和不满意的儿童之间差

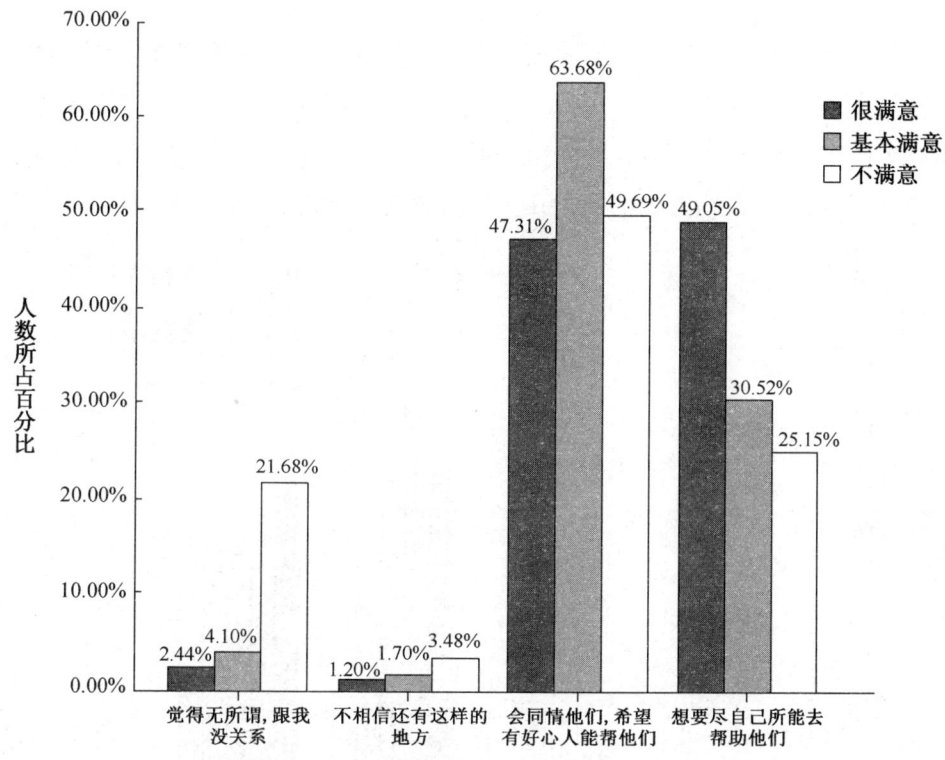

图 2‑13 关爱情感与儿童生活满意度分布图

异非常显著（$|AR|>2.58$），对生活基本满意的儿童与对生活很满意或不满意的儿童之间差异不显著（$|AR|\leqslant 1.96$），随着生活满意度的下降，此选项上人数比例呈上升趋势。

在"不相信还有这样的地方"和"想要尽自己所能去帮助他们"选项上，对生活很满意、基本满意和不满意的儿童之间差异均非常显著（$|AR|>2.58$），随着生活满意度的下降，在"不相信还有这样的地方"选项上人数比例呈上升趋势，在"想要尽自己所能去帮助他们"选项上人数比例逐渐下降。

在"会同情他们，希望有好心人能帮他们"选项上，对生活很满意和基本满意的儿童之间差异非常显著（$|AR|>2.58$），对生活不满意的儿童与对生活很满意或基本满意的儿童之间差异不显著（$|AR|\leqslant 1.96$），随着生活满意度的下降，在此选项上的人数比例呈倒V字形走势。

(5) 家庭生活方式差异。

经差异检验发现,本省不同家庭生活方式的儿童在关爱情感方面总体存在非常显著的差异(卡方值＝76.653,$P\leqslant0.01$)。不同家庭生活方式的儿童关爱情感整体发展良好,大部分儿童希望好心人或者尽己所能帮助贫穷地区的孩子上学,但不同家庭生活方式的儿童在关爱情感表现方式上存在差异。

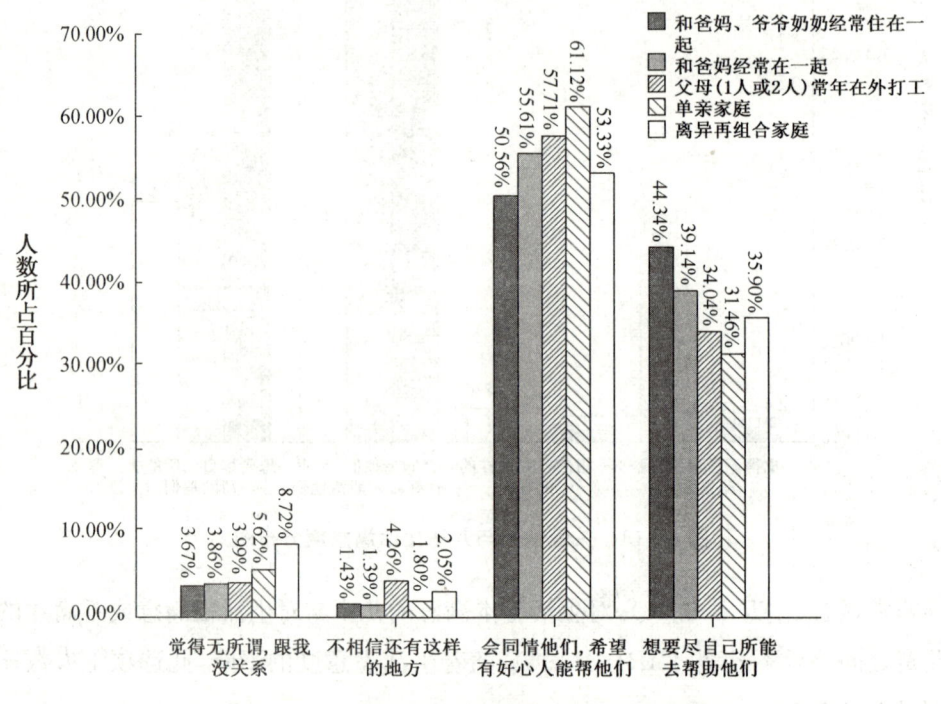

图 2-14 关爱情感与儿童家庭生活方式分布图

不同家庭生活方式的儿童各选项百分比如图 2-14 所示,经进一步统计分析发现:

在"会同情他们,希望有好心人能帮他们"选项上,"和爸妈、爷爷奶奶经常住在一起"、"和爸妈经常在一起"和单亲家庭的儿童之间存在非常显著的差异($|AR|>2.58$),"父母(1 人或 2 人)常年在外打工"和离异再组合家庭的儿童之间差异不显著($|AR|\leqslant1.96$)。

在"想要尽自己所能去帮助他们"选项上,"和爸妈、爷爷奶奶经常住在一起"、"和爸妈经常在一起"、"父母(1 人或 2 人)常年在外打工"和单亲家庭的儿

童之间存在非常显著的差异（$|AR|>2.58$），离异再组合家庭与其他家庭生活方式的儿童之间差异不显著（$|AR|\leqslant1.96$）。

在"觉得无所谓,跟我没关系"和"不相信还有这样的地方"选项上,不同家庭生活方式的儿童之间不存在显著差异（$|AR|\leqslant1.96$）。

2.3 集体责任感

统计显示,本省 85.82% 的儿童表现出明确的集体责任感,45.85% 的儿童通过管好自己为他人做表率,39.97% 的儿童选择说服全班同学共同维护班集体的卫生,承担起作为班集体一分子的责任。但仍有 3.22% 儿童认为教室卫生不好无所谓,自己会随着大家一起乱扔垃圾；另有 10.96% 的儿童看到教室卫生不好时,虽然不开心,但不会去管。

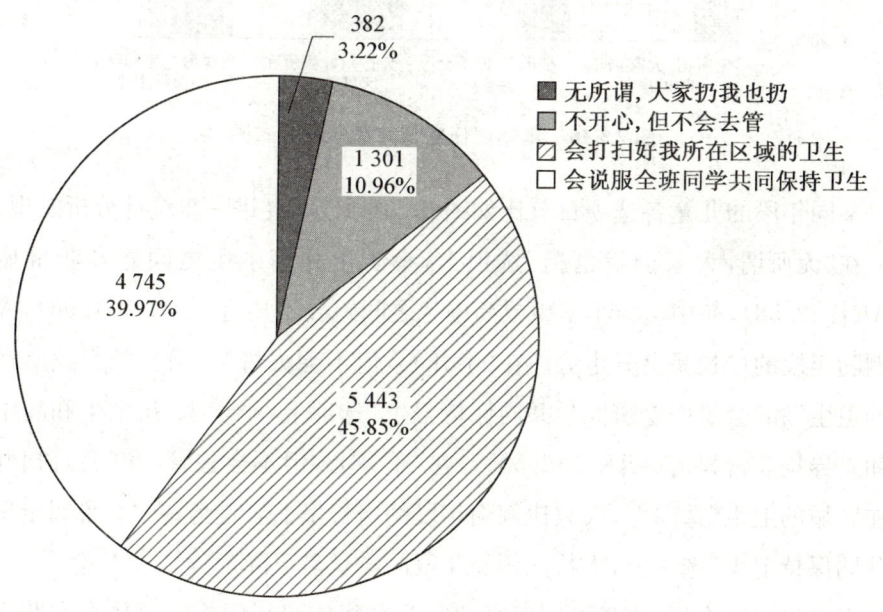

图 2-15　集体责任感与儿童人数百分比分布图

（1）年段差异。

经差异检验发现,本省不同年段的儿童在集体责任感方面总体存在非常显著的差异（卡方值$=1\,129.182$,$P\leqslant0.01$）。

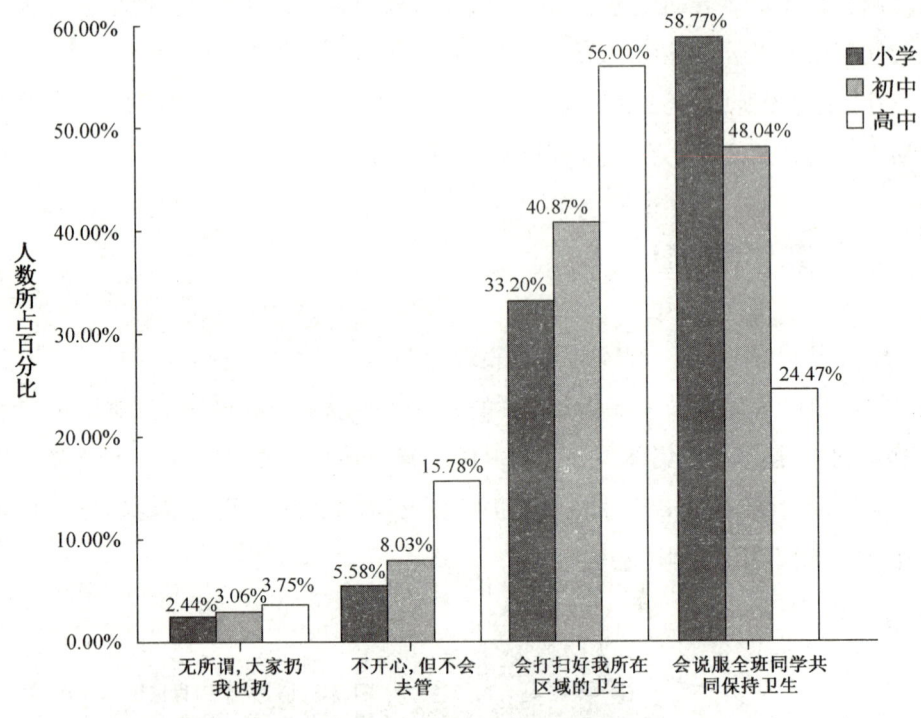

图 2-16 集体责任感与儿童年段分布图

不同年段的儿童各选项百分比如图 2-16 所示,经进一步统计分析发现:

在"无所谓,大家扔我也扔"选项上,小学生和高中生之间差异非常显著($|AR|>2.58$),初中生与小学生或高中生之间差异不显著($|AR|\leqslant1.96$),人数比例随年段的增长呈上升走势。在"不开心,但不会去管"、"会打扫好我所在区域的卫生"和"会说服全班同学共同保持卫生"选项上,小学生、初中生和高中生之间差异均非常显著($|AR|>2.58$)。在"不开心,但不会去管"和"会打扫好我所在区域的卫生"选项上,人数比例随年段的增长呈上升走势;在"会说服全班同学共同保持卫生"选项上,人数比例随年段的增长呈下降走势。

经差异检验发现,本省不同年级的儿童在集体责任感方面总体存在非常显著的差异(卡方值=1 192.201,$P\leqslant0.01$)。

不同年级的儿童各选项百分比如图 2-17 所示,经进一步统计分析发现:

在维持班集体卫生的行动方面,低年级儿童比高年级儿童更加积极主动,集体责任感表现得更为突出。随着年级的升高,选择"会说服全班同学共同保持卫生"的比例整体呈波动下降的趋势,其中四年级儿童的比例最高(65.96%),高三儿童的比例最低(23.18%)。选择"会打扫好我所在区域的卫生"的比例随年级的升高整体呈波动上升的趋势。儿童选择"无所谓,大家扔我也扔"的比例随年级升高的变化幅度不大,选择"不开心,但不会去管"的比例随年级升高整体呈波动上升趋势。

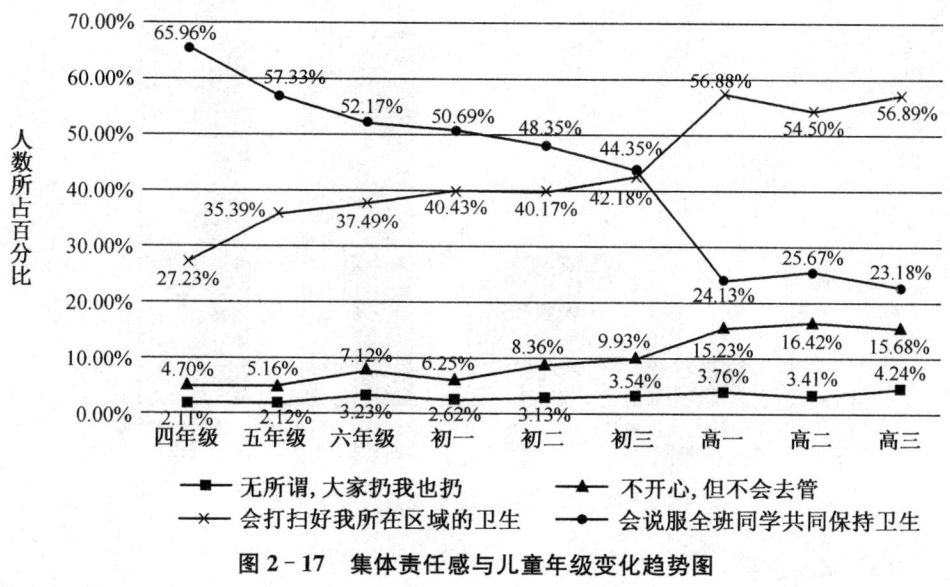

图 2-17 集体责任感与儿童年级变化趋势图

(2) 性别差异。

经差异检验发现,本省不同性别的儿童在集体责任感方面总体存在非常显著的差异(卡方值=110.493,$P \leqslant 0.01$)。

不同性别的儿童各选项百分比如图 2-18 所示,经进一步统计分析发现:

男生和女生在所有选项上,差异均非常显著($|AR|>2.58$)。在"无所谓,大家扔我也扔"和"不开心,但不会去管"选项上,男生人数比例高于女生;在"会打扫好我所在区域的卫生"和"会说服全班同学共同保持卫生"选项上,女生人数比例高于男生。

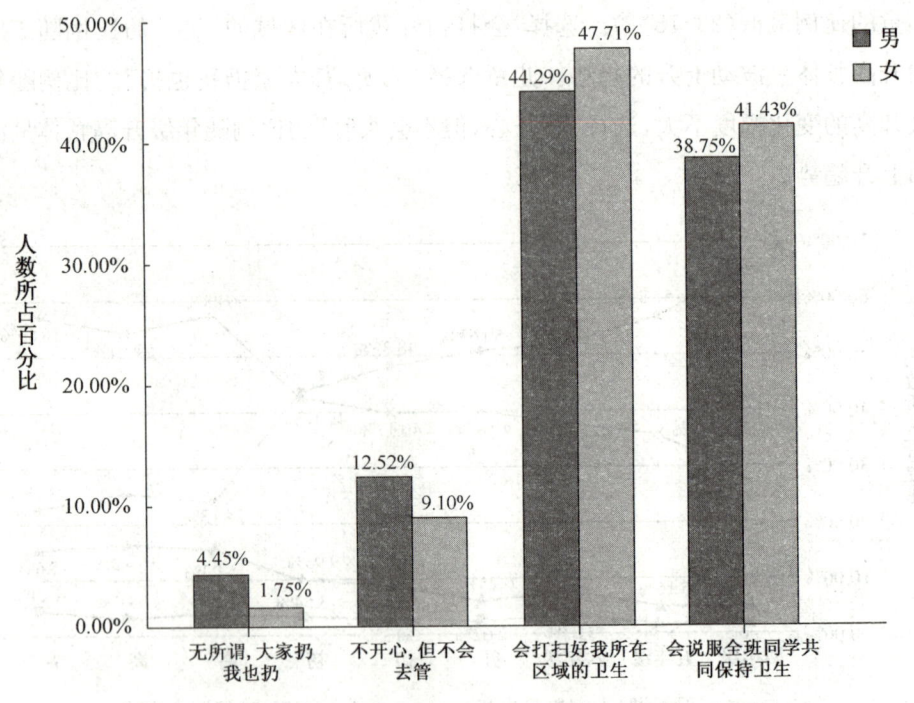

图 2-18 集体责任感与儿童性别分布图

(3) 城乡差异。

经差异检验发现,本省城乡儿童在集体责任感方面存在非常显著的差异(卡方值=172.816,$P \leqslant 0.01$)。

城乡儿童各选项百分比如图 2-19 所示,经进一步统计分析发现:

在"无所谓,大家扔我也扔"选项上,大中城市和乡村儿童之间差异非常显著($|AR|>2.58$);在"会打扫好我所在区域的卫生"选项上,大中城市和小城镇儿童之间差异非常显著($|AR|>2.58$);在"会说服全班同学共同保持卫生"选项上,小城镇和乡村儿童之间差异非常显著($|AR|>2.58$),人数比例从大中城市到小城镇再到乡村呈倒 V 字形走势。

在"不开心,但不会去管"选项上,城乡儿童之间差异均不显著($|AR| \leqslant 1.96$);在"无所谓,大家扔我也扔"选项上,小城镇儿童与大中城市或乡村儿童之间差异均不显著($|AR| \leqslant 1.96$);在"会打扫好我所在区域的卫生"选项上,乡村儿童与大中城市或小城镇儿童之间差异均不显著($|AR| \leqslant 1.96$);在"会说服全

班同学共同保持卫生"选项上,大中城市儿童与乡村或小城镇儿童之间差异均不显著($|AR|\leqslant 1.96$)。

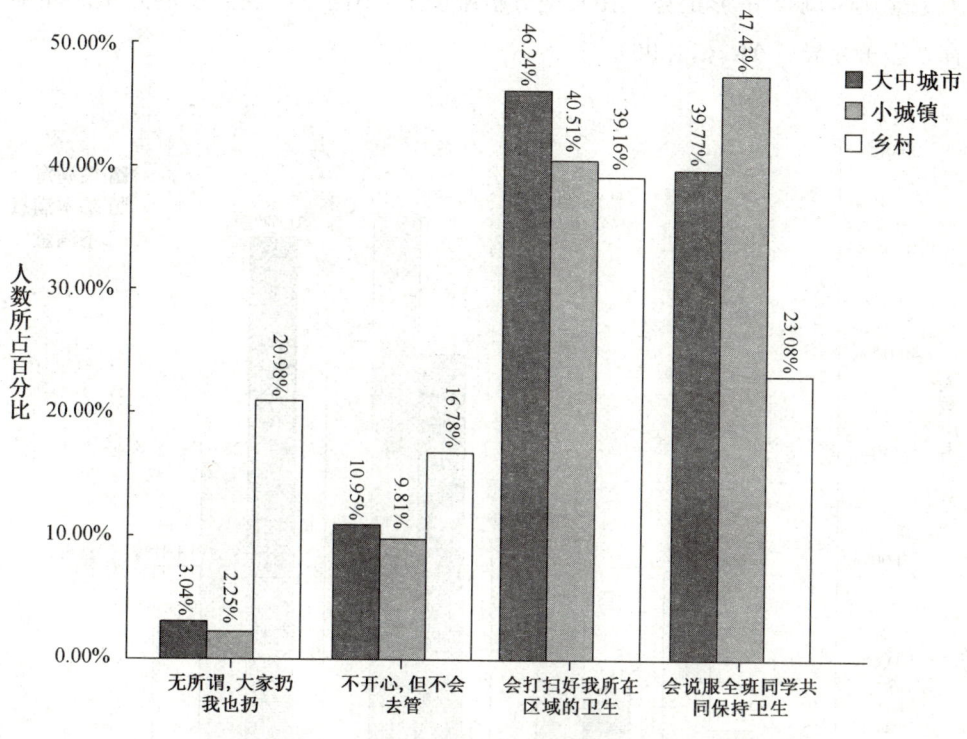

图 2-19 集体责任感与儿童城乡分布图

(4) 生活满意度差异。

经差异检验发现,本省不同生活满意度的儿童在集体责任感方面总体存在非常显著的差异(卡方值=1 097.756,$P\leqslant 0.01$)。

不同生活满意度的儿童各选项百分比如图 2-20 所示,经进一步统计分析发现:

在"无所谓,大家扔我也扔"选项上,对生活很满意和不满意的儿童之间差异非常显著($|AR|>2.58$),人数比例随着生活满意程度的下降而呈现逐渐增长的趋势。在"不开心,但不会去管"和"会说服全班同学共同保持卫生"选项上,对生活很满意、基本满意和不满意的儿童之间差异均非常显著($|AR|>2.58$),随着生活满意度的上升,选择"不开心,但不会去管"的比例逐渐增加,选择"会说服全

班同学共同保持卫生"的比例逐渐下降。在"会打扫好我所在区域的卫生"选项上,对生活很满意和基本满意的儿童之间差异非常显著($|AR|>2.58$),此选项人数比例呈倒V字形走势。在其他分析维度上,不同生活满意度的儿童之间不存在显著差异($|AR|\leqslant 1.96$)。

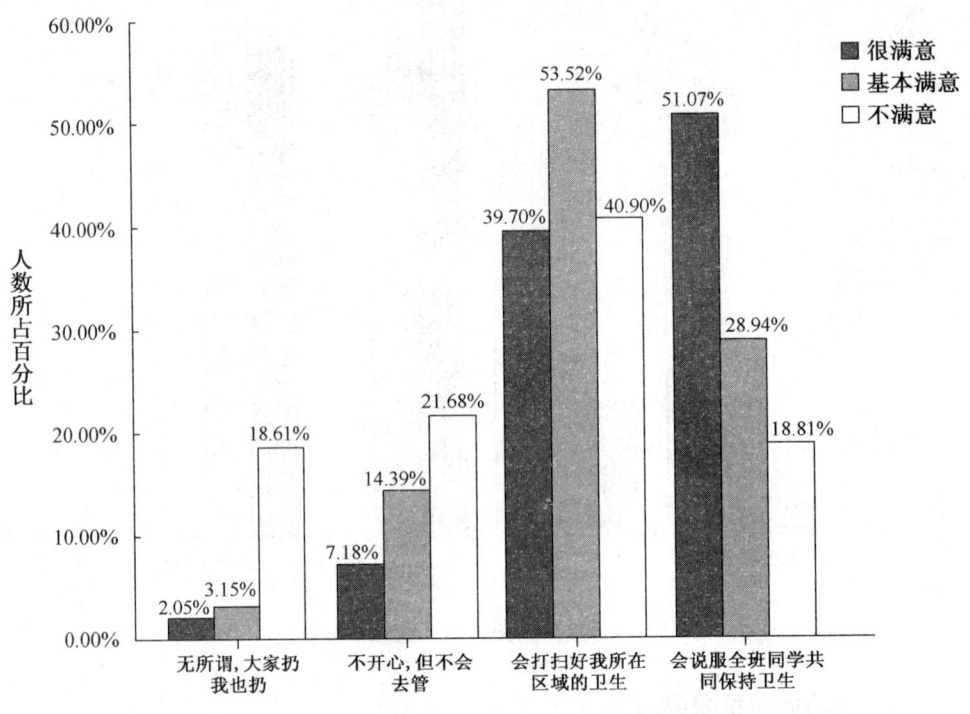

图2-20 集体责任感与儿童生活满意度分布图

(5) 家庭生活方式差异。

经差异检验发现,本省不同家庭生活方式的儿童在集体责任感方面总体存在非常显著的差异(卡方值=145.947,$P\leqslant 0.01$)。

不同家庭生活方式的儿童各选项百分比如图2-21所示,经进一步统计分析发现:

在"会打扫好我所在区域的卫生"选项上,除离异再组合家庭的儿童外,其他家庭生活方式的儿童之间差异均非常显著($|AR|>2.58$);在"会说服全班同学共同保持卫生"选项上,除"和爸妈经常在一起"的儿童外,其他家庭生活方式的

儿童之间差异均非常显著（|AR|＞2.58）。

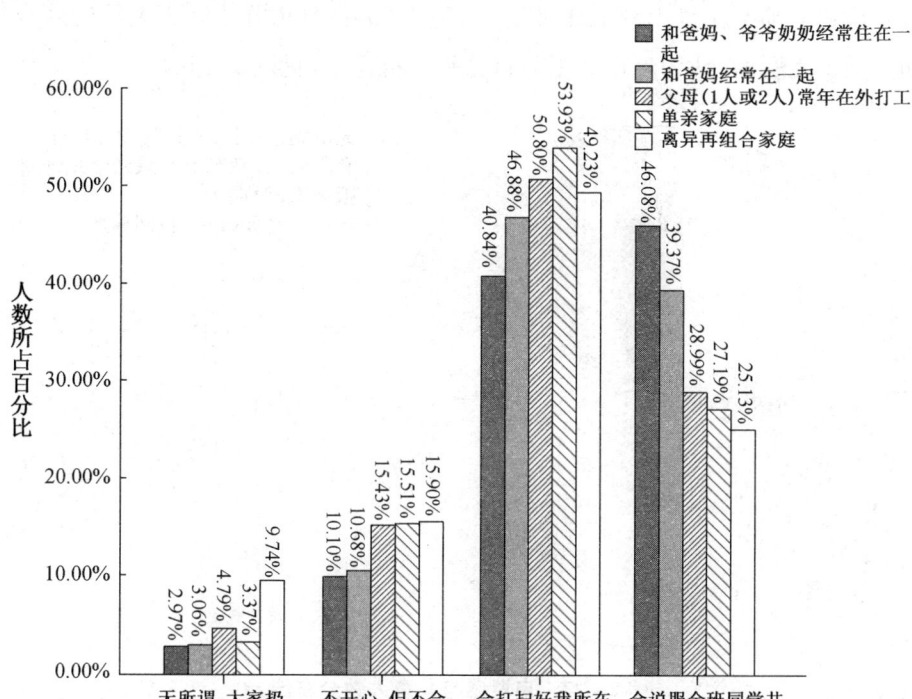

图 2-21　集体责任感与儿童家庭生活方式分布图

在"不开心，但不会去管"选项上，"父母（1人或2人）常年在外打工"、单亲家庭和离异再组合家庭的儿童之间差异比较显著（1.96＜|AR|≤2.58），"和爸妈、爷爷奶奶经常住在一起"与"和爸妈经常在一起"的儿童之间差异不显著（|AR|≤1.96）。

在"无所谓，大家扔我也扔"选项上，不同家庭生活方式的儿童之间差异均不显著（|AR|≤1.96）。

2.4　自尊感

根据统计，本省81.19％的儿童自尊感普遍表现强烈，69.93％的儿童在犯错误被老师当众批评后，都会决心日后要改正，找回尊严。11.26％的儿童觉得当众被老师批评很丢人,没面子;11.98%的儿童受到老师的当众批评,表示很难过,并认为老师不应该当众批评自己;仅有6.83%的儿童在受到老师的当众批评时,觉得无所谓,认为反正又不只自己受过批评。(见图2-22)

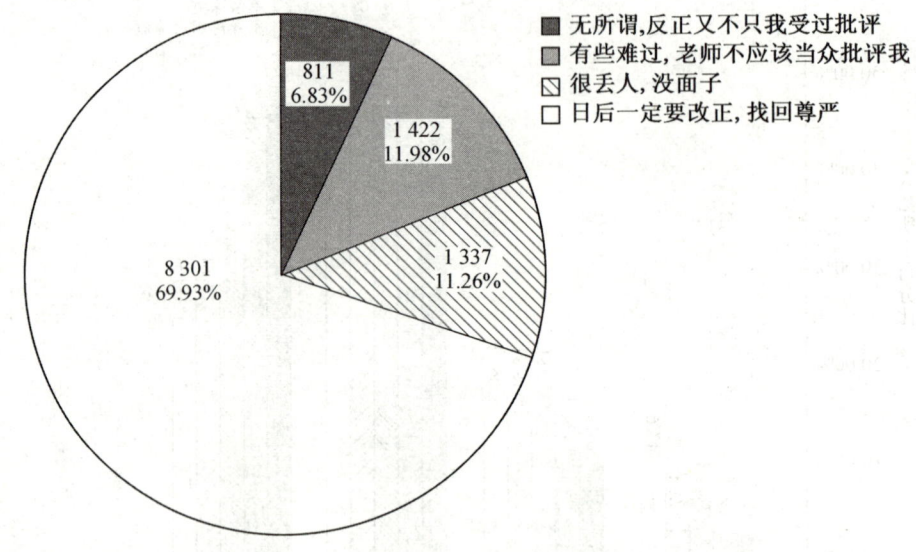

图2-22 自尊感与儿童人数分布图

(1) 年段差异。

经差异检验发现,本省不同年段的儿童在自尊感方面总体存在非常显著的差异(卡方值=646.676,$P \leqslant 0.01$)。

不同年段的儿童各选项百分比如图2-23所示,经进一步统计分析发现:

小学生、初中生和高中生在"无所谓,反正又不只我受过批评"、"有些难过,老师不应该当众批评我"以及"日后一定要改正,找回尊严"选项上差异均非常显著($|AR|>2.58$)。在"无所谓,反正又不只我受过批评"和"有些难过,老师不应该当众批评我"选项上,人数比例随年段的增长呈上升走势;在"日后一定要改正,找回尊严"选项上,人数比例随年段的增长呈下降走势。小学生和高中生在"很丢人,没面子"选项上差异非常显著($|AR|>2.58$),人数比例随年段的增长呈上升走势。

在"很丢人,没面子"选项上,初中生与小学生或高中生之间差异不显著($|AR| \leqslant 1.96$)。

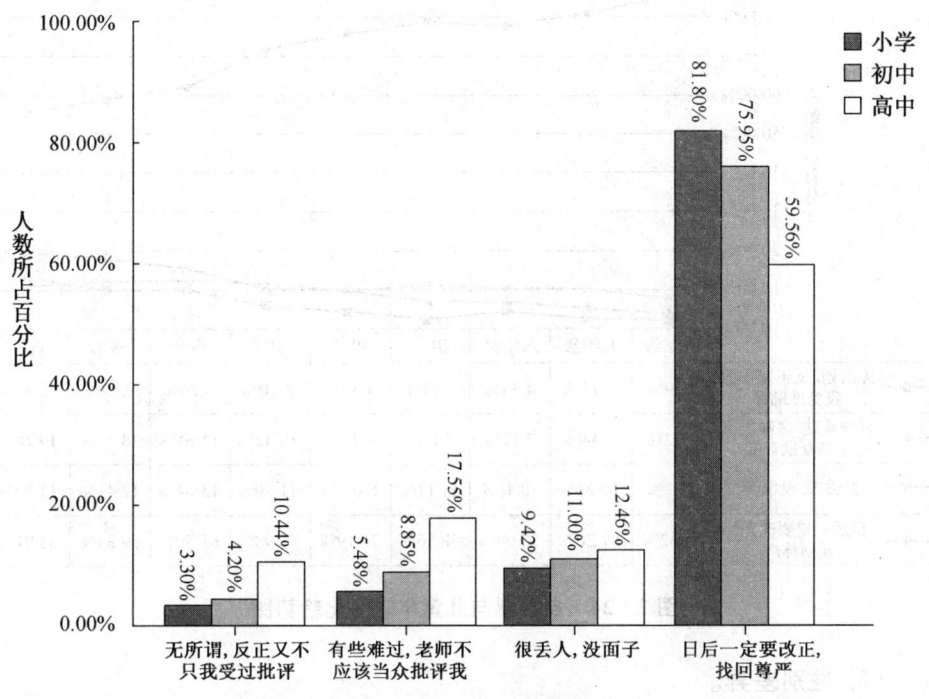

图 2-23 自尊感与儿童年段分布图

经差异检验发现,本省不同年级的儿童在自尊感方面总体存在非常显著的差异(卡方值=710.518,$P \leqslant 0.01$)。

不同年级的儿童各选项百分比如图 2-24 所示,经进一步统计分析发现:

各年级儿童都有强烈的自尊感,对比不同年级儿童自尊感的表现发现,年级越低的儿童,自尊感表现得越明显。随着年级的升高,选择"日后一定要改正,找回尊严"的比例整体呈下降的趋势;选择"无所谓,反正又不只我受过批评"、"有些难过,老师不应该当众批评我"以及"很丢人,没面子"的比例,整体都略呈上升的趋势,但波动变化幅度不大。

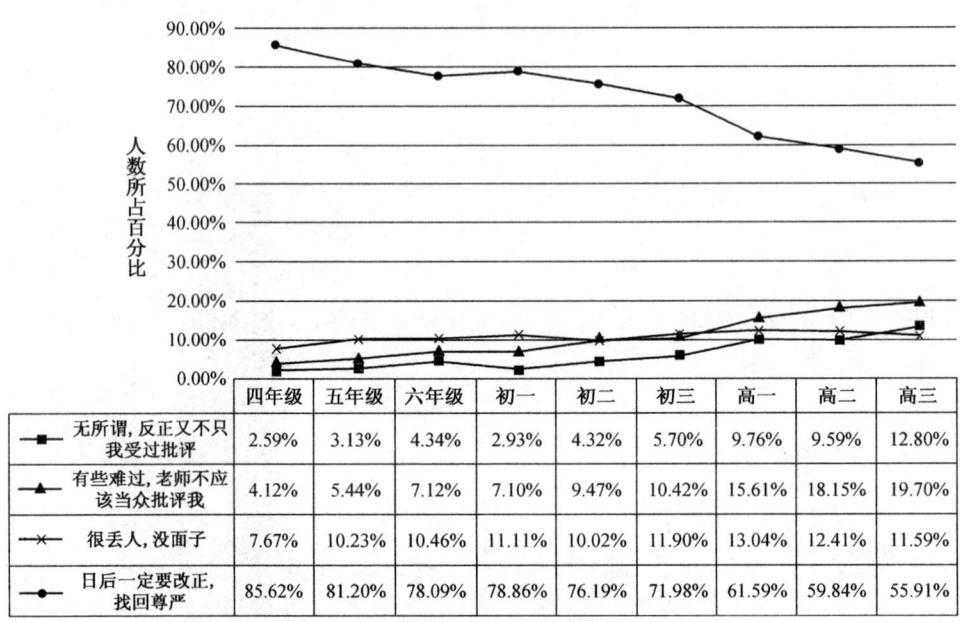

图 2-24 自尊感与儿童年级变化趋势图

(2) 性别差异。

经差异检验发现,本省不同性别的儿童在自尊感方面总体差异非常显著(卡方值=100.376,$P\leqslant 0.01$)。

不同性别的儿童各选项百分比如图 2-25 所示,经进一步统计分析发现:

男生和女生在"无所谓,反正又不只我受过批评"和"日后一定要改正,找回尊严"选项上差异非常显著($|AR|>2.58$)。在"无所谓,反正又不只我受过批评"选项上,男生人数比例高于女生;在"日后一定要改正,找回尊严"选项上,女生人数比例高于男生。

男生和女生在"有些难过,老师不应该当众批评我"和"很丢人,没面子"选项上差异不显著($|AR|\leqslant 1.96$)。

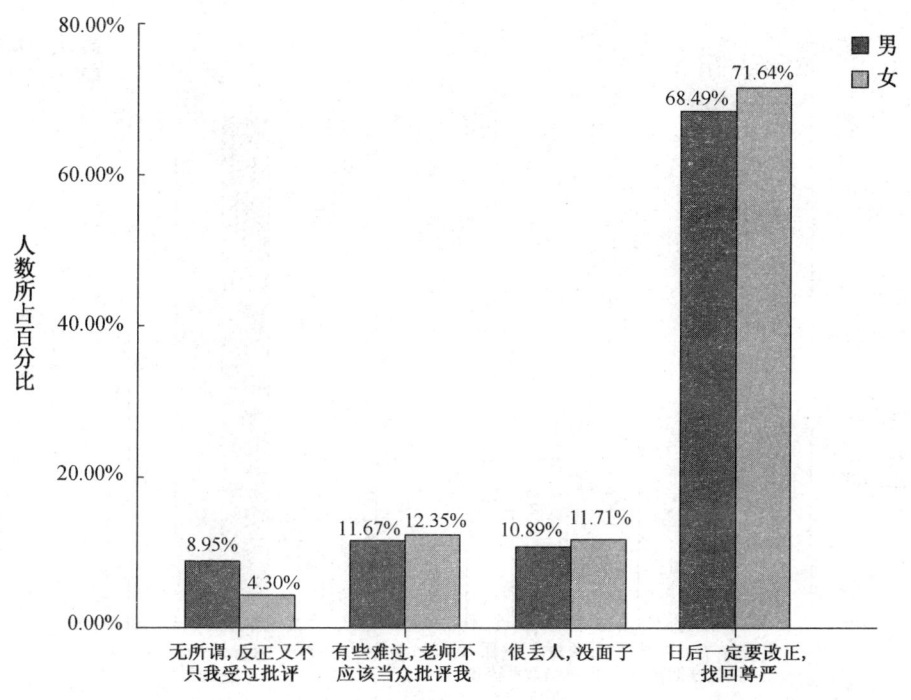

图 2‑25　自尊感与儿童性别分布图

(3) 城乡差异。

经差异检验发现,本省城乡儿童在自尊感方面总体差异非常显著(卡方值=111.219,$P \leqslant 0.01$)。

城乡儿童各选项百分比如图 2‑26 所示,经进一步统计分析发现:

在"无所谓,反正又不只我受过批评"和"日后一定要改正,找回尊严"选项上,小城镇儿童和乡村儿童之间差异非常显著($|AR|>2.58$),大中城市儿童和小城镇儿童或乡村儿童之间差异不显著($|AR| \leqslant 1.96$)。在"无所谓,反正又不只我受过批评"选项上,人数比例从大中城市到小城镇再到乡村呈 V 字形走势。在"日后一定要改正,找回尊严"选项上,人数比例从大中城市到小城镇再到乡村呈倒 V 字形走势。

在"有些难过,老师不应该当众批评我"和"很丢人,没面子"选项上,城乡儿童之间差异均不显著($|AR| \leqslant 1.96$)。

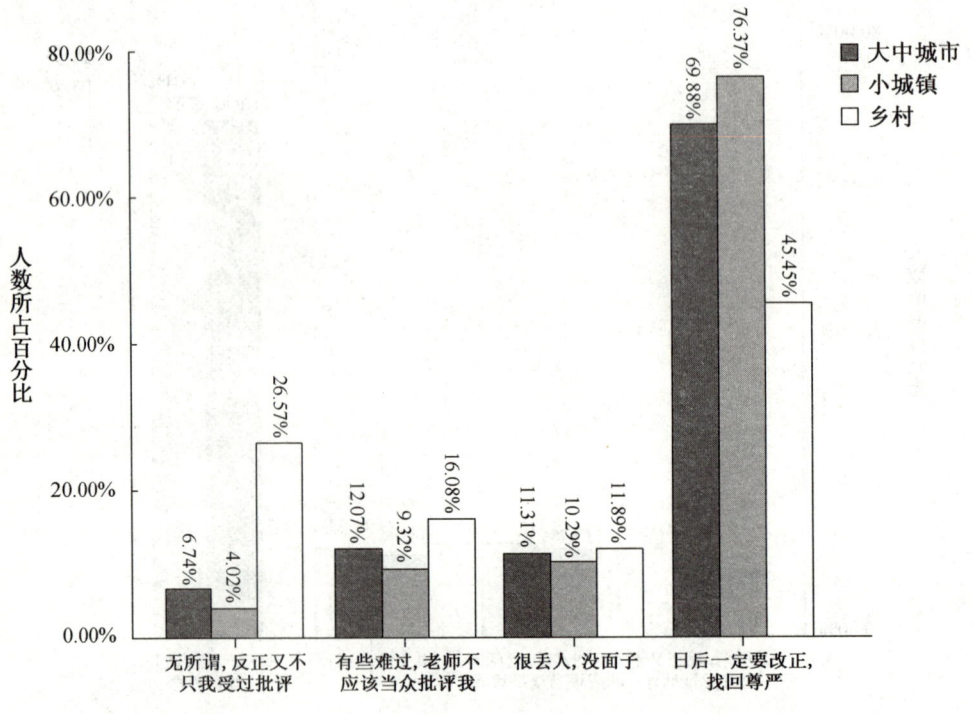

图 2-26 自尊感与儿童城乡分布图

(4) 生活满意度差异。

经差异检验发现,本省不同生活满意度的儿童在自尊感方面总体存在非常显著的差异(卡方值=798.564,$P \leqslant 0.01$)。

不同生活满意度的儿童各选项百分比如图 2-27 所示,经进一步统计分析发现:

对生活很满意、基本满意和不满意的儿童在"无所谓,反正又不只我受过批评""有些难过,老师不应该当众批评我""很丢人,没面子"以及"日后一定要改正,找回尊严"选项上,差异均非常显著($|AR|>2.58$)。随着生活满意度的下降,儿童选择"无所谓,反正又不只我受过批评""有些难过,老师不应该当众批评我""很丢人,没面子"的比例逐渐上升,选择"日后一定要改正,找回尊严"的比例逐渐下降。

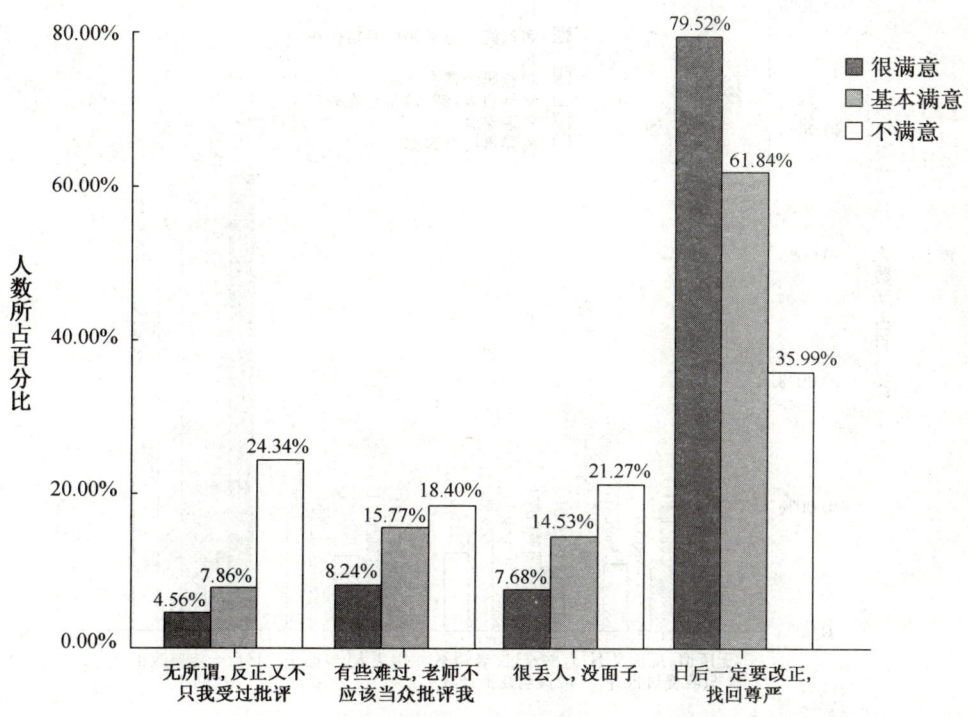

图 2-27 自尊感与儿童生活满意度分布图

(5) 家庭生活方式差异。

经差异检验发现,本省不同家庭生活方式的儿童在自尊感方面总体存在非常显著的差异(卡方值=60.461,$P \leqslant 0.01$)。

不同家庭生活方式的儿童各选项百分比如图 2-28 所示,经进一步统计分析发现:

在"无所谓,反正又不只我受过批评"选项上,"和爸妈、爷爷奶奶经常住在一起"与"父母(1人或2人)常年在外打工"的儿童之间差异非常显著($|AR|$>2.58),其他家庭生活方式的儿童之间差异均不显著($|AR| \leqslant 1.96$)。

在"有些难过,老师不应该当众批评我"选项上,"和爸妈、爷爷奶奶经常住在一起"与单亲家庭的儿童之间差异非常显著($|AR|$>2.58),其他家庭生活方式的儿童之间差异均不显著($|AR| \leqslant 1.96$)。

在"很丢人,没面子"选项上,离异再组合家庭与单亲家庭的儿童之间差异

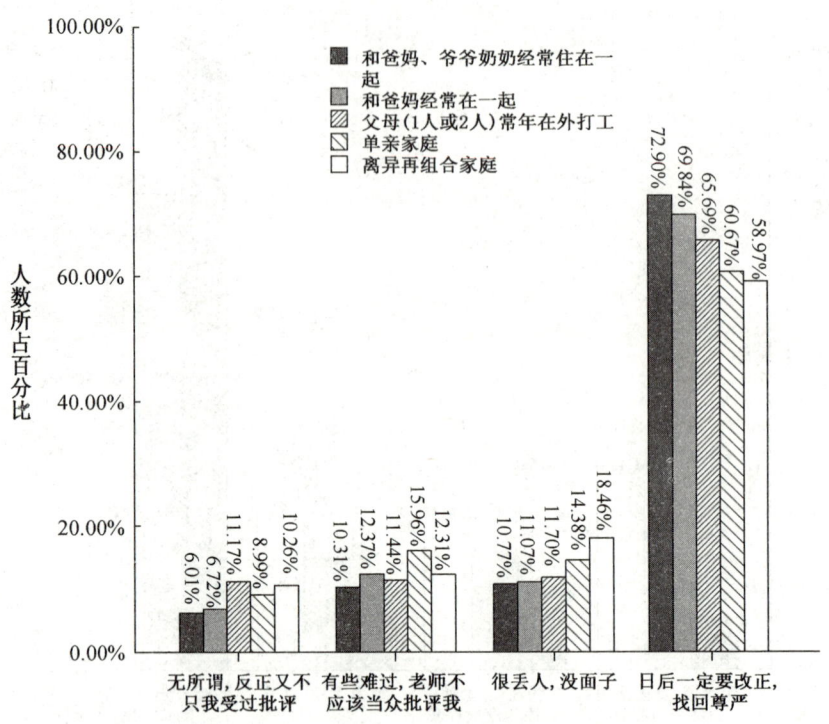

图 2-28 自尊感与儿童家庭生活方式分布图

非常显著($|AR|>2.58$),其他家庭生活方式的儿童之间差异均不显著($|AR|\leqslant 1.96$)。

在"日后一定要改正,找回尊严"选项上,"和爸妈、爷爷奶奶经常住在一起"、离异再组合家庭与单亲家庭的儿童之间差异非常显著($|AR|>2.58$),其他家庭生活方式的儿童之间差异均不显著($|AR|\leqslant 1.96$)。

2.5 羞耻感

据统计分析,本省儿童普遍具有很强的羞耻感。54.93%的儿童会为自己作弊得到高分受到表扬而感到羞耻;23.81%的儿童认为抄袭是作弊,以后不能这么做了;18.34%的儿童处于纠结状态,有些高兴,又有些害怕;只有2.92%的儿童对因作弊得到高分而受到表扬很开心,并且以后有机会还这么做。

(1) 年段差异。

经差异检验发现,本省不同年段的儿童在羞耻感方面总体存在非常显著的差异(卡方值=246.797,$P \leqslant 0.01$)。

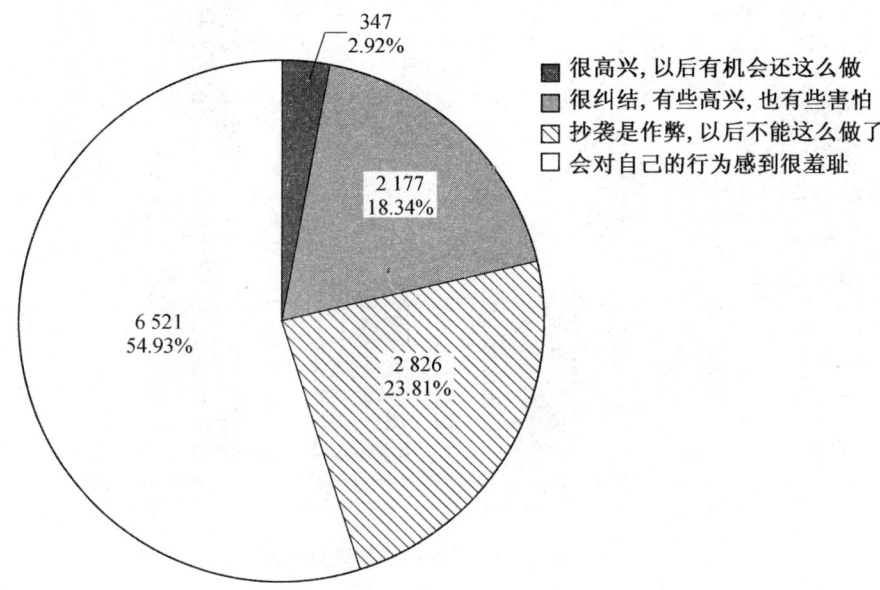

图 2‑29 羞耻感与儿童人数百分比分布图

不同年段的儿童各选项百分比如图 2‑30 所示,经进一步统计分析发现:

在"很纠结,有些高兴,也有些害怕"和"会对自己的行为感到很羞耻"选项上,小学生、初中生和高中生之间差异均非常显著($|AR|>2.58$)。在"很纠结,有些高兴,也有些害怕"选项上,人数比例随年段的增长呈上升走势;在"会对自己的行为感到很羞耻"选项上,人数比例随年段的增长呈下降走势。在"很高兴,以后有机会还这么做"和"抄袭是作弊,以后不能这么做了"选项上,小学生和高中生之间差异非常显著($|AR|>2.58$),初中生与小学生或高中生之间差异不显著($|AR| \leqslant 1.96$),人数比例随年段的增长呈上升走势。

经差异检验发现,本省不同年级的儿童在羞耻感方面总体存在非常显著的差异(卡方值=331.005,$P \leqslant 0.01$)。

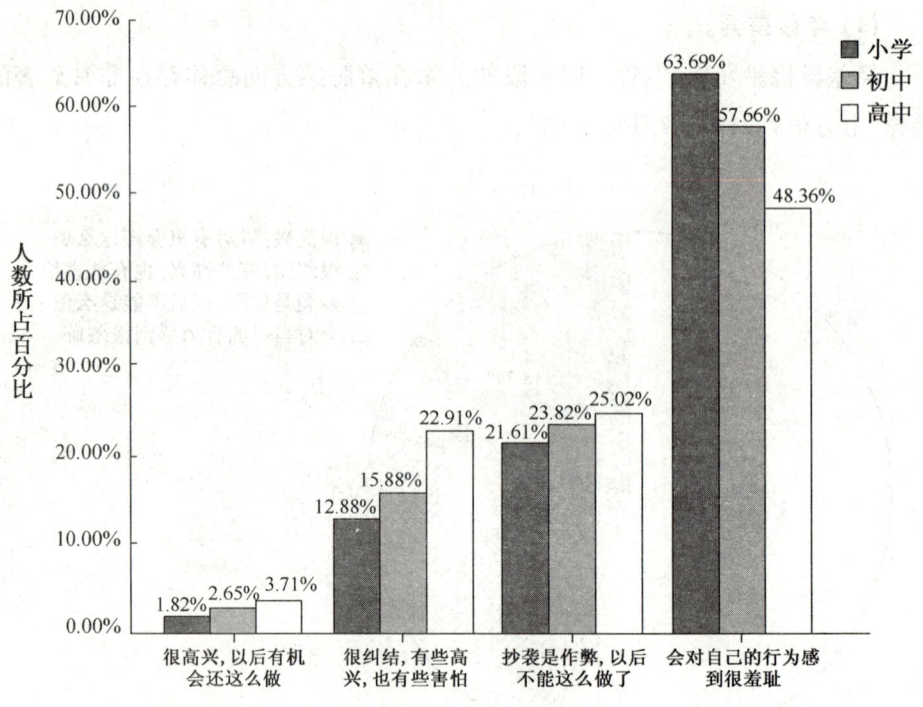

图 2-30　羞耻感与儿童年段分布图

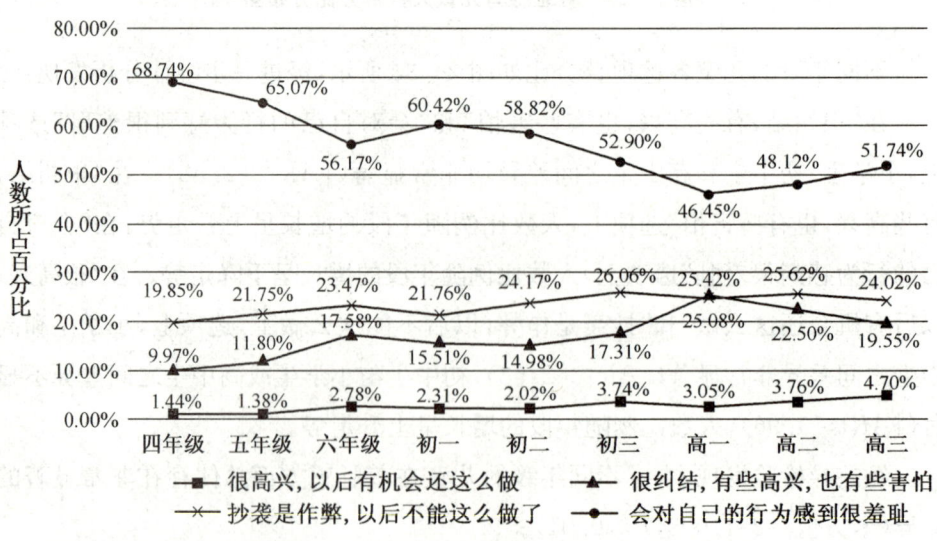

图 2-31　羞耻感与儿童年级变化趋势图

统计显示,选择"很高兴,以后有机会还这么做"、"很纠结,有些高兴,也有些害怕"和"抄袭是作弊,以后不能这么做了"的比例,随着年级的升高整体呈上升的趋势,但变化不大;选择"会对自己的行为感到很羞耻"的比例,整体呈下降趋势。

(2)性别差异。

经差异检验发现,本省不同性别的儿童在羞耻感方面总体差异非常显著(卡方值=152.860,$P \leqslant 0.01$)。

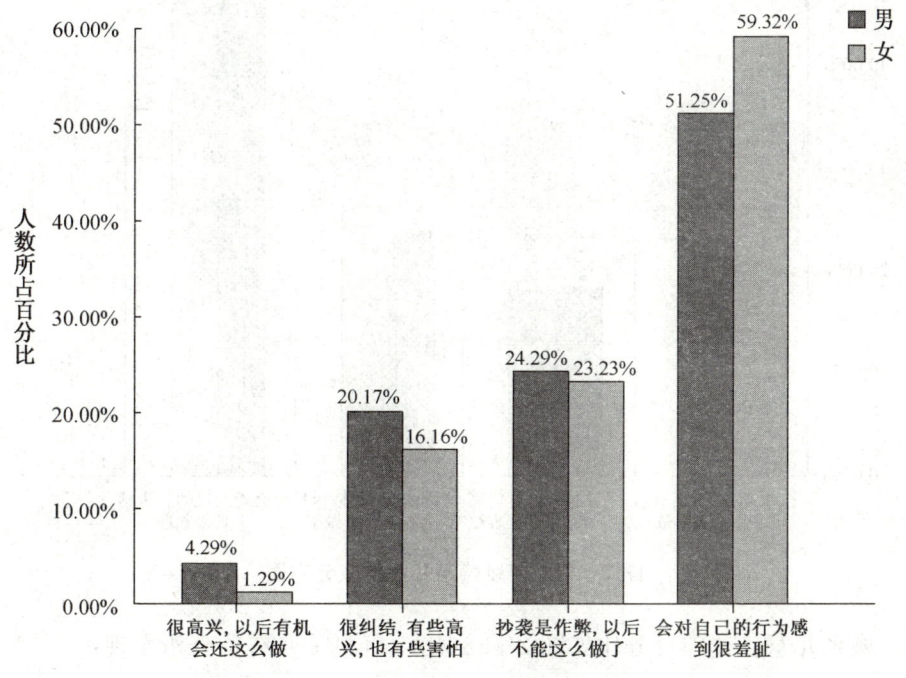

图 2-32 羞耻感与儿童性别分布图

不同性别的儿童各选项百分比如图 2-32 所示,经进一步统计分析发现:

男女生在"很高兴,以后有机会还这么做"、"很纠结,有些高兴,也有些害怕"和"会对自己的行为感到很羞耻"选项上,差异均非常显著($|AR|>2.58$)。在"很高兴,以后有机会还这么做"和"很纠结,有些高兴,也有些害怕"选项上,男生人数比例高于女生;在"会对自己的行为感到很羞耻"选项上,女生人数比例高于男生。

男女生在"抄袭是作弊,以后不能这么做了"选项上,差异不显著($|AR| \leqslant 1.96$)。

(3) 城乡差异。

经差异检验发现,本省城乡儿童在羞耻感方面总体差异非常显著(卡方值=215.959,$P \leqslant 0.01$)。

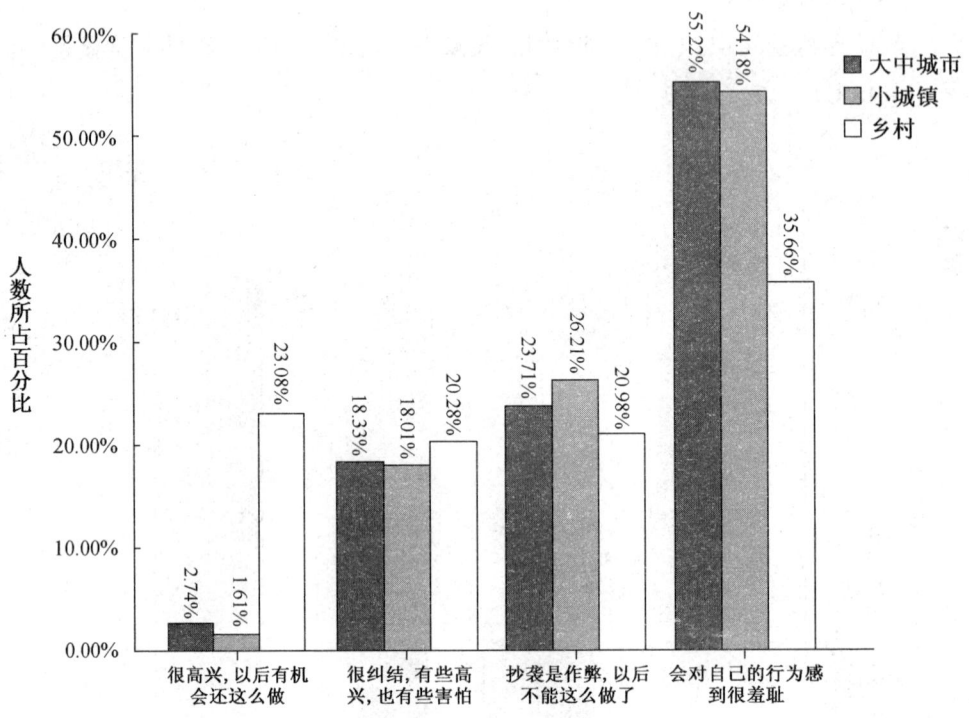

图 2-33 羞耻感与儿童城乡分布图

城乡儿童各选项百分比如图 2-33 所示,经进一步统计分析发现:

在"很高兴,以后有机会还这么做"和"会对自己的行为感到很羞耻"选项上,大中城市和乡村儿童差异非常显著($|AR|>2.58$)。在"很高兴,以后有机会还这么做"选项上,人数比例从大中城市到小城镇再到乡村呈 V 字形走势;在"会对自己的行为感到很羞耻"选项上,人数比例从大中城市到小城镇再到乡村呈下降趋势。

在"很高兴,以后有机会还这么做"选项上,小城镇儿童与大中城市或乡村儿童之间差异比较显著($1.96<|AR| \leqslant 2.58$)。

在"很纠结,有些高兴,也有些害怕"和"抄袭是作弊,以后不能这么做了"选项上,城乡儿童之间差异均不显著($|AR| \leqslant 1.96$)。

(4) 生活满意度差异。

经差异检验发现,本省不同生活满意度的儿童在羞耻感方面总体存在非常显著的差异(卡方值=757.784,$P \leqslant 0.01$)。

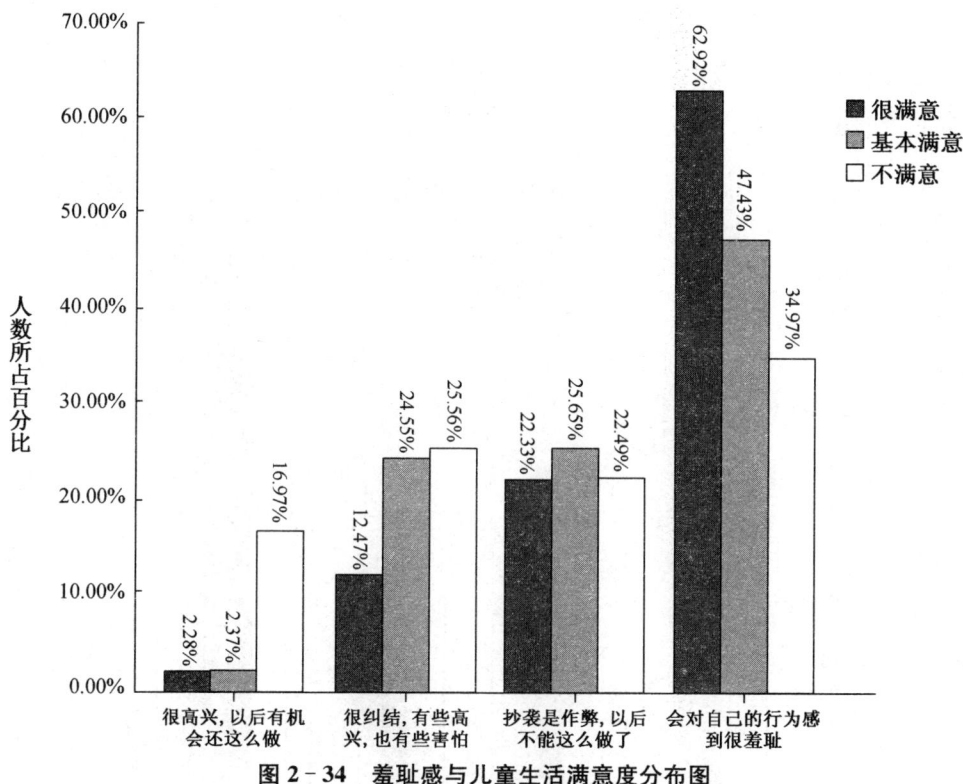

图 2-34　羞耻感与儿童生活满意度分布图

不同生活满意度的儿童各选项百分比如图 2-34 所示,经进一步统计分析发现:

在"很高兴,以后有机会还这么做"、"很纠结,有些高兴,也有些害怕"和"会对自己的行为感到很羞耻"选项上,对生活很满意、基本满意和不满意的儿童之间差异均非常显著($|AR|>2.58$)。在"很高兴,以后有机会还这么做"、"很纠结,有些高兴,也有些害怕"选项上,人数比例随着生活满意程度的下降而呈现逐渐增长的趋势;在"会对自己的行为感到很羞耻"选项上,人数比例随着生活满意程度的下降而呈现逐渐下降的趋势。

在"抄袭是作弊,以后不能这么做了"选项上,对生活很满意和基本满意的儿童之间,差异非常显著($|AR|>2.56$),对生活不满意的儿童和对生活很满意或

基本满意的儿童之间,差异不显著($|AR|\leq1.96$),人数比例随着生活满意程度的下降而呈现倒 V 字形走势,其中对生活很满意的儿童人数比例与对生活不满意的儿童基本持平。

(5)家庭生活方式差异。

经差异检验发现,本省不同家庭生活方式的儿童在羞耻感方面总体存在非常显著的差异(卡方值=43.480,$P\leq0.01$)。

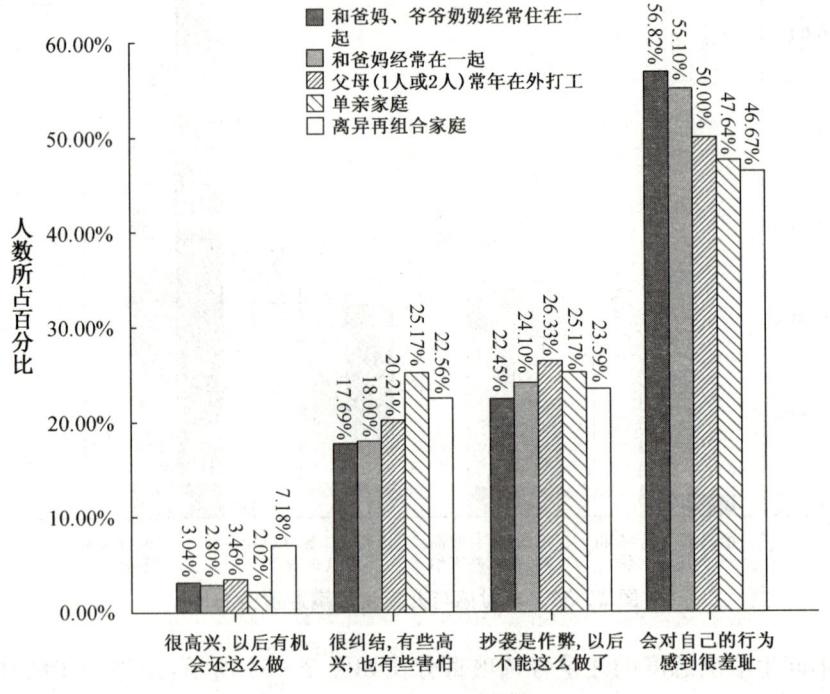

图 2-35 羞耻感与儿童家庭生活方式分布图

不同家庭生活方式的儿童各选项百分比如图 2-35 所示,经进一步统计分析发现:

在"会对自己的行为感到很羞耻"选项上,除"和爸妈经常在一起"的儿童外,其他家庭生活方式的儿童之间差异均非常显著($|AR|>2.58$)。

在"很高兴,以后有机会还这么做"、"很纠结,有些高兴,也有些害怕"和"抄袭是作弊,以后不能这么做了"选项上,不同家庭生活方式的儿童之间差异均不显著($|AR|\leq1.96$)。

3 浙江省儿童道德理性发展状况

3.1 儿童道德判断水平发展状况

本维度选取了詹姆斯·莱斯特(James Rest)限定问题测验法(DIT)修订版中一个"饥饿的农民(李德)能否偷为富不仁的富翁的粮食"的两难故事,只保留原测验中故事评定一个题目,并将其中对故事评定的三点量表方式改编为选择题形式(即"支持"、"不支持"、"不知道是否支持"三个选项),然后针对三种不同的评定分别设置一道理由追问题,理由追问题的选项对应科尔伯格道德发展理论中的三水平六阶段,即水平一"前习俗水平",对应阶段一、二,水平二"习俗水平",对应阶段三、四,水平三"后习俗水平",又称原则水平,对应阶段五、六。根据科尔伯格"两难问题"道德判断评定方法,回答支持与否不作为道德判断水平的判定标准,因为任一水平或阶段的儿童都有回答"支持"、"不支持"和"不知道是否支持"的可能,我们主要从作答的理由,即"为什么支持"、"为什么不支持"和"为什么不知道是否支持"来对儿童道德判断水平的发展状况进行分析。

"支持"即"肯定性"道德判断的理由有五项,其包含的内容以及相对应的发展阶段分别是:第一项为"偷来粮食可以救自己家人的命",选择此选项的儿童处于道德判断水平的阶段二"以个人的功利主义与交换为价值取向";第二项为"好父亲应该为家人想出解决问题的办法",选择此选项的儿童处于阶段三"以协调人际关系为价值取向";第三项为"如果法律不合理,就不用遵守法律",选择此选项的儿童处于阶段四"以法律与秩序为价值取向";第四项为"富人不仁(吝惜自己的粮食),穷人就可以不义(违法)",选择此选项的儿童处于阶段五"以社会契约为价值取向";第五项为"生命最重要,其他都可以不考虑",选择此选项的儿童处于阶段六"以普遍伦理原则为价值取向"。

"不支持"即"否定性"道德判断的理由有五项,其包含的内容以及相对应的发展阶段分别是:第一项为"偷粮食会被惩罚的",选择此选项的儿童处于道德判断水平的阶段一"以惩罚和服从为价值取向";第二项为"他成了小偷,就不是好爸爸了",选择此选项的儿童处于阶段三"以协调人际关系为价值取向";第三项为"偷东西都是违反法律和道德的",选择此选项的儿童处于阶段四"以法律与秩序为价值取向";第四项为"富人不道德,但这不是穷人违反法律的理由",选择此选项的儿童处于阶段五"以社会契约为价值取向";第五项为"不管怎样,好人不能偷东西",选择此选项的儿童处于阶段六"以普遍伦理原则为价值取向"。

"不知道是否支持"即"两难性"道德判断的理由主要有六项,其包含的内容以及相对应的发展阶段分别是:第一项为"家人饿死,李德会很伤心;但偷东西,可能会被抓住受惩罚",选择此项的儿童处于道德判断水平的阶段一"以惩罚和服从为价值取向";第二项为"偷东西可以让家人活下来;但如果被抓住,他就不能再照顾家人",选择此项的儿童处于阶段二"以个人的功利主义与交换为价值取向";第三项为"救家人是好父亲;但偷东西就成了坏人",选择此项的儿童处于阶段三"以协调人际关系为价值取向";第四项为"法律没有保护穷人;但做事不能违反法律",选择此项的儿童处于阶段四"以法律与秩序为价值取向";第五项为"一个好父亲应当照顾好家人;但如果人人都这么做,天下会大乱",选择此项的儿童处于阶段五"以社会契约为价值取向";第六项为"不能救自己家人的生命,良心会过意不去;但是偷别人的东西,即使没被抓住,还是会觉得人生有了污点",选择此选项的儿童处于阶段六"以普遍伦理原则为价值取向"。

3.1.1 儿童能否作出道德判断的情况

本省48.07%的儿童表示不支持李德去偷粮食;26.28%的儿童表示不知道是否支持李德去偷粮食;25.65%的儿童表示支持李德去偷粮食,相对较少。(见图3-1)

3 浙江省儿童道德理性发展状况

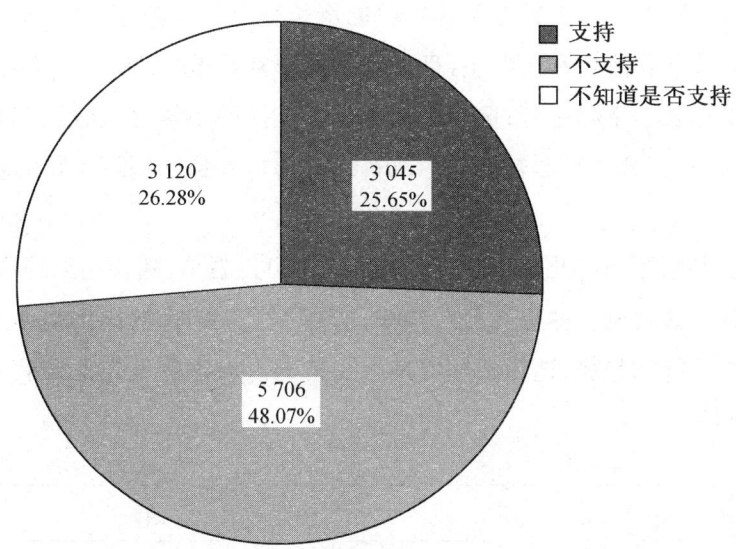

图3-1 道德判断倾向与儿童人数百分比分布图

(1) 年段差异。

经差异检验发现,本省不同年段儿童的道德判断倾向总体上存在非常显著的差异(卡方值＝730.033,$P \leqslant 0.01$)。

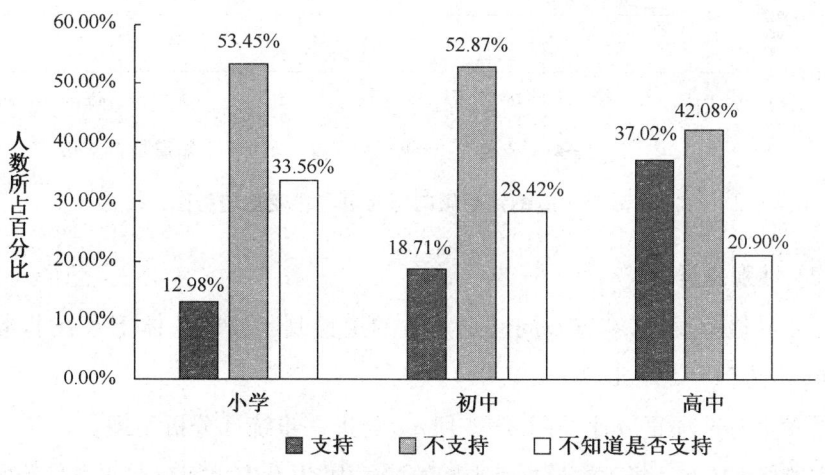

图3-2 道德判断倾向与儿童年段分布图

不同年段儿童各选项百分比如图3-2所示,经进一步统计分析发现:在选择支持的被试中,高中生人数比例高于小学生和初中生,且三者差异非

101

常显著(|AR|>2.58),人数比例随年段的增长呈上升走势;选择不支持的小学生人数比例高于初中生和高中生,且三者差异非常显著(|AR|>2.58),人数比例随年段的增长呈下降走势;选择不知道是否支持的小学生人数比例高于初中生和高中生,且三者差异非常显著(|AR|>2.58),人数比例随年段的增长呈下降走势。

从道德判断倾向与儿童年级变化趋势图中可以看出,随着年龄的增加,儿童选择支持的人数比例整体呈上升的趋势;选择不支持的人数比例整体上呈先下降再上升再下降的趋势;选择不知道是否支持的人数比例呈先上升后下降的趋势。(见图3-3)

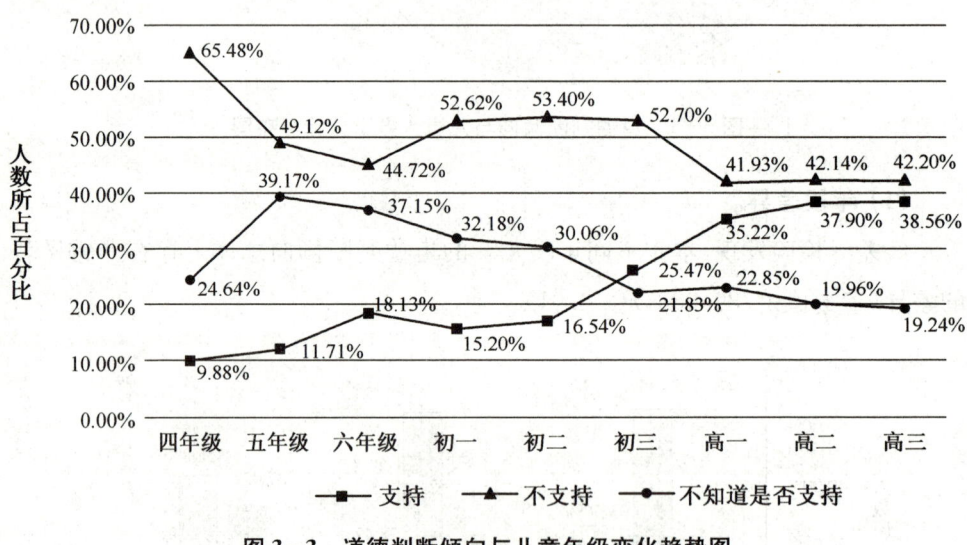

图3-3 道德判断倾向与儿童年级变化趋势图

(2) 性别差异。

经差异检验发现,本省不同性别儿童的道德判断倾向总体上存在非常显著的差异(卡方值=133.433,$P \leqslant 0.01$)。

男女生各选项百分比如图3-4所示,经进一步统计分析发现:

在选择支持和选择不知道是否支持的被试中,男女生之间存在非常显著的差异(|AR|>2.58)。在选择支持的被试中,男生人数比例高于女生;在选择不知道是否支持的被试中,女生人数比例高于男生。

在选择不支持的被试中,男女生之间不存在显著差异(|AR|≤1.96)。

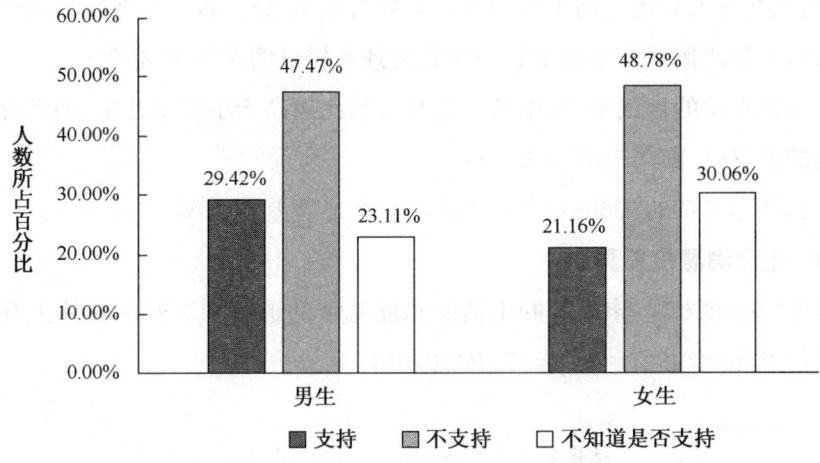

图 3-4 道德判断倾向与儿童性别分布图

(3) 城乡差异。

经差异检验发现,本省城乡儿童的道德判断倾向总体上存在非常显著的差异(卡方值=84.473,$P \leqslant 0.01$)。

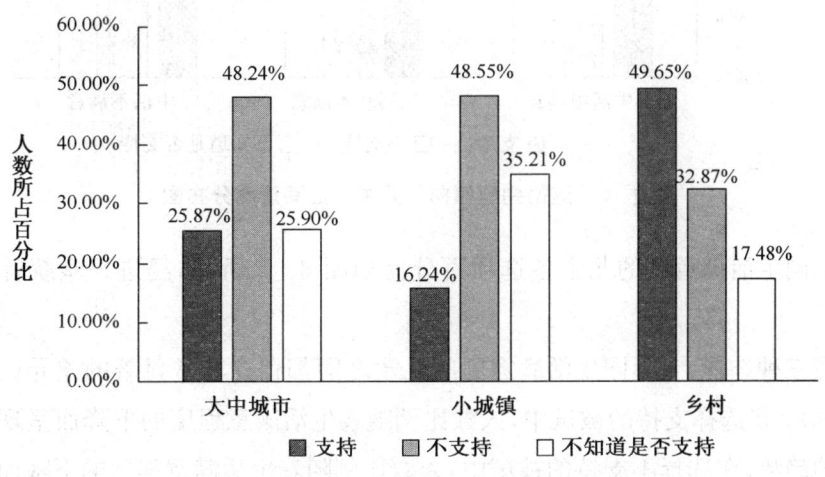

图 3-5 道德判断倾向与儿童城乡分布图

城乡儿童各选项百分比如图 3-5 所示,经进一步统计分析发现:

在选择支持的被试中,乡村儿童人数比例高于大中城市儿童和小城镇儿童,乡村儿童与大中城市或小城镇儿童之间差异非常显著($|AR|>2.58$),人数比例从大中城市到小城镇再到乡村呈 V 字形走势;在选择不知道是否支持的被试

中,小城镇儿童人数比例高于大中城市和乡村儿童,且三者差异非常显著($|AR|$>2.58),人数比例从大中城市到小城镇再到乡村呈倒V字形走势。

在选择支持的被试中,大中城市儿童人数比例高于小城镇儿童,两者存在比较显著的差异($1.96<|AR|\leq2.58$)。

在选择不支持的被试中,三者之间不存在显著差异($|AR|\leq1.96$)。

(4) 生活满意度差异。

经差异检验发现,本省不同生活满意度儿童的道德判断倾向总体上存在非常显著的差异(卡方值=245.559,$P\leq0.01$)。

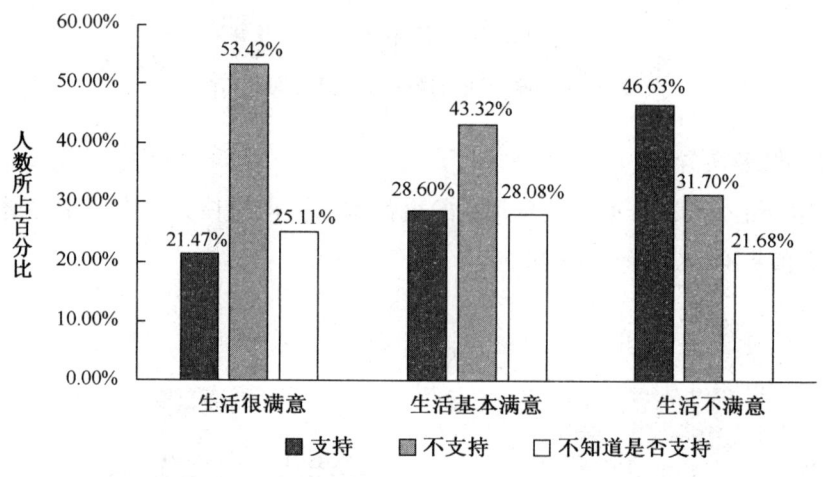

图3-6 道德判断倾向与儿童生活满意度分布图

不同生活满意度的儿童各选项百分比如图3-6所示,经进一步统计分析发现:

在三种选择上,不同生活满意度的儿童之间都存在非常显著的差异($|AR|$>2.58)。在选择支持的被试中,人数比例随着生活满意程度的下降而呈现逐渐增长的趋势;在选择不支持的被试中,人数比例随着生活满意程度的下降而呈现逐渐下降的趋势;在选择不知道是否支持的被试中,人数比例随着生活满意程度的下降而呈现倒V字形走势。

(5) 家庭生活方式差异。

经差异检验发现,本省不同家庭生活方式的儿童的道德判断倾向总体上存在非常显著的差异(卡方值=56.009,$P\leq0.01$)。

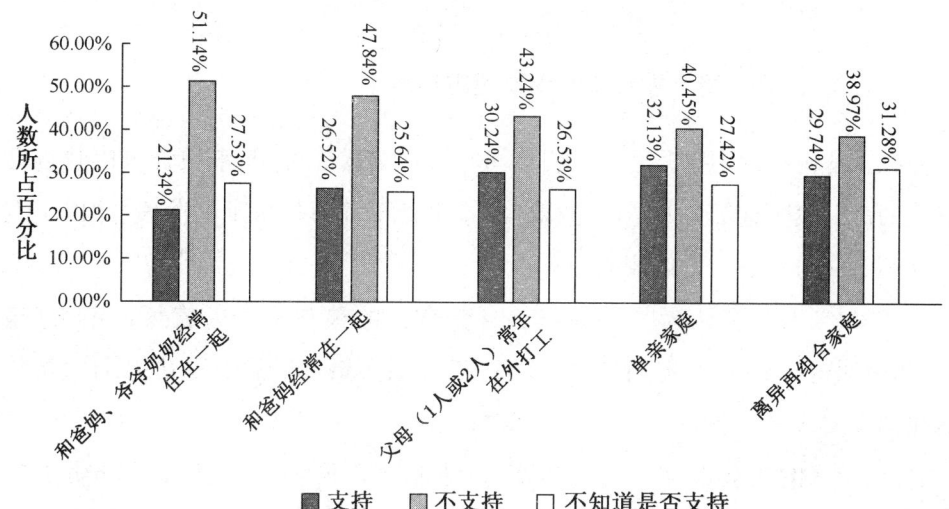

图 3-7 道德判断倾向与儿童家庭生活方式分布图

不同家庭生活方式的儿童各选项百分比如图 3-7 所示,经进一步统计分析发现:

在选择支持的被试中,单亲家庭儿童人数比例高于"和爸妈、爷爷奶奶经常住在一起"、"和爸妈经常在一起"、"父母(1 人或 2 人)常年在外打工"的儿童,且单亲家庭儿童与其余三者之间差异非常显著($|AR|>2.58$);"和爸妈经常在一起"的儿童人数比例高于"和爸妈、爷爷奶奶经常住在一起"的儿童,且差异非常显著($|AR|>2.58$)。在选择不支持的被试中,"和爸妈、爷爷奶奶经常住在一起"的儿童人数比例高于单亲家庭和离异再组合家庭的儿童,且三者之间差异非常显著($|AR|>2.58$)。

在选择支持的被试中,"父母(1 人或 2 人)常年在外打工"的儿童与"和爸妈、爷爷奶奶经常住在一起"或"和爸妈经常在一起"的儿童之间,存在比较显著的差异($1.96<|AR|≤2.58$)。

在选择支持的被试中,离异再组合家庭的儿童与其他家庭的儿童之间不存在显著差异($|AR|≤1.96$)。在选择不支持的被试中,"和爸妈经常在一起"、"父母(1 人或 2 人)常年在外打工"的儿童与其他家庭的儿童之间不存在显著差异($|AR|≤1.96$)。在选择不知道是否支持的被试中,不同家庭生活方式的儿童之

间不存在显著差异(|AR|≤1.96)。

3.1.2 儿童"肯定性"道德判断理由与水平

在支持偷粮的本省儿童中,有33.60%的儿童,认为"偷来粮食可以救自己家人的命",表明这部分儿童的道德判断水平处于前习俗水平的阶段二"以个人的功利主义与交换为价值取向"。

28.11%的儿童认为"富人不仁(吝惜自己的粮食),穷人就可以不义(违法)",表明这部分儿童的道德判断水平达到了后习俗水平的阶段五"以社会契约为价值取向"。

19.41%的儿童认为"生命最重要,其他都可以不考虑",表明这部分儿童的道德判断水平处在后习俗水平的阶段六"以普遍伦理原则为价值取向"。

11.43%的儿童认为"如果法律不合理,就不用遵守法律",表明这部分儿童的道德判断水平处在习俗水平的阶段四"以法律与秩序为价值取向"。

7.45%的儿童认为"好父亲应该为家人想出解决问题的办法",表明这部分儿童的道德判断水平处在习俗水平的阶段三"以协调人际关系为价值取向"。(见图3-8)

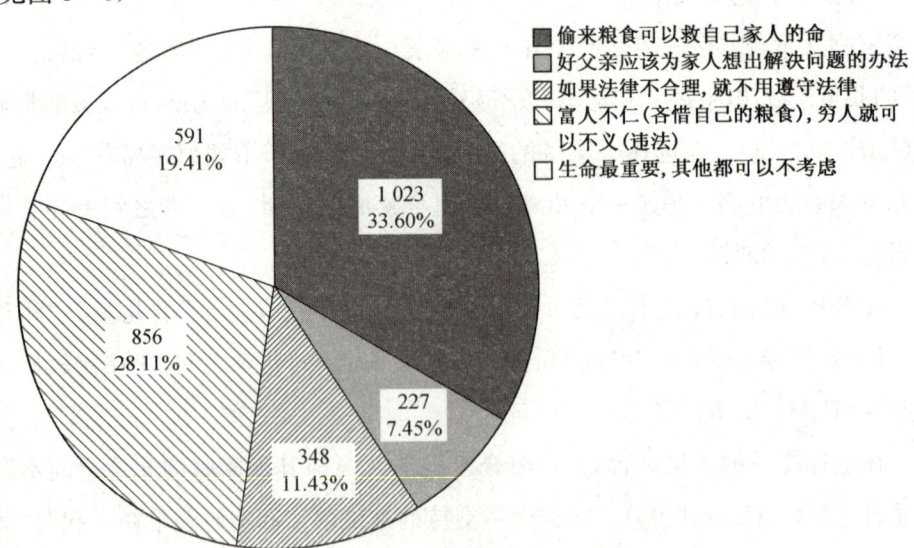

图3-8 "肯定性"道德判断水平与儿童人数百分比分布图

(1) 年段差异。

经差异检验发现,本省不同年段儿童的"肯定性"道德判断水平总体上存在非常显著的差异(卡方值＝161.205,$P \leqslant 0.01$)。

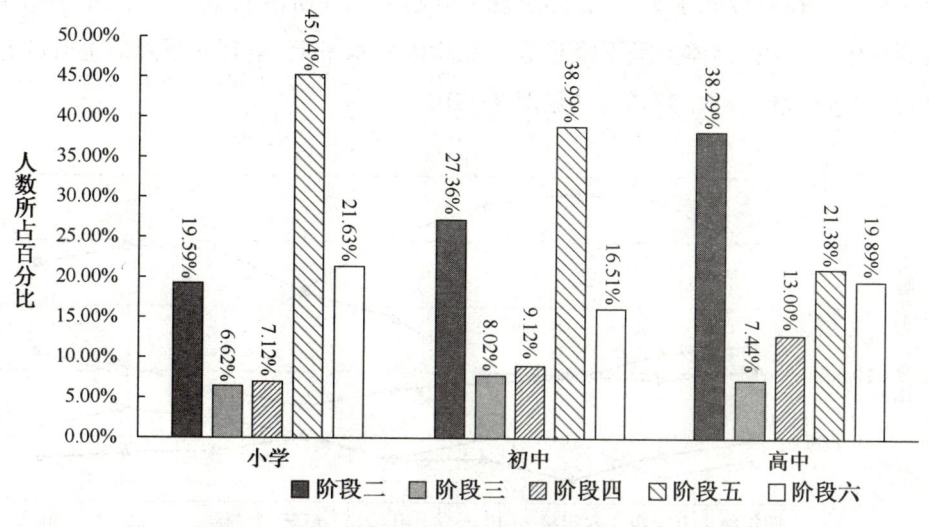

图 3‑9　"肯定性"道德判断水平与儿童年段分布图

不同年段儿童各选项百分比如图 3‑9 所示,经进一步统计分析发现:

认为"偷来粮食可以救自己家人的命",即道德判断水平处于阶段二的高中生人数比例高于小学生和初中生,且三者差异非常显著($|AR|>2.58$),人数比例随年段的增长呈上升走势;认为"富人不仁(吝惜自己的粮食),穷人就可以不义(违法)",即道德判断水平处于阶段五的小学生人数比例高于初中生和高中生,且三者差异非常显著($|AR|>2.58$),人数比例随年段的增长呈下降走势;认为"如果法律不合理,就不用遵守法律",即道德判断水平处于阶段四的高中生人数比例高于小学生和初中生,且高中生与小学生或初中生之间差异非常显著($|AR|>2.58$),人数比例随年段的增长呈上升走势。

认为"如果法律不合理,就不用遵守法律",即道德判断水平处于阶段四的初中生人数比例高于小学生,两者之间存在比较显著的差异($1.96<|AR|\leqslant 2.58$)。

认为"好父亲应该为家人想出解决问题的办法",即道德判断水平处于阶段三的各年段儿童和认为"生命最重要,其他都可以不考虑",即道德判断水平处于阶段六的各年段儿童之间均不存在显著差异($|AR|\leqslant 1.96$)。

从"肯定性"道德判断水平与儿童年级变化趋势图可以看出,从道德判断水平处于阶段二的角度分析,小学阶段较平稳,从初中到高中整体呈逐渐上升趋势。在阶段三水平上,整体呈现先下降后上升再下降的趋势,六年级比例最低(3.68%)。在阶段四水平上,整体呈现上升趋势。在阶段五水平上,从小学四年级到高中三年级,整体上呈下降趋势。在阶段六水平上,呈现先下降后上升的趋势,初三达到最低(14.67%)。(见图3-10)

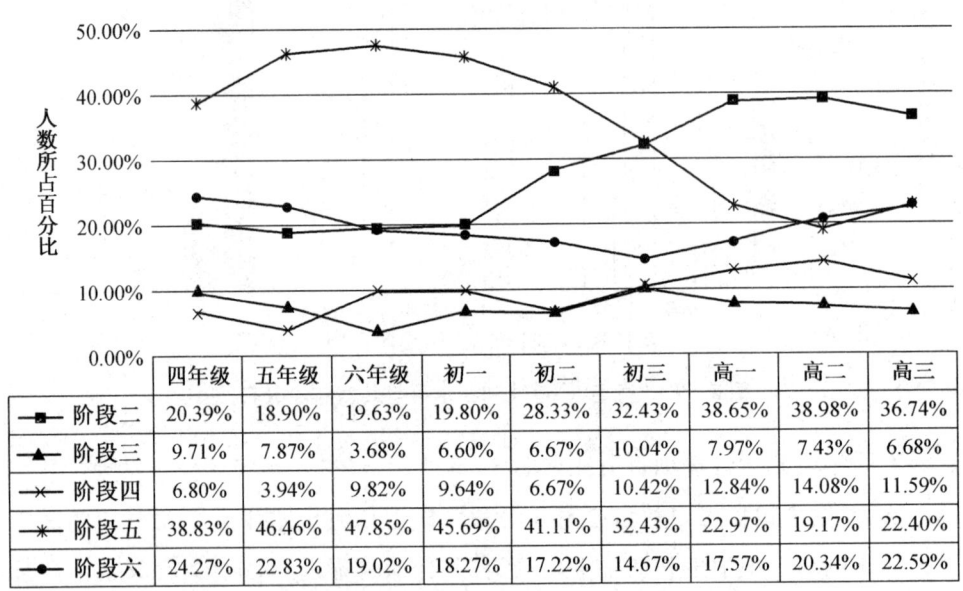

图3-10 "肯定性"道德判断水平与儿童年级变化趋势图

(2) 性别差异。

经差异检验发现,本省不同性别儿童的"肯定性"道德判断水平总体上存在比较显著的差异(卡方值=9.570,$0.01<P\leqslant 0.05$)。

男女生各选项百分比如图3-11所示,经进一步统计分析发现:

认为"好父亲应该为家人想出解决问题的办法",即道德判断水平处于阶段三的男女生之间存在比较显著的差异($1.96<|AR|\leqslant 2.58$),男生人数比例高于女生。

在其道德判断水平的其他阶段,男女生之间均不存在显著差异($|AR|\leqslant 1.96$)。

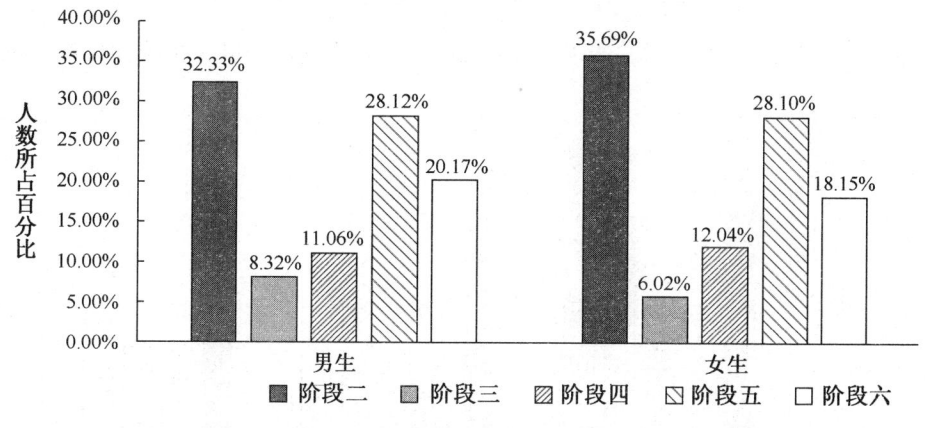

图 3-11 "肯定性"道德判断水平与儿童性别分布图

(3) 城乡差异。

经差异检验发现,本省城乡儿童的"肯定性"道德判断水平总体上不存在显著的差异(卡方值=13.634,$P>0.05$)。

城乡儿童各选项百分比如图 3-12 所示,经进一步统计分析发现:

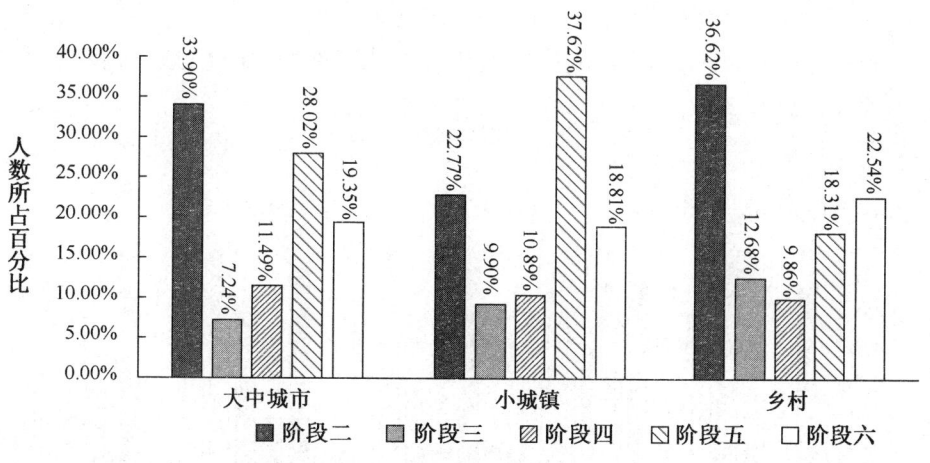

图 3-12 "肯定性"道德判断水平与儿童城乡分布图

在道德判断水平的不同阶段,城乡儿童之间均不存在显著差异($|AR|\leqslant 1.96$)。

(4) 生活满意度差异。

经差异检验发现,本省不同生活满意度儿童的"肯定性"道德判断水平总体上不存在显著的差异(卡方值＝6.303,$P>0.05$)。

不同生活满意度儿童各选项百分比如图3-13所示,经进一步统计分析发现:

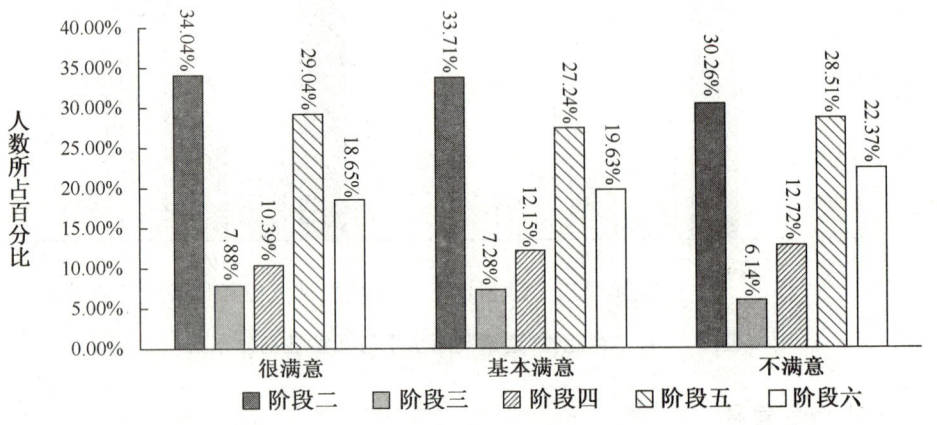

图3-13 "肯定性"道德判断水平与儿童生活满意度分布图

在道德判断水平的不同阶段,不同生活满意度的儿童之间均不存在显著差异($|AR|\leq 1.96$)。

(5) 家庭生活方式差异。

经差异检验发现,本省不同家庭生活方式儿童的"肯定性"道德判断水平总体上不存在显著差异(卡方值＝18.785,$P>0.05$)。

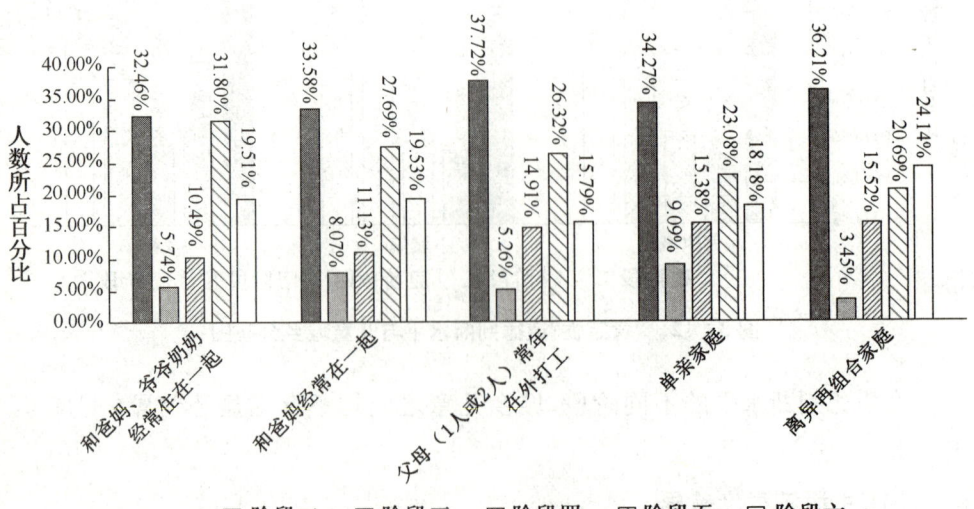

图3-14 "肯定性"道德判断水平与儿童家庭生活方式分布图

不同家庭生活方式儿童各选项百分比如图 3-14 所示,经进一步统计分析发现:在道德判断水平的不同阶段,不同家庭生活方式的儿童之间均不存在显著差异($|AR|\leqslant 1.96$)。

3.1.3 儿童"否定性"道德判断理由与水平

在不支持李德去偷粮食的本省儿童中,有 51.07% 的儿童认为"富人不道德,但这不是穷人违反法律的理由",表明这部分儿童的道德判断水平处于后习俗水平的阶段五"以社会契约为价值取向"。

34.10% 的儿童认为"偷东西都是违反法律和道德的",表明这部分儿童的道德判断水平处于习俗水平的阶段四"以法律与秩序为价值取向"。

9.29% 的儿童认为"不管怎样,好人不能偷东西",表明这部分儿童的道德判断水平处于后习俗水平的阶段六"以普遍伦理原则为价值取向"。

3.73% 的儿童认为"他成了小偷,就不是好爸爸了",表明这部分儿童的道德判断水平处于习俗水平的阶段三"以协调人际关系为价值取向"。

1.81% 的儿童认为"偷粮食会被惩罚的",表明这部分儿童的道德判断水平处于前习俗水平的阶段一"以惩罚和服从为价值取向"。(见图 3-15)

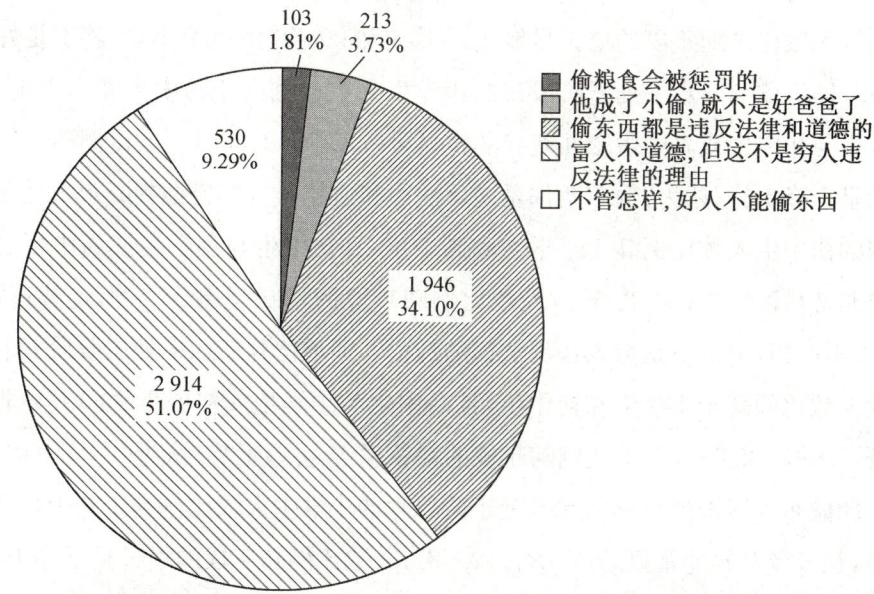

图 3-15 "否定性"道德判断水平与儿童人数百分比分布图

(1) 年段差异。

经差异检验发现,本省不同年段儿童的"否定性"道德判断水平总体上存在非常显著的差异(卡方值＝220.187,$P \leqslant 0.01$)。

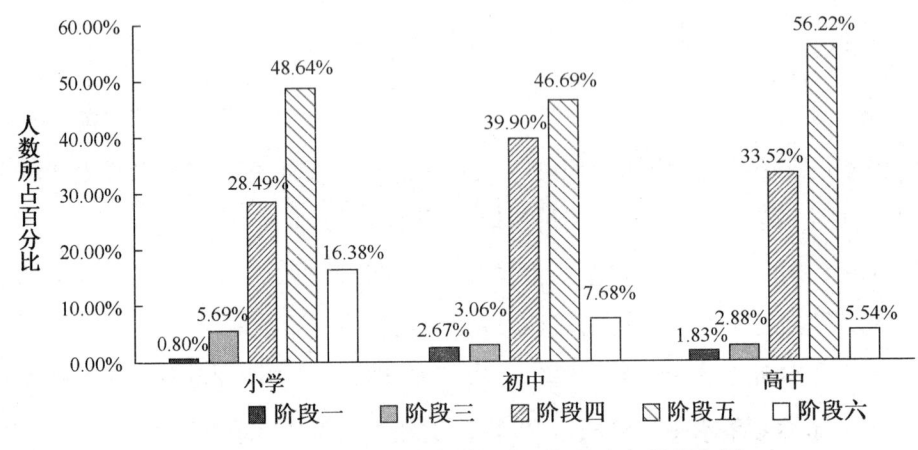

图 3-16 "否定性"道德判断水平与儿童年段分布图

不同年段儿童各选项百分比如图 3-16 所示,经进一步统计分析发现:

认为"偷粮食会被惩罚的",即道德判断水平处于阶段一的初中生人数比例高于小学生和高中生,且初中生与小学生或高中生之间差异非常显著($|AR|>2.58$),人数比例随年段的增长呈倒 V 字形走势;认为"他成了小偷,就不是好爸爸了",即道德判断水平处于阶段三的小学生人数比例高于初中生和高中生,且小学生与初中生或高中生之间差异非常显著($|AR|>2.58$),人数比例随年段的增长呈下降走势;认为"偷东西都是违反法律和道德的",即道德判断水平处于阶段四的初中生人数比例高于小学生和高中生,且初中生与小学生或高中生之间差异非常显著($|AR|>2.58$),人数比例随年段的增长呈倒 V 字形走势;认为"富人不道德,但这不是穷人违反法律的理由",即道德判断水平处于阶段五的高中生人数比例高于小学生和初中生,且高中生与小学生或初中生之间差异非常显著($|AR|>2.58$),人数比例随年段的增长呈 V 字形走势;认为"不管怎样,好人不能偷东西",即道德判断水平处于阶段六的小学生人数比例高于初中生和高中生,且三者差异非常显著($|AR|>2.58$),人数比例随年段的增长呈下降走势。

认为"他成了小偷,就不是好爸爸了",即道德判断水平处于阶段三的初中生

人数比例高于高中生,两者之间存在比较显著的差异(1.96<|AR|≤2.58)。认为"富人不道德,但这不是穷人违反法律的理由",即道德判断水平处于阶段五的小学生人数比例高于初中生,两者之间存在比较显著的差异(1.96<|AR|≤2.58)。

认为"偷粮食会被惩罚的",即道德判断水平处于阶段一的高中生与小学生之间不存在显著差异(|AR|≤1.96)。认为"偷东西都是违反法律和道德的",即道德判断水平处于阶段四的高中生与小学生之间不存在显著差异(|AR|≤1.96)。

从"否定性"道德判断水平与儿童年级变化趋势图可以看出,从小学四年级至高中三年级儿童的道德判断水平普遍处于阶段四和阶段五,且随着年龄的增长,处于阶段五的人数比例呈波动上升趋势;处于阶段四的人数比例随着儿童年龄的增长,整体上呈现先上升后下降趋势;处于阶段六的人数比例随着儿童年龄的增长呈现下降趋势;处于阶段一、阶段三的人数比例在不同年级所占比例都比较小。(见图3-17)

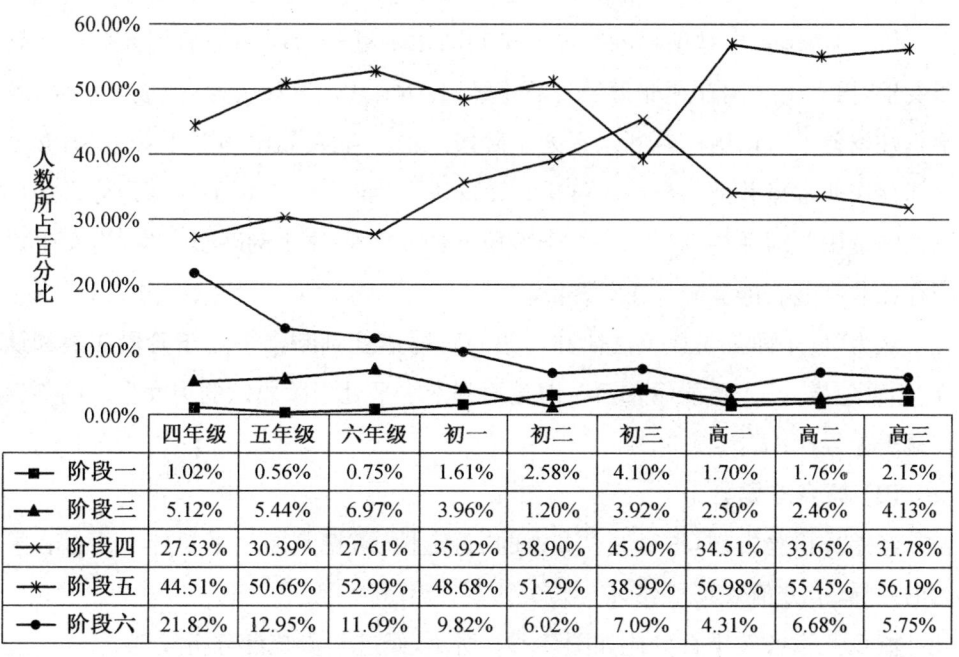

图3-17 "否定性"道德判断水平与儿童年级变化趋势图

	四年级	五年级	六年级	初一	初二	初三	高一	高二	高三
阶段一	1.02%	0.56%	0.75%	1.61%	2.58%	4.10%	1.70%	1.76%	2.15%
阶段三	5.12%	5.44%	6.97%	3.96%	1.20%	3.92%	2.50%	2.46%	4.13%
阶段四	27.53%	30.39%	27.61%	35.92%	38.90%	45.90%	34.51%	33.65%	31.78%
阶段五	44.51%	50.66%	52.99%	48.68%	51.29%	38.99%	56.98%	55.45%	56.19%
阶段六	21.82%	12.95%	11.69%	9.82%	6.02%	7.09%	4.31%	6.68%	5.75%

(2) 性别差异。

经差异检验发现,本省不同性别儿童的"否定性"道德判断水平总体上存在非常显著的差异(卡方值＝30.941, $P \leqslant 0.01$)。

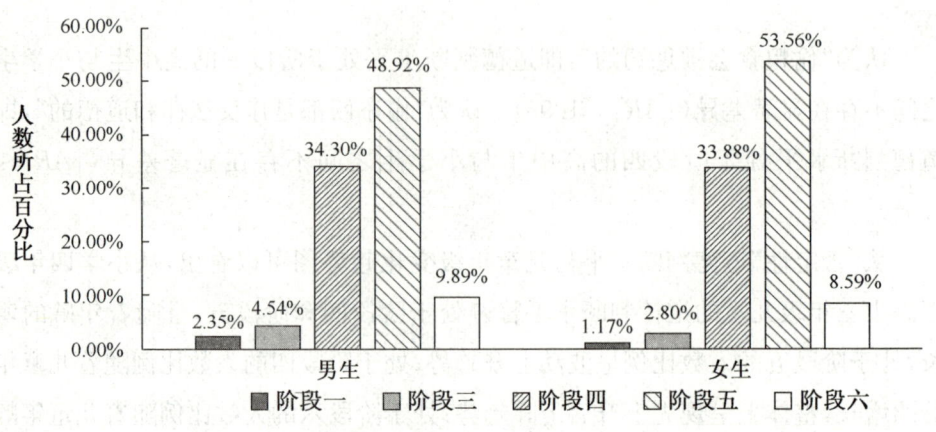

图 3-18 "否定性"道德判断水平与儿童性别分布图

男女生各选项百分比如图 3-18 所示,经进一步统计分析发现：

认为"偷粮食会被惩罚的",即道德判断水平处于阶段一的男生人数比例高于女生,男女生之间存在非常显著的差异($|AR|>2.58$);认为"他成了小偷,就不是好爸爸了",即道德判断水平处于阶段三的男生人数比例高于女生,男女生之间存在非常显著的差异($|AR|>2.58$);认为"富人不道德,但这不是穷人违反法律的理由",即道德判断水平处于阶段五的女生人数比例高于男生,男女生之间存在非常显著的差异($|AR|>2.58$)。

认为"偷东西都是违反法律和道德的",即道德判断水平处于阶段四的和认为"不管怎样,好人不能偷东西",即道德判断水平处于阶段六的男女生之间不存在显著差异($|AR| \leqslant 1.96$)。

(3) 城乡差异。

经差异检验发现,本省城乡儿童的"否定性"道德判断水平总体上不存在显著的差异(卡方值＝15.148, $P>0.05$)。

城乡儿童各选项百分比如图 3-19 所示,经进一步统计分析发现：

在道德判断水平的不同阶段,城乡儿童之间均不存在显著差异($|AR| \leqslant 1.96$)。

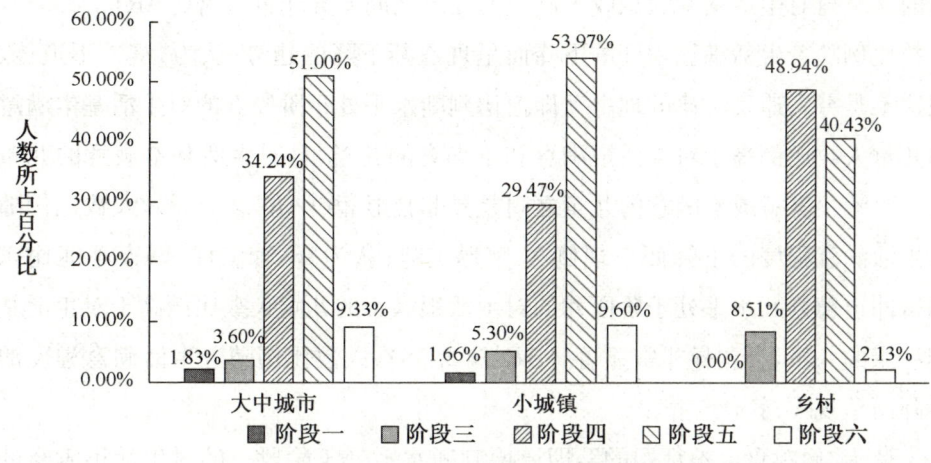

图 3-19 "否定性"道德判断水平与儿童城乡分布图

(4) 生活满意度差异。

经差异检验发现,本省不同生活满意度儿童的"否定性"道德判断水平总体上存在非常显著的差异(卡方值=30.872,$P \leqslant 0.01$)。

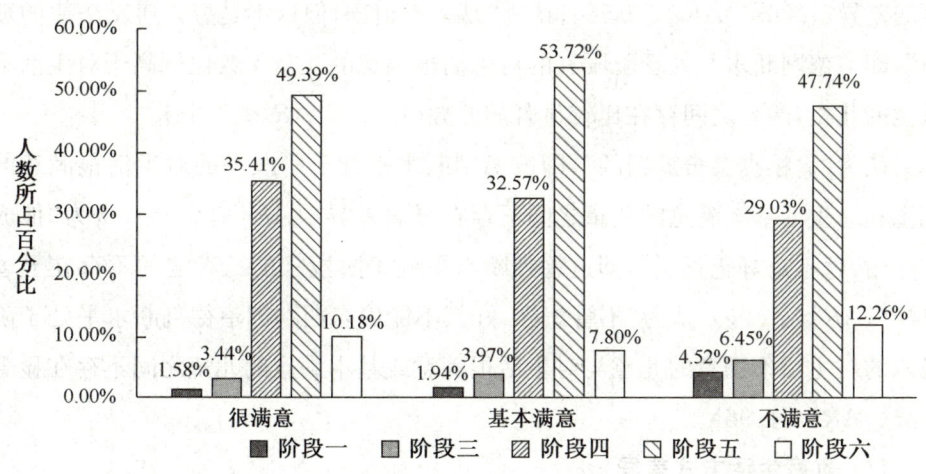

图 3-20 "否定性"道德判断水平与儿童生活满意度分布图

不同生活满意度儿童各选项百分比如图 3-20 所示,经进一步统计分析发现:

认为"偷东西都是违反法律和道德的",即道德判断水平处于阶段四的对生活很满意的儿童人数比例高于对生活基本满意和不满意的儿童,且对生活很满

意的儿童与对生活基本满意或不满意的儿童之间差异非常显著($|AR|>2.58$),人数比例随着生活满意程度的下降而呈现逐渐下降的趋势;认为"富人不道德,但这不是穷人违反法律的理由",即道德判断水平处于阶段五的对生活基本满意的儿童人数比例高于对生活很满意和不满意的儿童,且对生活基本满意的儿童与对生活很满意或不满意的儿童之间差异非常显著($|AR|>2.58$),人数比例随着生活满意程度的下降而呈现倒 V 字形走势;认为"不管怎样,好人不能偷东西",即道德判断水平处于阶段六的对生活很满意的儿童人数比例高于对生活基本满意的儿童,且差异非常显著($|AR|>2.58$),人数比例随着生活满意程度的下降而呈现 V 字形走势。

认为"偷粮食会被惩罚的",即道德判断水平处于阶段一的对生活不满意的儿童人数比例高于对生活很满意和基本满意的儿童,且对生活不满意的儿童与对生活很满意或基本满意的儿童之间存在比较显著的差异($1.96<|AR|\leqslant2.58$);认为"偷东西都是违反法律和道德的",即道德判断水平处于阶段四的对生活基本满意的儿童人数比例高于对生活不满意的儿童,两者之间存在比较显著的差异($1.96<|AR|\leqslant2.58$);认为"富人不道德,但这不是穷人违反法律的理由",即道德判断水平处于阶段五的对生活很满意的儿童人数比例高于对生活不满意的儿童,两者之间存在比较显著的差异($1.96<|AR|\leqslant2.58$)。

认为"偷粮食会被惩罚的",即道德判断水平处于阶段一的对生活很满意的儿童和对生活基本满意的儿童之间不存在显著差异($|AR|\leqslant1.96$);认为"他成了小偷,就不是好爸爸了",即道德判断水平处于阶段三的三者之间不存在显著差异($|AR|\leqslant1.96$);认为"不管怎样,好人不能偷东西",即道德判断水平处于阶段六的对生活不满意的儿童与对生活很满意或基本满意的儿童之间不存在显著差异($|AR|\leqslant1.96$)。

(5) 家庭生活方式差异。

经差异检验发现,本省不同家庭生活方式儿童的"否定性"道德判断水平总体上不存在显著差异(卡方值$=24.860,P>0.05$)。

不同家庭生活方式儿童各选项百分比如图 3-21 所示,经进一步统计分析发现:

认为"偷粮食会被惩罚的",即道德判断水平处于阶段一的"父母(1 人或 2

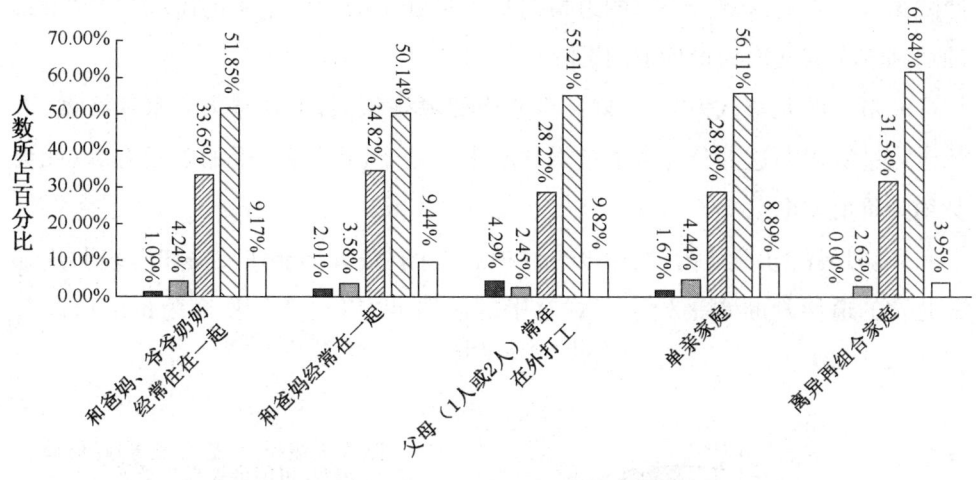

图 3-21 "否定性"道德判断水平与儿童家庭生活方式分布图

人)常年在外打工"的儿童人数比例高于"和爸妈、爷爷奶奶经常住在一起"的儿童,二者存在比较显著的差异($1.96 < |AR| \leq 2.58$),其他不同家庭生活方式儿童之间均不存在显著差异($|AR| \leq 1.96$)。

在道德判断水平的其他阶段,不同家庭生活方式的儿童之间均不存在显著差异($|AR| \leq 1.96$)。

3.1.4 儿童"两难性"道德判断理由与水平

在不知道是否该支持李德偷粮食的本省儿童中,有 38.72% 的儿童认为"不能救自己家人的生命,良心会过意不去;但是偷别人的东西,即使没被抓住,还是会觉得人生有了污点",表明这部分儿童的道德判断水平处于后习俗水平的阶段六"以普遍伦理原则为价值取向"。

11.99% 的儿童认为"救家人是好父亲;但偷东西就成了坏人",表明这部分儿童的道德判断水平处于习俗水平的阶段三"以协调人际关系为价值取向"。

14.29% 的儿童认为"家人饿死,李德会很伤心;但偷东西,可能会被抓住受惩罚",表明这部分儿童的道德判断水平处于前习俗水平的阶段一"以惩罚和服从为价值取向"。

10.87% 的儿童认为"偷东西可以让家人活下来;但如果被抓住,他就不能再照顾家人",表明这部分儿童的道德判断水平处于前习俗水平的阶段二"以个人的功利主义与交换为价值取向"。

9.71%的儿童认为"一个好父亲应当照顾好家人;但如果人人都这么做,天下会大乱",表明这部分儿童的道德判断水平处于后习俗水平的阶段五"以社会契约为价值取向"。

10.61%的儿童认为"法律没有保护穷人;但做事不能违反法律",表明这部分儿童的道德判断水平处于习俗水平的阶段四"以法律与秩序为价值取向"。(见图3-22)

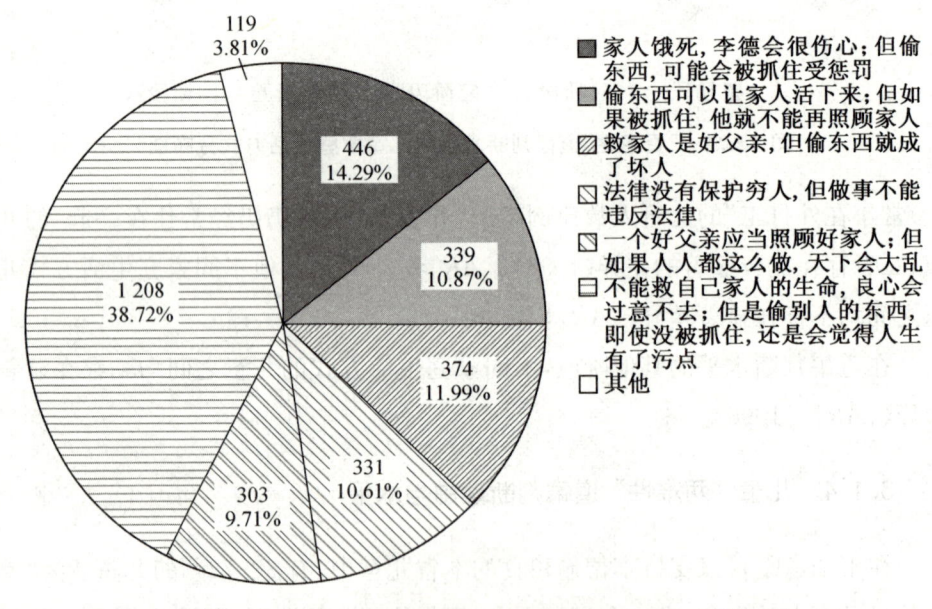

图3-22 "两难性"道德判断水平与儿童人数百分比分布图

(1) 年段差异。

经差异检验发现,本省不同年段儿童的"两难性"道德判断水平总体上存在非常显著的差异(卡方值=137.763,$P \leqslant 0.01$)。

不同年段儿童各选项百分比如图3-23所示,经进一步统计分析发现:

认为"救家人是好父亲;但偷东西就成了坏人",即道德判断水平处于阶段三的和认为"不能救自己家人的生命,良心会过意不去;但是偷别人的东西,即使没被抓住,还是会觉得人生有了污点",即道德判断水平处于阶段六的小学生人数

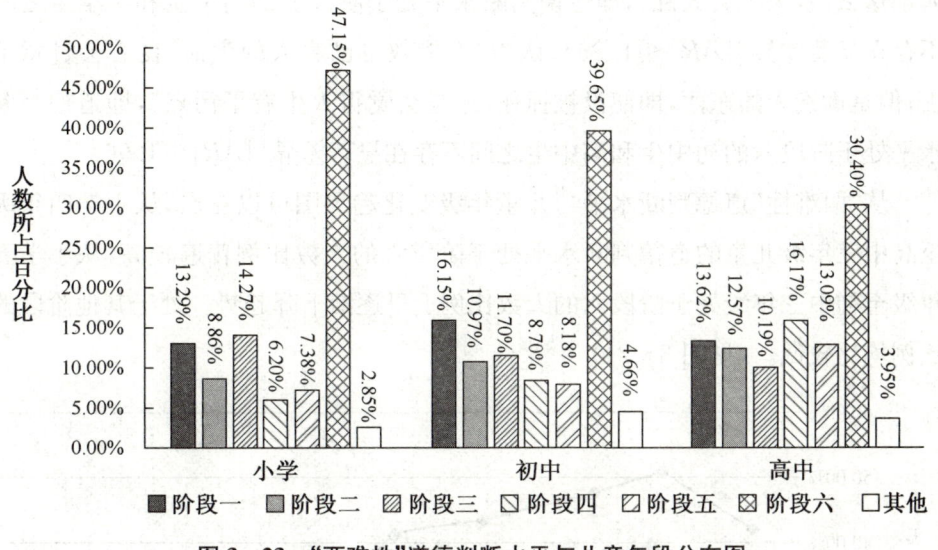

图3-23 "两难性"道德判断水平与儿童年段分布图

比例高于初中生和高中生,且小学生与初中生或高中生之间差异非常显著($|AR|>2.58$),人数比例随年段的增长呈下降走势;认为"法律没有保护穷人;但做事不能违反法律",即道德判断水平处于阶段四的高中生人数比例高于小学生和初中生,且三者差异非常显著($|AR|>2.58$),人数比例随年段的增长呈上升走势;认为"一个好父亲应当照顾好家人;但如果人人都这么做,天下会大乱",即道德判断水平处于阶段五的高中生人数比例高于小学生和初中生,高中生与小学生或初中生之间存在非常显著的差异($|AR|>2.58$)。

认为"偷东西可以让家人活下来;但如果被抓住,他就不能再照顾家人",即道德判断水平处于阶段二的高中生人数比例高于小学生和初中生,高中生与小学生或初中生之间存在比较显著的差异($1.96<|AR|\leqslant2.58$)。

认为"家人饿死,李德会很伤心;但偷东西,可能会被抓住受惩罚",即道德判断水平处于阶段一的三者之间不存在显著差异($|AR|\leqslant1.96$);认为"偷东西可以让家人活下来;但如果被抓住,他就不能再照顾家人",即道德判断水平处于阶段二的初中生和小学生之间不存在显著差异($|AR|\leqslant1.96$);认为"救家人是好父亲;但偷东西就成了坏人",即道德判断水平处于阶段三的初中生与高中生之间不存在显著差异($|AR|\leqslant1.96$);认为"一个好父亲应当照顾好家人;但如果人

人都这么做,天下会大乱",即道德判断水平处于阶段五的初中生和小学生之间不存在显著差异($|AR|\leq 1.96$);认为"不能救自己家人的生命,良心会过意不去;但是偷别人的东西,即使没被抓住,还是会觉得人生有了污点",即道德判断水平处于阶段六的初中生和高中生之间不存在显著差异($|AR|\leq 1.96$)。

从"两难性"道德判断水平与儿童年级变化趋势图可以看出,从小学四年级至高中三年级儿童的道德判断水平处于阶段六的人数比例普遍较高,从小学五年级至初中三年级处于阶段六的人数比例上呈逐渐下降趋势。处于其他阶段的比例均比较低。(见图3-24)

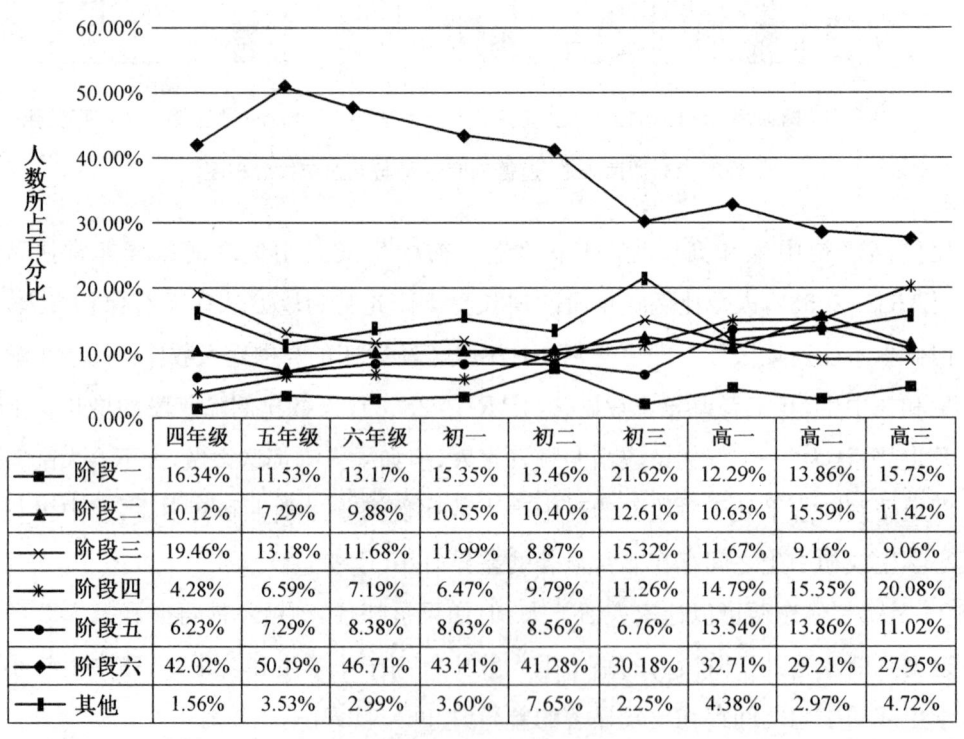

	四年级	五年级	六年级	初一	初二	初三	高一	高二	高三
阶段一	16.34%	11.53%	13.17%	15.35%	13.46%	21.62%	12.29%	13.86%	15.75%
阶段二	10.12%	7.29%	9.88%	10.55%	10.40%	12.61%	10.63%	15.59%	11.42%
阶段三	19.46%	13.18%	11.68%	11.99%	8.87%	15.32%	11.67%	9.16%	9.06%
阶段四	4.28%	6.59%	7.19%	6.47%	9.79%	11.26%	14.79%	15.35%	20.08%
阶段五	6.23%	7.29%	8.38%	8.63%	8.56%	6.76%	13.54%	13.86%	11.02%
阶段六	42.02%	50.59%	46.71%	43.41%	41.28%	30.18%	32.71%	29.21%	27.95%
其他	1.56%	3.53%	2.99%	3.60%	7.65%	2.25%	4.38%	2.97%	4.72%

图3-24 "两难性"道德判断水平与儿童年级变化趋势图

(2)性别差异。

经差异检验发现,本省不同性别儿童的"两难性"道德判断水平总体上存在非常显著的差异(卡方值=40.561,$P\leq 0.01$)。

男女生各选项百分比如图3-25所示,经进一步统计分析发现:

认为"家人饿死,李德会很伤心;但偷东西,可能会被抓住受惩罚",即道德判

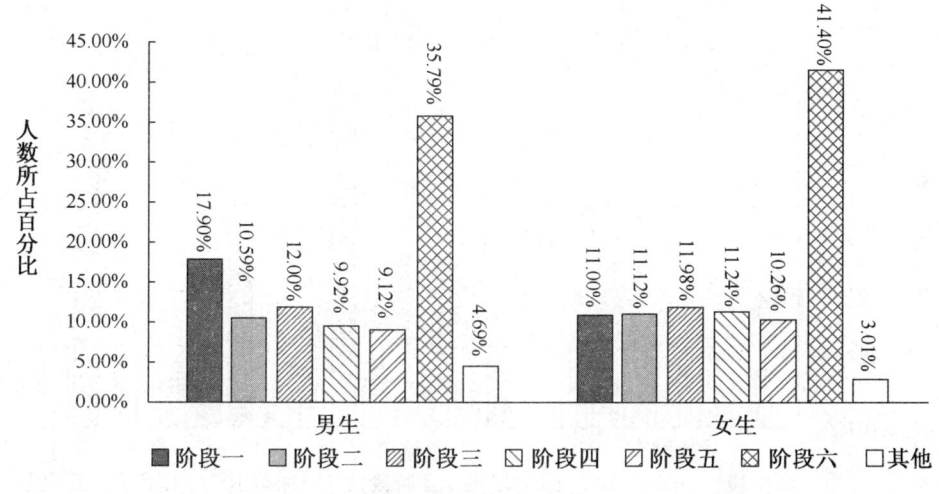

图 3-25 "两难性"道德判断水平与儿童性别分布图

断水平处于阶段一的男生人数比例高于女生,男女生之间存在非常显著的差异($|AR|>2.58$);认为"不能救自己家人的生命,良心会过意不去;但是偷别人的东西,即使没被抓住,还是会觉得人生有了污点",即道德判断水平处于阶段六的女生人数比例高于男生,男女生之间存在非常显著的差异($|AR|>2.58$)。

道德判断水平处于其他阶段的男女生之间均不存在显著差异($|AR|\leq1.96$)。

(3) 城乡差异。

经差异检验发现,本省城乡儿童的"两难性"道德判断水平总体上存在非常显著的差异(卡方值=34.525,$P\leq0.01$)。

城乡儿童各选项百分比如图 3-26 所示,经进一步统计分析发现:

认为"不能救自己家人的生命,良心会过意不去;但是偷别人的东西,即使没被抓住,还是会觉得人生有了污点",即道德判断水平处于阶段六的小城镇儿童人数比例高于大中城市和乡村儿童,小城镇儿童与大中城市或乡村儿童之间存在非常显著的差异($|AR|>2.58$),人数比例从大中城市到小城镇再到乡村呈倒V字形走势。

认为"偷东西可以让家人活下来;但如果被抓住,他就不能再照顾家人",即道德判断水平处于阶段二的大中城市儿童人数比例高于小城镇和乡村儿童,小城镇儿童人数比例高于乡村儿童,三者之间存在比较显著的差异(1.96<

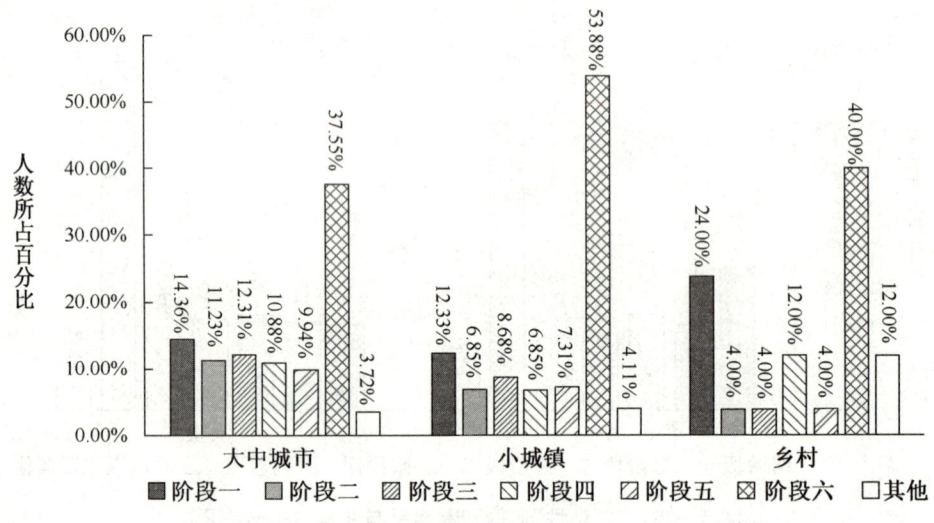

图 3‑26 "两难性"道德判断水平与儿童城乡分布图

$|AR|\leqslant 2.58$)。

道德判断水平处于阶段一、阶段三、阶段四、阶段五的三者之间均不存在显著差异($|AR|\leqslant 1.96$);认为"不能救自己家人的生命,良心会过意不去;但是偷别人的东西,即使没被抓住,还是会觉得人生有了污点",即道德判断水平处于阶段六的乡村儿童和大中城市儿童之间不存在显著差异($|AR|\leqslant 1.96$)。

(4) 生活满意度差异。

经差异检验发现,本省不同生活满意度儿童的"两难性"道德判断水平总体上不存在显著的差异(卡方值=17.321,$P>0.05$)。

不同生活满意度儿童各选项百分比如图 3‑27 所示,经进一步统计分析发现:

认为"法律没有保护穷人;但做事不能违反法律",即道德判断水平处于阶段四的对生活基本满意的儿童人数比例高于对生活很满意和不满意的儿童,对生活基本满意的儿童与对生活很满意或不满意的儿童之间存在非常显著的差异($|AR|>2.58$)。

认为"法律没有保护穷人;但做事不能违反法律",即道德判断水平处于阶段四的对生活不满意的儿童和对生活很满意的儿童之间不存在显著的差异($|AR|\leqslant 1.96$)。在道德判断水平的其他阶段,不同生活满意度的儿童之间均不存在显著差异($|AR|\leqslant 1.96$)。

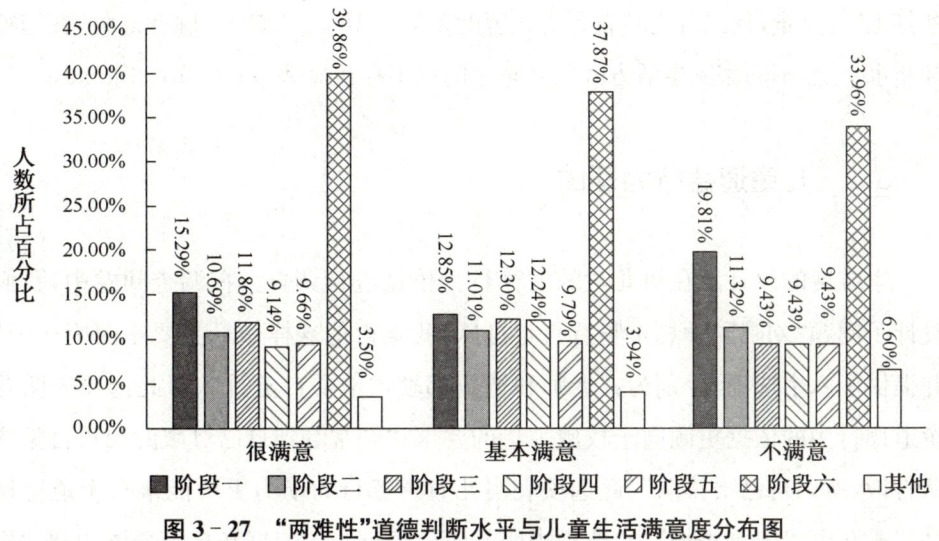

图 3‑27 "两难性"道德判断水平与儿童生活满意度分布图

(5) 家庭生活方式差异。

经差异检验发现,本省不同家庭生活方式儿童的"两难性"道德判断水平总体上存在比较显著的差异(卡方值=41.997,0.01<P≤0.05)。

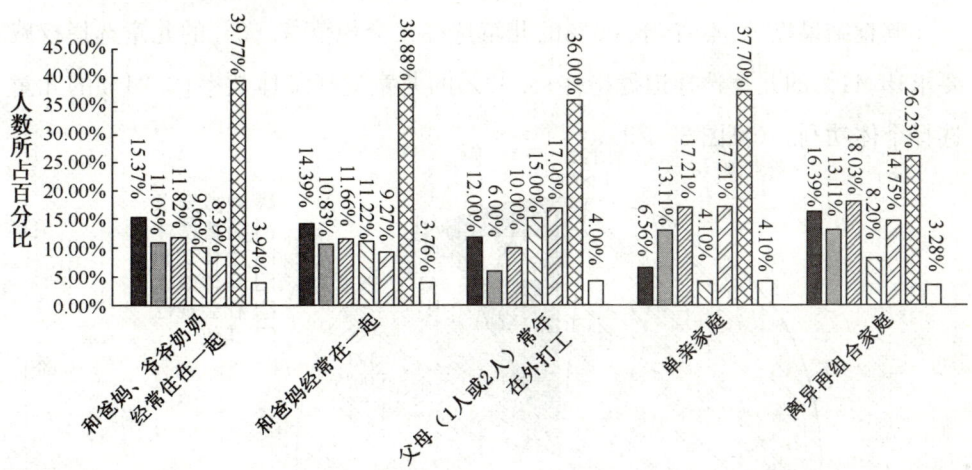

图 3‑28 "两难性"道德判断水平与儿童家庭生活方式分布图

不同家庭生活方式儿童各选项百分比如图 3‑28 所示,经进一步统计分析发现:认为"一个好父亲应当照顾好家人;但如果人人都这么做,天下会大乱",即道德判断水平处于阶段五的单亲家庭儿童人数比例高于"父母(1人或2人)常年在

外打工"的儿童,且二者之间有非常显著的差异($|AR|>2.58$)。除此之外,在道德判断水平上,不同家庭生活方式的儿童之间均不存在显著差异($|AR|\leqslant 1.96$)。

3.2 儿童道德行为理由

本维度的设计意在对儿童的道德行为依据进行调查。在调查问卷中,我们设计了问题"刘晓同学总是坚持自觉排队,我觉得他这样做最主要是因为……"并提供了六个选项,分别为:"老师和爸妈都教过他要自觉排队",此选项表明儿童道德行为的依据更倾向于权威力量的要求;"经常看到自己尊敬的校长自觉排队打饭,所以自己要排队",此选项表明儿童道德行为动力更可能来自于道德榜样;"排队可以得到表扬",此选项表明儿童道德行为的依据来自于个体功利;"排队效率更快",此选项表明儿童道德行为的依据来自于集体效率;"排队是一种文明行为",此选项表明儿童道德行为的依据更倾向于社会普遍认可的规范或观念;其他(需自己填写)。

调查结果显示:本省78.06%的儿童选择社会规范;7.63%的儿童选择权威要求;5.41%的儿童选择道德榜样;5.00%的儿童选择集体效率;2.24%的儿童选择个体功利。(见图3-29)

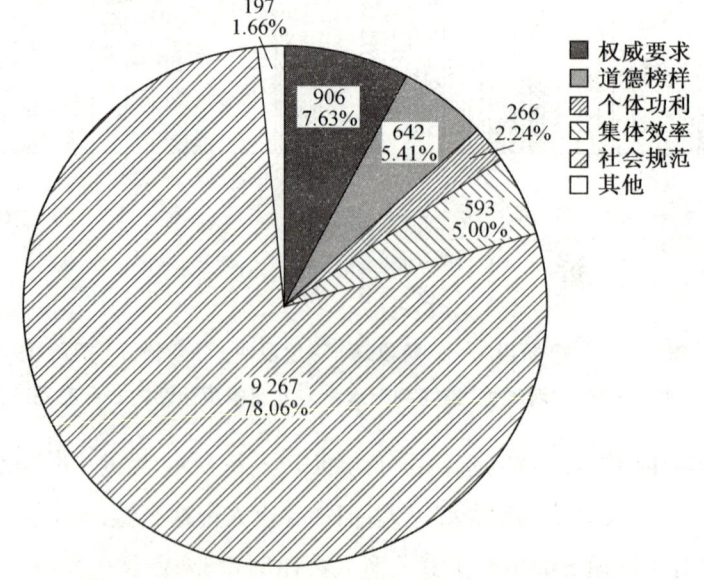

图3-29 道德行为理由与儿童人数百分比分布图

(1) 年段差异。

经差异检验发现,本省不同年段儿童认可的道德行为理由总体上存在非常显著的差异(卡方值＝48.158,$P\leqslant0.01$)。

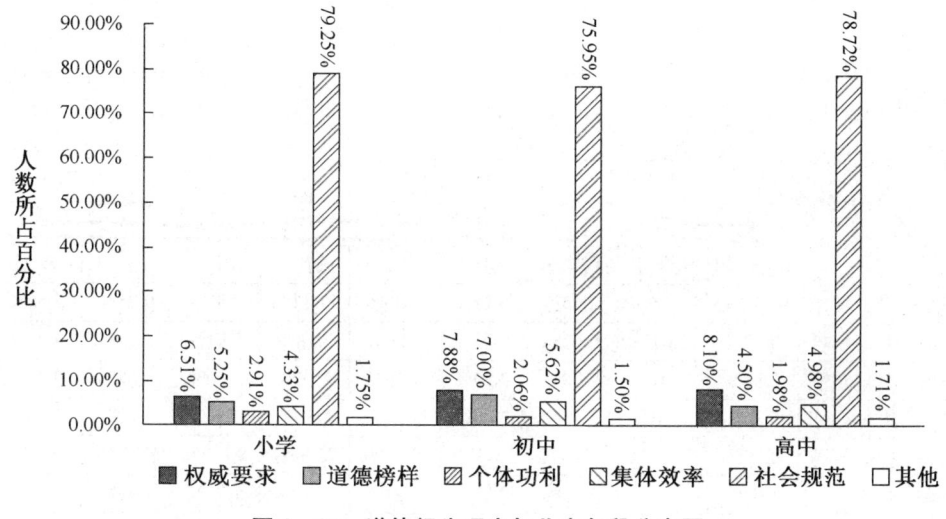

图 3-30　道德行为理由与儿童年段分布图

不同年段儿童各选项百分比如图 3-30 所示,经进一步统计分析发现:

选择"经常看到自己尊敬的校长自觉排队打饭,所以自己要排队",即认可的道德行为理由是道德榜样的初中生人数比例高于高中生,两者存在非常显著的差异($|AR|>2.58$),人数比例随年段的增长呈倒 V 字形走势。

除此之外,在道德行为理由上,不同年段儿童之间均不存在显著差异($|AR|\leqslant1.96$)。

从道德行为理由与儿童年级变化趋势图可以看出,从小学四年级至高中三年级儿童普遍认可的道德行为理由是社会规范,占所在年级人数的百分比在 70% 到 85% 之间波动,基本上不随年龄的变化而发生大幅度变化;其他道德行为理由所占比例基本在 10% 以下。(见图 3-31)

(2) 性别差异。

经差异检验发现,本省不同性别儿童认可的道德行为理由总体上存在非常显著的差异(卡方值＝252.732,$P\leqslant0.01$)。

男女生各选项百分比如图 3-32 所示,经进一步统计分析发现:

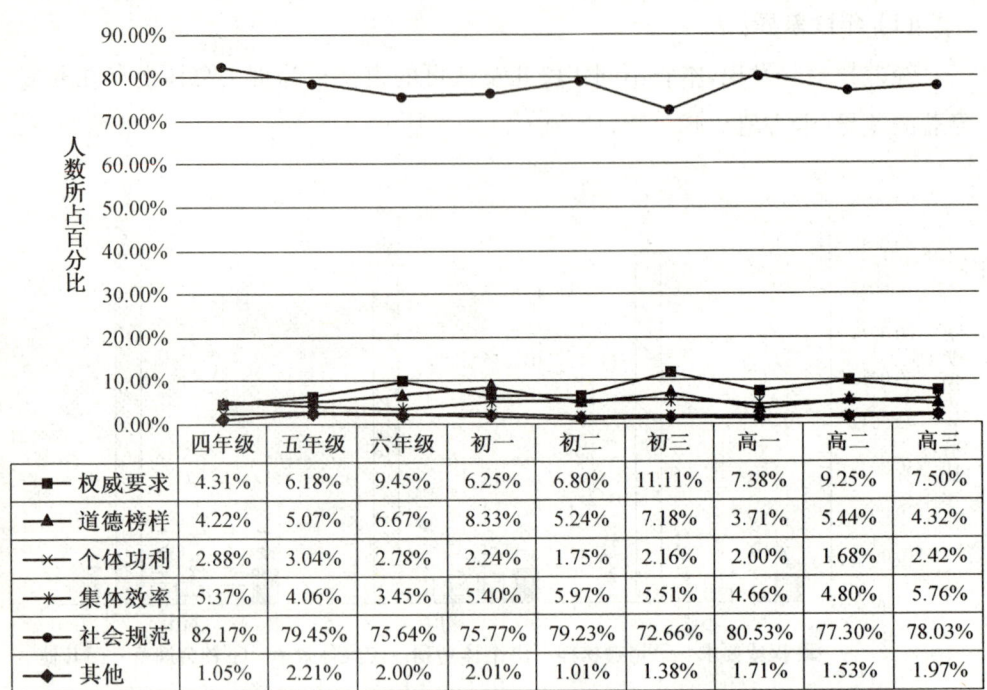

图3-31 道德行为理由与儿童年级变化趋势图

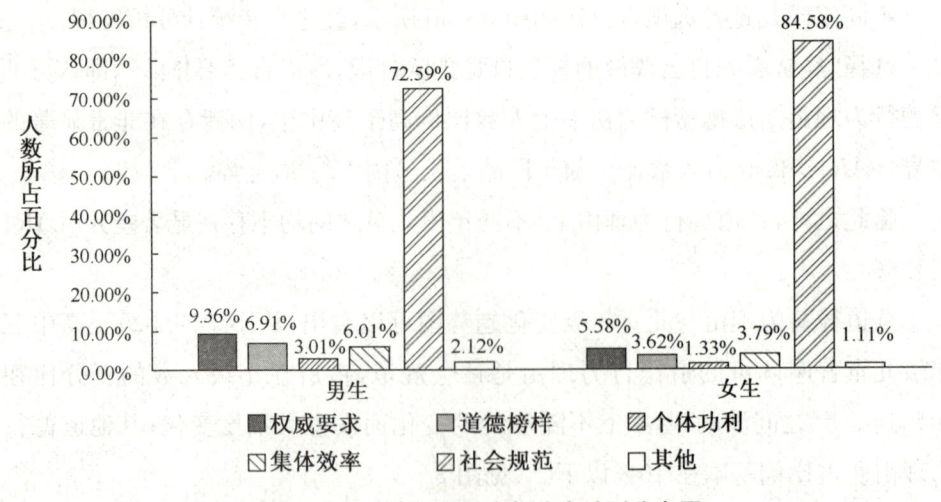

图3-32 道德行为理由与儿童性别分布图

选择"排队是一种文明行为",即认可的道德行为理由是社会规范的女生人数比例高于男生,男女生之间存在非常显著的差异($|AR|>2.58$)。

在其他认可的道德行为理由上,男生人数比例高于女生,男女生之间存在非

常显著的差异($|AR|>2.58$)。

(3)城乡差异。

经差异检验发现,本省城乡儿童认可的道德行为理由总体上存在非常显著的差异(卡方值$=67.279,P\leqslant0.01$)。

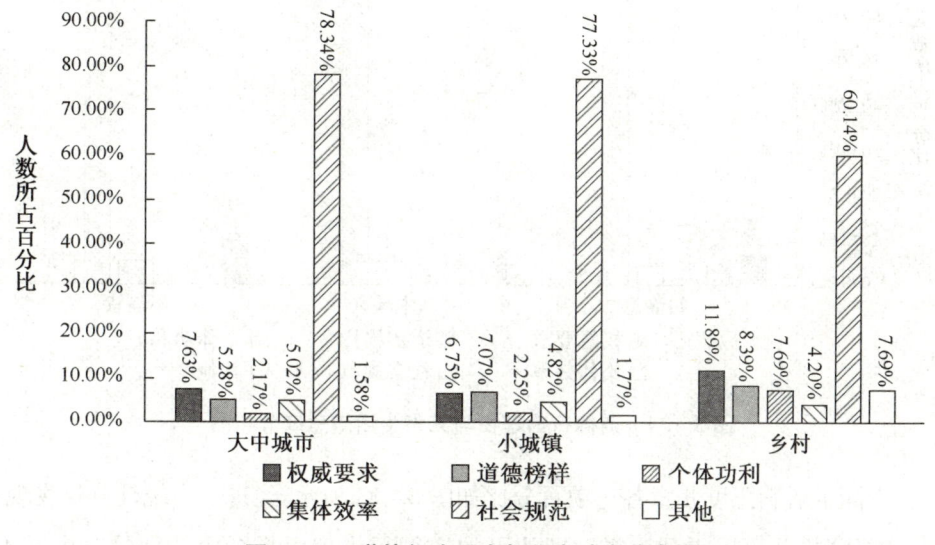

图 3-33 道德行为理由与儿童城乡分布图

城乡儿童各选项百分比如图 3-33 所示,经进一步统计分析发现:

选择"排队可以得到表扬",即认可的道德行为理由是个体功利的乡村儿童人数比例高于大中城市儿童,两者之间存在非常显著的差异($|AR|>2.58$);选择"排队是一种文明行为",即认可的道德行为理由是社会规范的大中城市儿童人数比例高于乡村儿童,两者之间存在非常显著的差异($|AR|>2.58$)。

选择"排队可以得到表扬",即认可的道德行为理由是个体功利的小城镇儿童与乡村或大中城市儿童之间不存在显著差异($|AR|\leqslant1.96$);选择"排队是一种文明行为",即认可的道德行为理由是社会规范的小城镇儿童与乡村或大中城市儿童之间不存在显著差异($|AR|\leqslant1.96$)。

在其他认可的道德行为理由上,城乡儿童之间均不存在显著差异($|AR|\leqslant1.96$)。

(4)生活满意度差异。

经差异检验发现,本省不同生活满意度儿童认可的道德行为理由总体上存在非常显著的差异(卡方值=202.986,$P \leqslant 0.01$)。

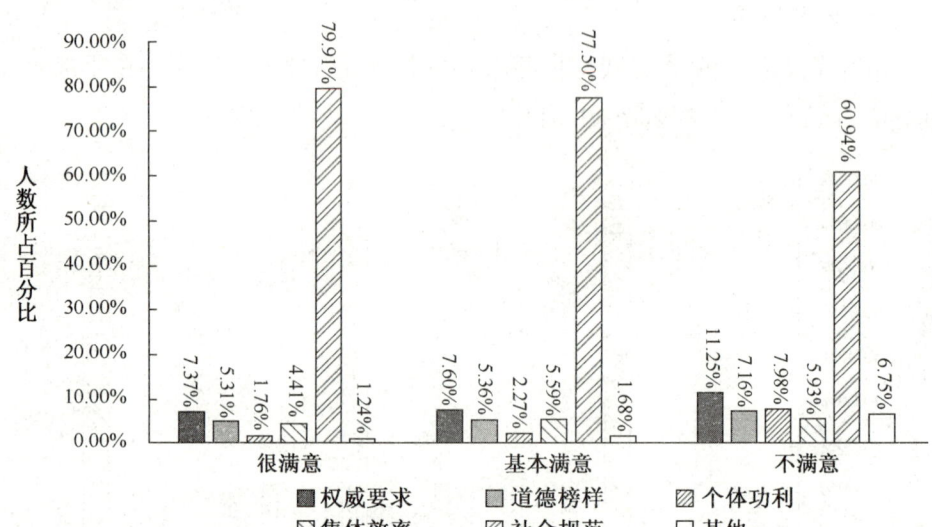

图 3-34 道德行为理由与儿童生活满意度分布图

不同生活满意度儿童各选项百分比如图 3-34 所示,经进一步统计分析发现:

选择"排队可以得到表扬",即认可的道德行为理由是个体功利的对生活不满意的儿童人数比例高于对生活很满意的儿童,两者之间存在非常显著的差异($|AR|>2.58$);选择"排队效率更快",即认可的道德行为理由是集体效率的对生活基本满意的儿童人数比例高于对生活很满意的儿童,两者之间存在非常显著的差异($|AR|>2.58$);选择"排队是一种文明行为",即认可的道德行为理由是社会规范的对生活很满意的儿童人数比例高于对生活不满意的儿童,两者之间存在非常显著的差异($|AR|>2.58$),人数比例随着生活满意程度的下降而呈现逐渐下降的趋势。

选择"老师和爸妈都教过他要自觉排队",即认可的道德行为理由是权威要求的三者之间不存在显著差异($|AR|\leqslant 1.96$);选择"经常看到自己尊敬的校长自觉排队打饭,所以自己要排队",即认可的道德行为理由是道德榜样的三者之间不存在显著差异($|AR|\leqslant 1.96$);选择"排队可以得到表扬",即认可的道德行为理由是个体功利的对生活基本满意的的儿童与对生活很满意或不满意的儿童之间不存在显著差异($|AR|\leqslant 1.96$);选择"排队效率更快",即认可的道德行为

理由是集体效率的对生活不满意的儿童与对生活很满意或基本满意的儿童之间不存在显著差异($|AR|\leqslant1.96$);选择"排队是一种文明行为",即认可的道德行为理由是社会规范的对生活基本满意的儿童与对生活很满意或不满意的儿童之间不存在显著差异($|AR|\leqslant1.96$)。

(5) 家庭生活方式差异。

经差异检验发现,本省不同家庭生活方式的儿童认可的道德行为理由总体上存在非常显著的差异(卡方值=59.156,$P\leqslant0.01$),但差异集中体现在被试对"其他"项的选择上。

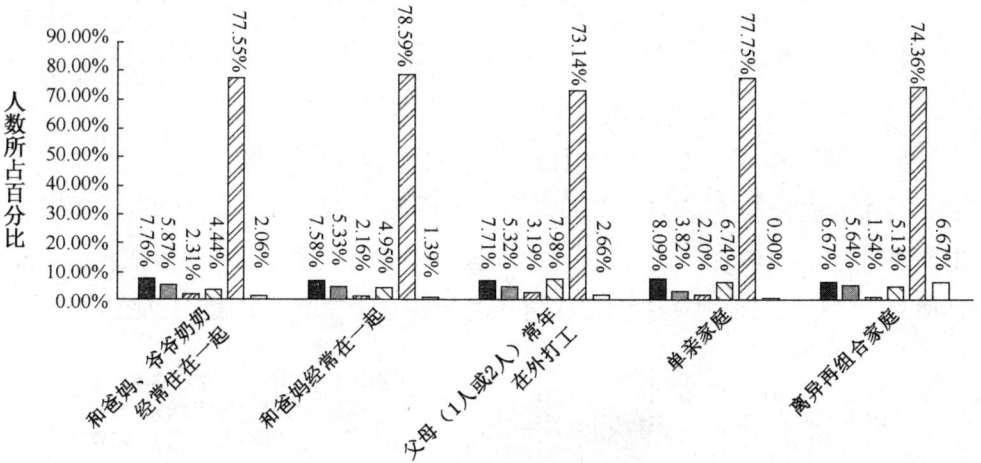

图 3-35 道德行为理由与儿童家庭生活方式分布图

不同家庭生活方式的儿童各选项百分比如图 3-35 所示,经进一步统计分析发现:

选择"排队是一种文明行为",即认可的道德行为理由是社会规范的"和爸妈经常在一起"的儿童人数比例高于"父母(1 人或 2 人)常年在外打工"的儿童,两者存在比较显著的差异($1.96<|AR|\leqslant2.58$);其他家庭生活方式的儿童之间均不存在显著差异($|AR|\leqslant1.96$)。

在其他认可的道德行为理由上,不同家庭生活方式的儿童之间均不存在显著差异($|AR|\leqslant1.96$)。

4 浙江省儿童道德行为发展状况

4.1 个人诚信行为

整体上看,本省儿童行为的诚信度高,诚信行为表现良好。

调查结果显示:本省 86.57%的儿童表示买东西多找钱时,会主动告诉卖家并退回多找的钱,诚信度较高;9.51%的儿童会因为已经远离商店而懒得把多找的钱还回去;另外的 3.92%的儿童则表示不会主动退还卖家多找的钱。(见图 4-1)

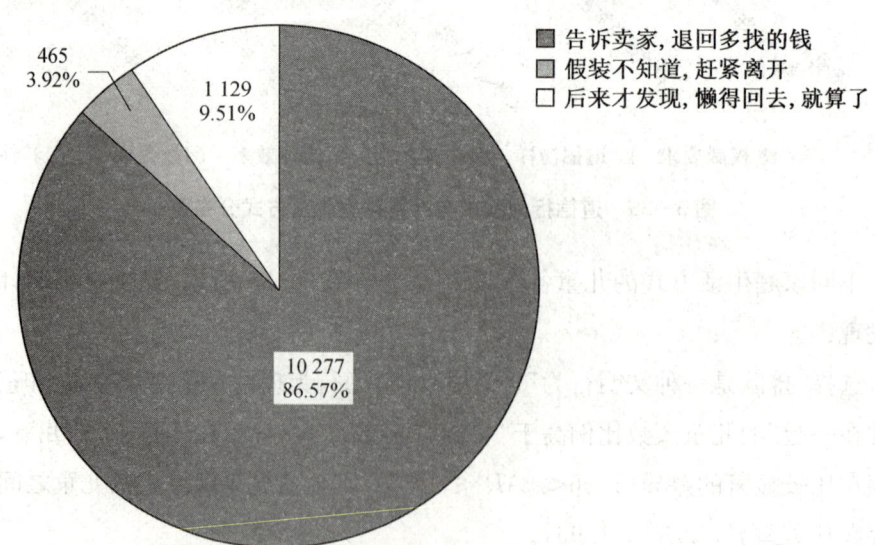

图 4-1 诚信行为与儿童人数百分比分布图

(1) 年段差异。

经差异检验发现,本省不同年段儿童的诚信行为总体上存在非常显著的差异(卡方值=382.591,$P \leqslant 0.01$)。

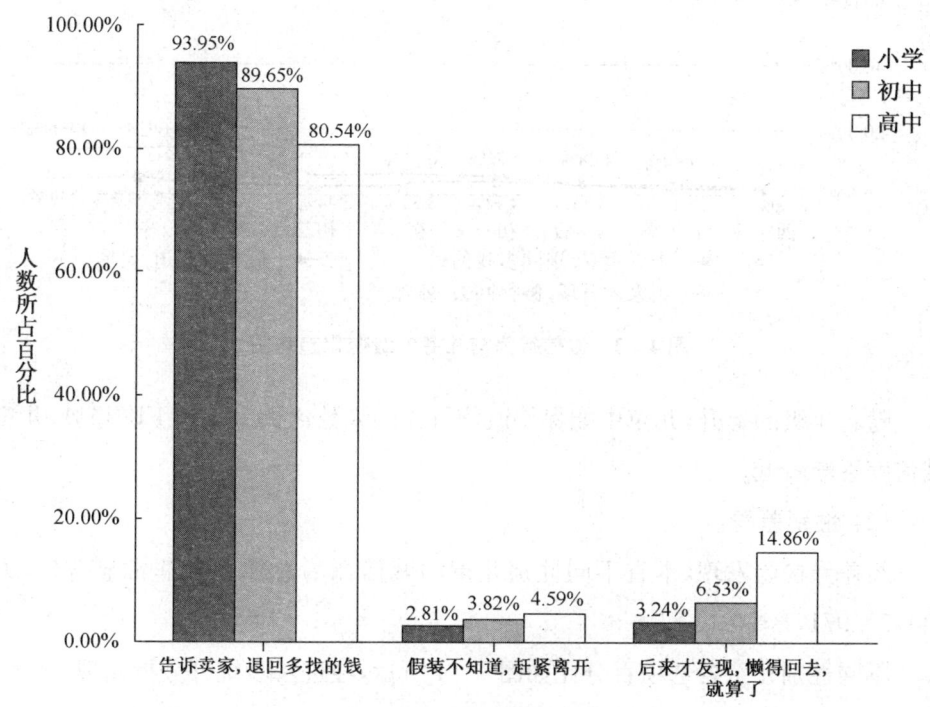

图 4-2 诚信行为与儿童年段分布图

不同年段儿童各选项百分比如图 4-2 所示,经进一步统计分析发现:

在选择诚信自律、主动归还卖家多找的钱的被试中,小学生、初中生和高中生之间表现出非常显著的差异($|AR|>2.58$),人数比例随着年段的上升而呈现逐渐下降的趋势;在选择假装不知道多找了钱的被试中,高中生和小学生之间存在非常显著的差异($|AR|>2.58$),人数比例随着年段的上升而呈现逐渐增长的趋势;在选择懒得还回去的被试中,小学生、初中生和高中生之间表现出非常显著的差异($|AR|>2.58$),人数比例随着年段的上升而呈现逐渐增长的趋势。

经差异检验发现,本省不同年级儿童的诚信行为总体上存在非常显著的差异(卡方值=410.453,$P \leqslant 0.01$)。

不同年级儿童各选项百分比如图 4-3 所示,经进一步统计分析发现:

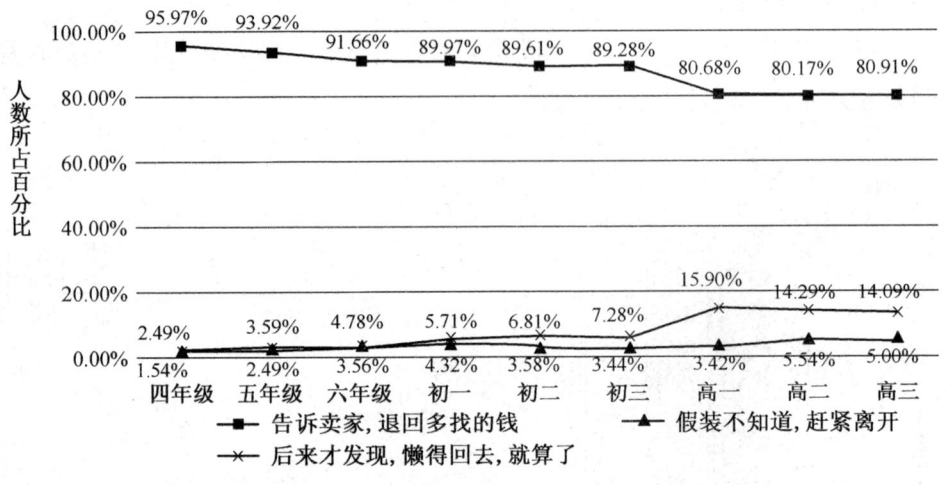

图 4-3 诚信行为与儿童年级变化趋势图

随着年级的上升,儿童中能保持诚信行为的人数比例呈小幅下降趋势,儿童诚信度逐渐降低。

(2) 性别差异。

经差异检验发现,本省不同性别儿童的诚信行为总体差异非常显著(卡方值$=59.971, P \leqslant 0.01$)。

不同性别儿童各选项百分比如图4-4所示,经进一步统计分析发现:

在选择诚信自律、主动归还卖家多找的钱的被试中,男生比例低于女生且二者差异非常显著($|AR|>2.58$);在选择假装不知道多找了钱的被试中,男生比例高于女生且二者差异非常显著($|AR|>2.58$)。

在选择懒得还回去的被试中,男女生之间不存在显著差异($|AR| \leqslant 1.96$)。

(3) 城乡差异。

经差异检验发现,本省城乡儿童的诚信行为总体差异非常显著(卡方值$=136.882, P \leqslant 0.01$)。

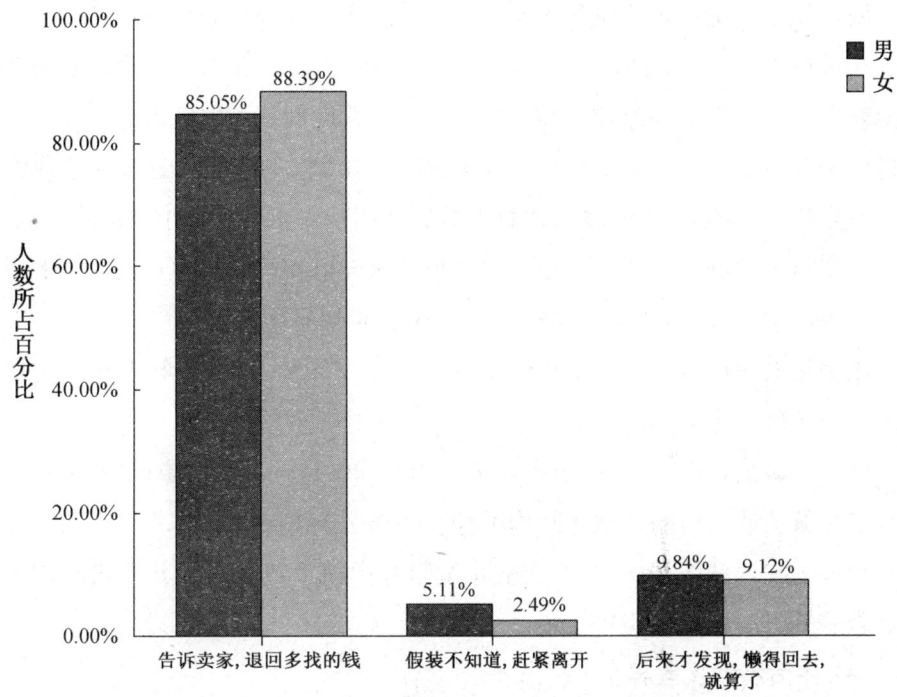

图 4-4 诚信行为与儿童性别分布图

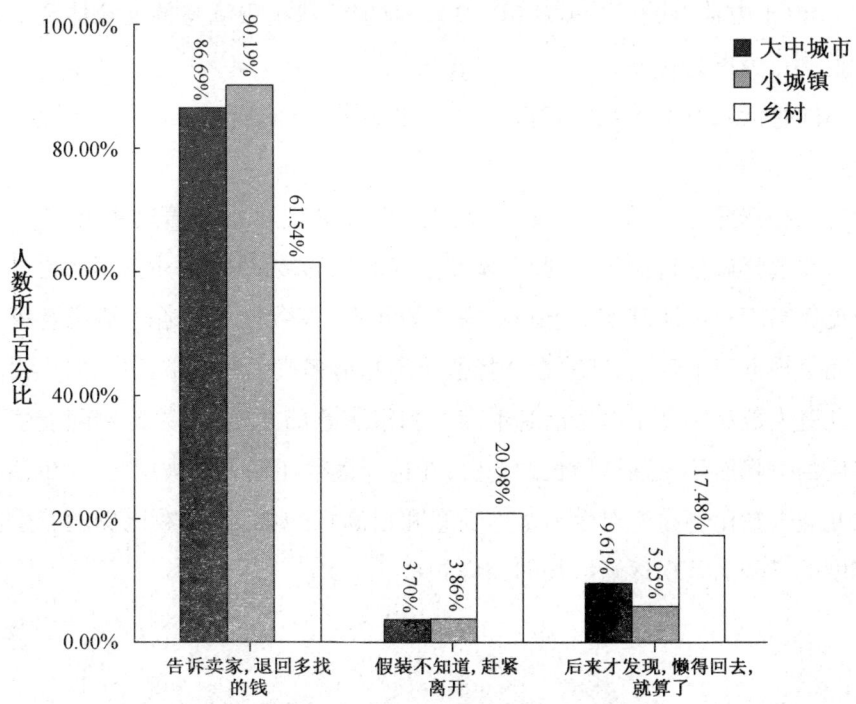

图 4-5 诚信行为与儿童城乡分布图

城乡儿童各选项百分比如图 4-5 所示,经进一步统计分析发现:

在选择诚信自律、主动归还卖家多找的钱的被试中,小城镇儿童和乡村儿童之间表现出非常显著的差异($|AR|>2.58$),人数比例从大中城市到小城镇再到乡村呈倒 V 字形走势,其中大中城市儿童人数比例高于乡村儿童;在选择假装不知道多找了钱的被试中,乡村儿童人数比例高于大中城市和小城镇的儿童,且乡村儿童与大中城市儿童间存在非常显著的差异($|AR|>2.58$);在选择懒得还回去的被试中,小城镇儿童与乡村儿童间存在非常显著的差异($|AR|>2.58$),人数比例从大中城市到小城镇再到乡村呈 V 字形走势,其中乡村儿童人数比例高于大中城市儿童。

在选择诚信自律、主动归还卖家多找的钱和懒得还回去的被试中,大中城市儿童与小城镇或乡村的儿童之间均不存在显著差异($|AR|\leqslant1.96$)。在选择假装不知道多找了钱的被试中,小城镇儿童与大中城市或乡村的儿童之间均不存在显著差异($|AR|\leqslant1.96$)。

(4) 生活满意度差异。

经差异检验发现,本省不同生活满意度儿童的诚信行为总体上存在非常显著的差异(卡方值=634.499,$P\leqslant0.01$)。对生活状况很满意的儿童体现出来的个人道德行为更为良好。

不同生活满意度的儿童各选项百分比如图 4-6 所示,经进一步统计分析发现:

在三种选择上,不同生活满意度的儿童都呈现非常显著的差异($|AR|>2.58$)。在选择诚信自律、主动归还卖家多找的钱的被试中,对生活很满意的儿童人数比例高于对生活基本满意和不满意的儿童,人数比例随着生活满意程度的下降而呈现逐渐下降的趋势;在选择假装不知道多找了钱的被试中,对生活不满意的儿童人数比例高于对生活基本满意和很满意的儿童,人数比例随着生活满意程度的下降而呈现逐渐增长的趋势;在选择懒得还回去的被试中,对生活不满意的儿童人数比例高于对生活基本满意和很满意的儿童,人数比例随着生活满意程度的下降而呈现逐渐增长的趋势。

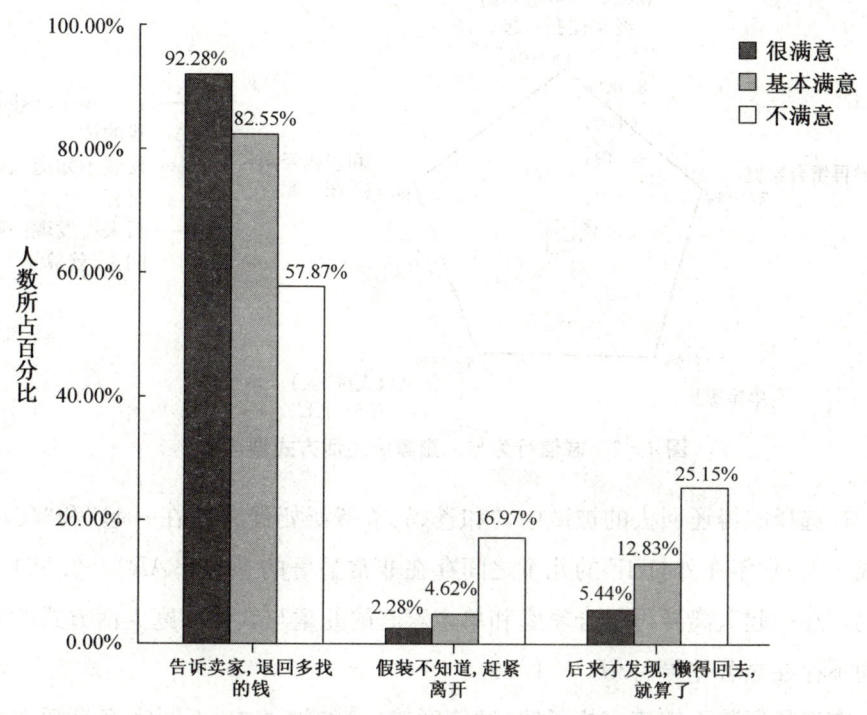

图 4-6 诚信行为与儿童生活满意度分布图

(5) 家庭生活方式差异。

经差异检验发现,本省不同家庭生活方式儿童的诚信行为总体上存在非常显著的差异(卡方值=41.421,$P\leqslant 0.01$)。

不同家庭生活方式的儿童各选项百分比如图 4-7 所示,经进一步统计分析发现:

在选择诚信自律、主动归还卖家多找的钱的被试中,"和爸妈、爷爷奶奶经常住在一起"、"父母(1 人或 2 人)常年在外打工"和离异再组合家庭的儿童之间存在非常显著的差异($|AR|>2.58$),"和爸妈住在一起"和单亲家庭的儿童与其他家庭生活方式的儿童之间不存在显著差异($|AR|\leqslant 1.96$)。

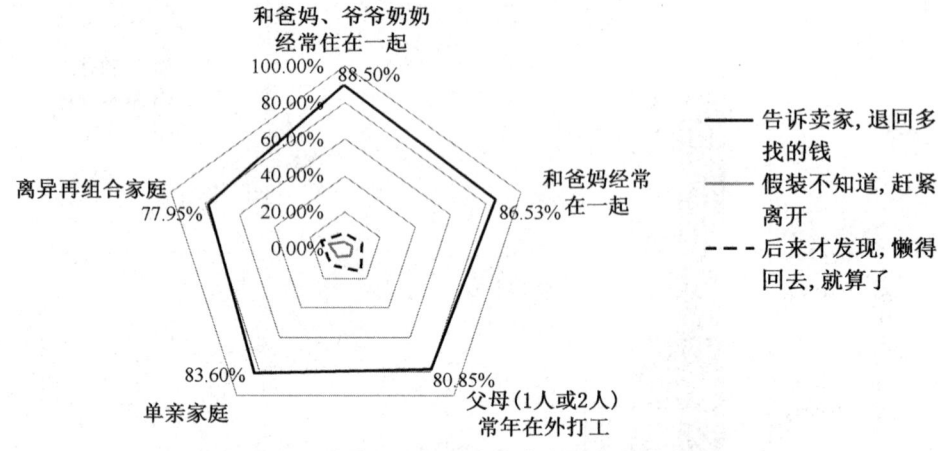

图4-7 诚信行为与儿童家庭生活方式雷达图*

在选择懒得还回去的被试中,"和爸妈、爷爷奶奶经常住在一起"和"父母(1人或2人)常年在外打工"的儿童之间存在非常显著的差异($|AR|>2.58$),"和爸妈住在一起"、离异再组合家庭和单亲家庭的儿童与其他家庭生活方式的儿童之间不存在显著差异($|AR|\leqslant1.96$)。

在选择假装不知道多找了钱(诚信度较差)的被试中,不同家庭生活方式的儿童之间差异均不显著($|AR|\leqslant1.96$)。

4.2 家庭感恩回报行为

对于家人的关心,本省79.71%的儿童能够在家庭生活中经常有感恩行为,16.48%的儿童偶尔记得并回报,另外还有3.82%的儿童常常忘记回应家人的爱,家庭感恩回报行为表现较差。(见图4-8)

---

* 此章节中关于家庭生活方式差异的分析,均采用雷达图呈现数据。为提升图片整体观感的舒适且保证分析有意义,仅罗列数据比例较高的部分,旨在呈现儿童道德行为积极性表现的状况。

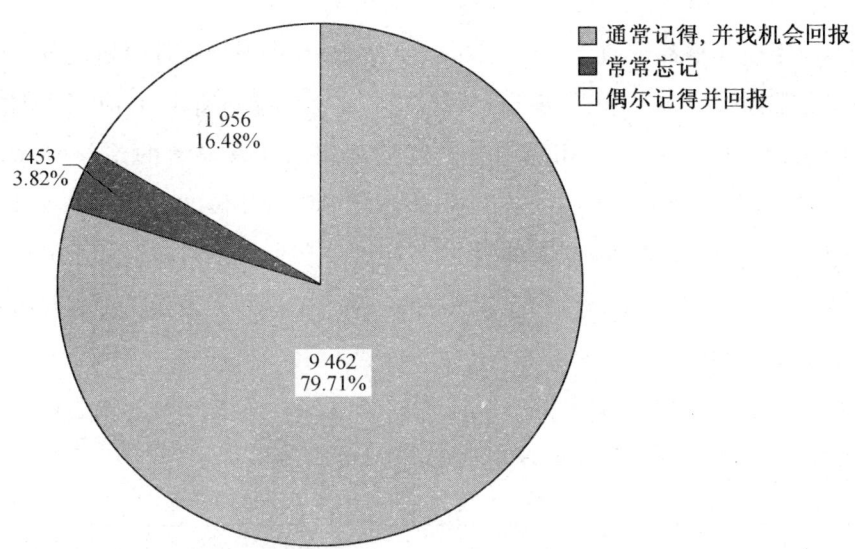

图4-8 家庭感恩回报行为与儿童人数百分比分布图

(1) 年段差异。

经差异检验发现,本省不同年段儿童的家庭感恩回报行为总体上存在非常显著的差异(卡方值＝79.244,$P \leqslant 0.01$)。

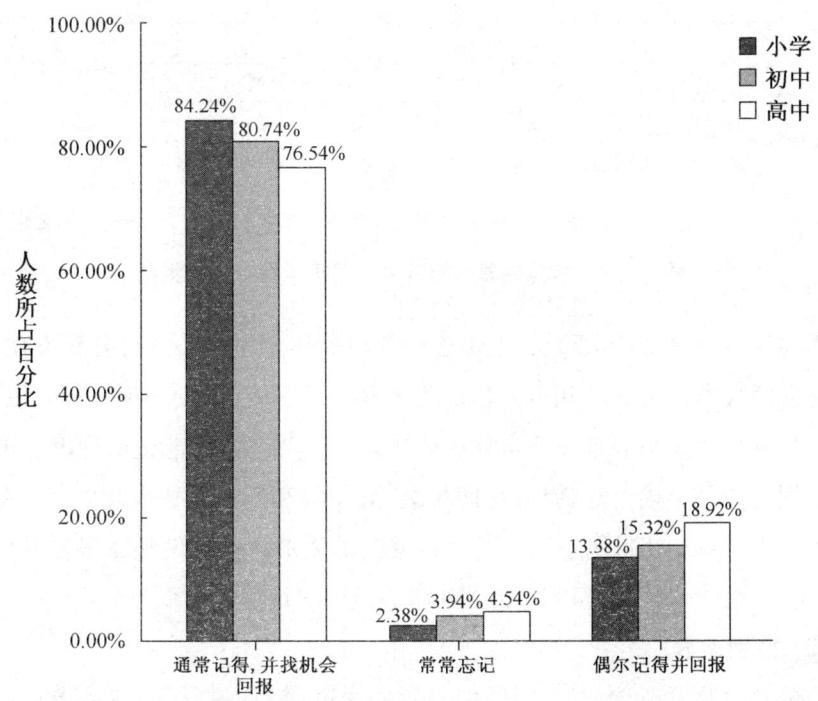

图4-9 家庭感恩回报行为与儿童年段分布图

不同年段儿童各选项百分比如图4-9所示,经进一步统计分析发现:

在通常回报家人关心、常常忘记回应家人的爱和偶尔记得回应家人的关怀的被试中,小学生、初中生和高中生之间均表现出非常显著的差异($|AR|>2.58$)。在通常回报家人关心的被试中,人数比例随着年段的上升而呈现逐渐下降的趋势;在常常忘记回应家人的爱的被试中,人数比例随着年段的上升而呈现逐渐增长的趋势;在偶尔记得回应家人的关怀的被试中,人数比例随着年段的上升而呈现逐渐增长的趋势。

经差异检验发现,本省不同年级儿童的家庭感恩回报行为总体上存在非常显著的差异(卡方值＝100.836,$P<0.01$)。

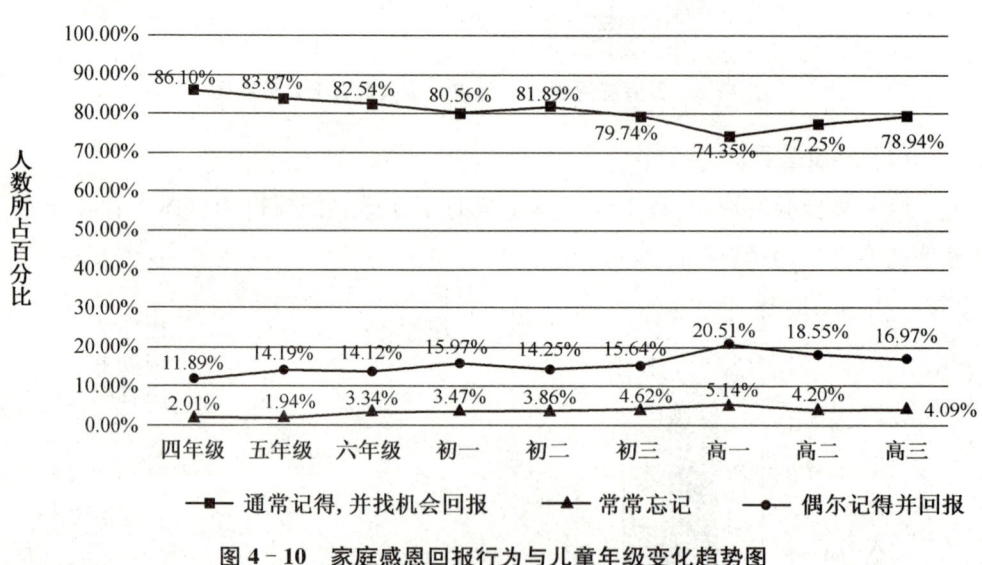

图4-10 家庭感恩回报行为与儿童年级变化趋势图

不同年级儿童各选项百分比如图4-10所示,经进一步统计分析发现:

通常回报家人关心的儿童人数比例整体呈下降趋势,四年级、五年级、高一和高二儿童彼此之间的差异非常显著($|AR|>2.58$);常常忘记回应家人的爱的人数比例整体呈小幅上涨趋势,且四年级、五年级和高一儿童彼此之间的差异非常显著($|AR|>2.58$);偶尔记得并回报家人的爱的人数比例整体呈先升后降趋势,四年级、高一、高二儿童间的差异非常显著($|AR|>2.58$)。

(2)性别差异。

经差异检验发现,本省不同性别儿童的家庭感恩回报行为总体上存在非常显著的差异(卡方值=52.780,$P \leqslant 0.01$)。

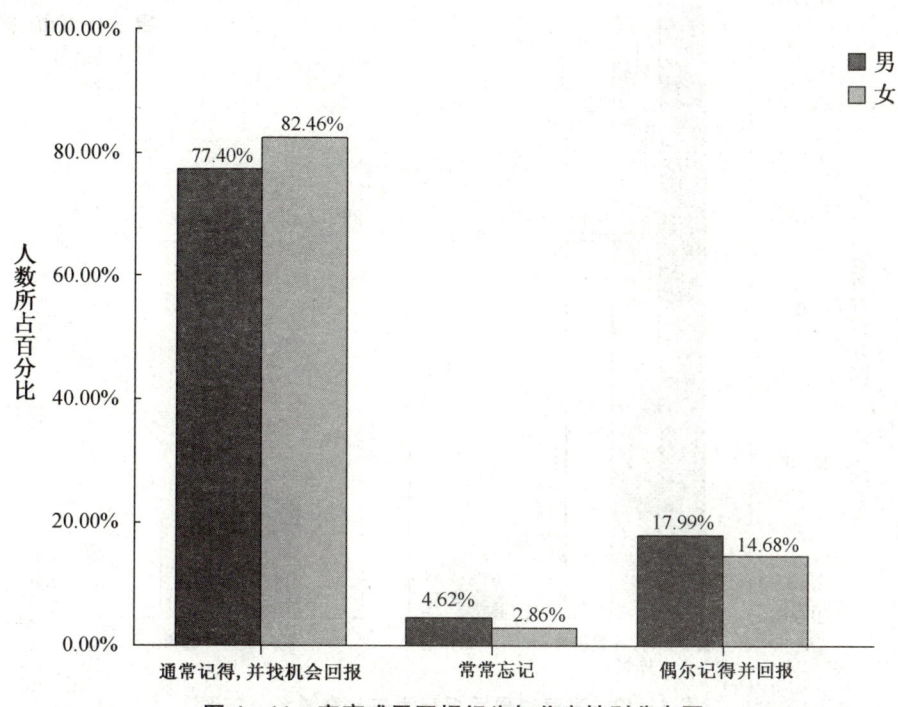

图 4-11 家庭感恩回报行为与儿童性别分布图

不同性别儿童各选项百分比如图 4-11 所示,经进一步统计分析发现:

家庭感恩回报行为表现较好(通常记得)的儿童中,男生人数比例低于女生且二者差异非常显著($|AR|>2.58$);家庭感恩回报行为表现较差(常常忘记)的儿童中,男生人数比例高于女生且二者差异非常显著($|AR|>2.58$)。

(3) 城乡差异。

经差异检验发现,本省城乡儿童的家庭感恩回报行为总体上存在非常显著的差异(卡方值=90.325,$P \leqslant 0.01$)。

城乡儿童各选项百分比如图 4-12 所示,经进一步统计分析发现:

在通常回报家人的关心和常常忘记回应家人的爱的被试中,大中城市儿童和乡村儿童间表现出比较显著的差异($1.96<|AR| \leqslant 2.58$)。

在通常回报家人的关心和常常忘记回应家人的爱的被试中,小城镇儿童与大中城市儿童或乡村儿童间不存在显著的差异($|AR| \leqslant 1.96$);在偶尔记得并回报家人关心的被试中,城乡儿童间不存在显著的差异($|AR| \leqslant 1.96$)。

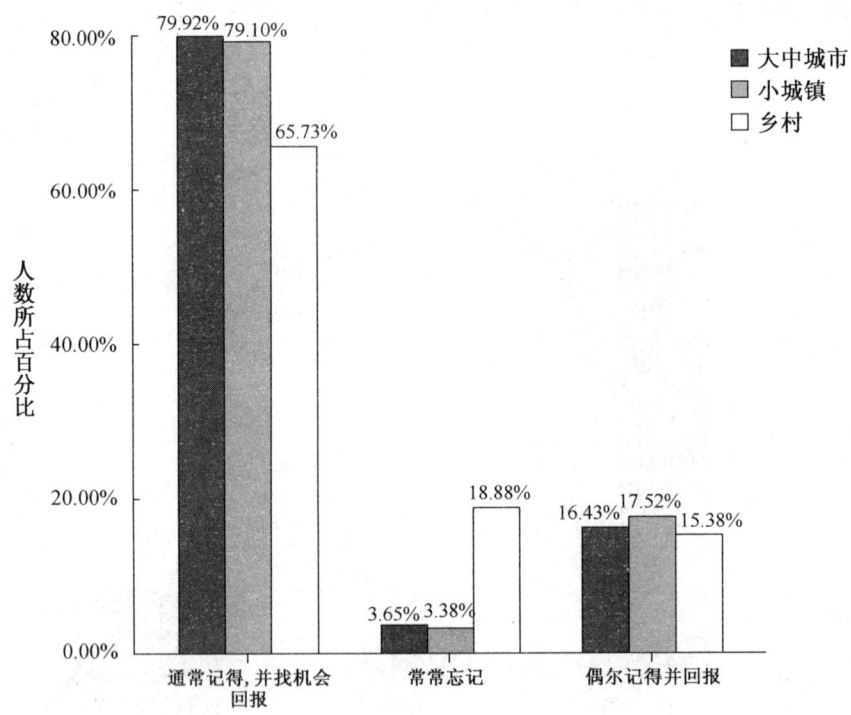

图 4-12 家庭感恩回报行为与儿童城乡分布图

(4) 生活满意度差异。

经差异检验发现,本省不同生活满意度儿童的家庭感恩回报行为总体上存在非常显著的差异(卡方值＝706.204,$P \leqslant 0.01$)。

不同生活满意度的儿童各选项百分比如图 4-13 所示,经进一步统计分析发现:

在三种选择上,不同生活满意度的儿童之间都存在非常显著的差异($|AR|>2.58$)。在通常回报家人的关心的被试中,对生活很满意的儿童人数比例高于对生活基本满意和不满意的儿童,人数比例随着生活满意程度的下降而呈现逐渐下降的趋势;在常常忘记回应家人的爱的被试中,对生活不满意的儿童人数比例高于对生活基本满意和很满意的儿童,人数比例随着生活满意程度的下降而呈现逐渐增长的趋势;在偶尔记得并回报家人的关心的被试中,对生活不满意的儿童人数比例高于对生活基本满意和很满意的儿童,人数比例随着生活满意程度的下降而呈现逐渐增长的趋势。

4 浙江省儿童道德行为发展状况

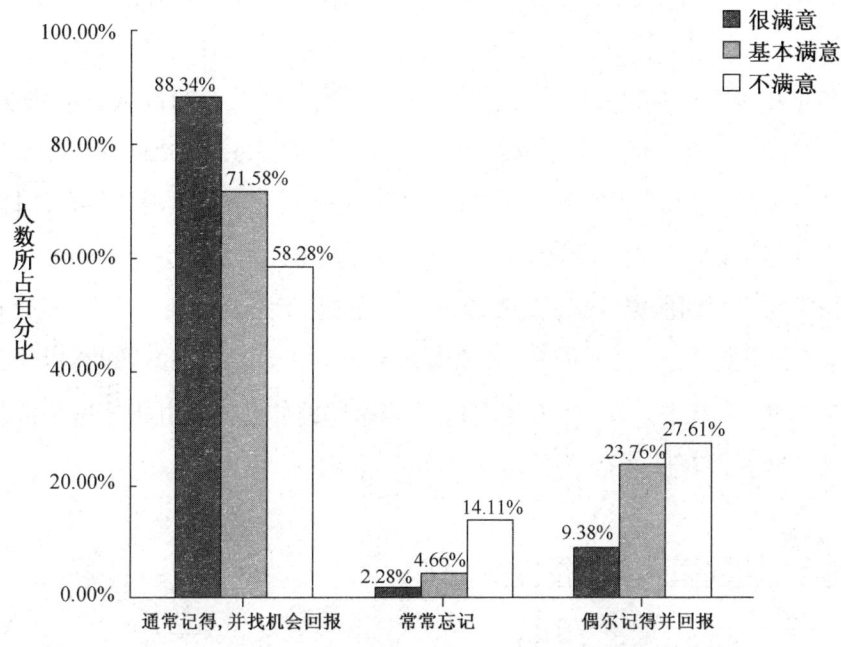

图 4-13 家庭感恩回报行为与儿童生活满意度分布图

(5) 家庭生活方式差异。

经差异检验发现,本省不同家庭生活方式儿童的家庭感恩回报行为总体上存在非常显著的差异(卡方值=74.984,$P \leqslant 0.01$)。

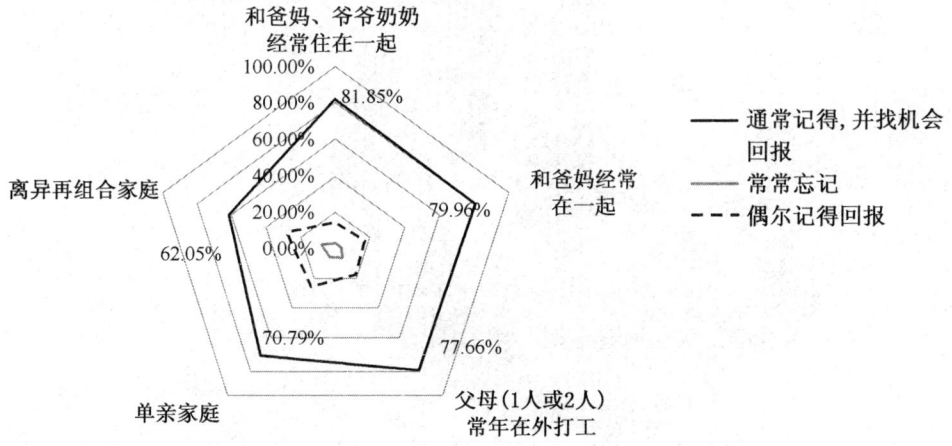

图 4-14 家庭感恩回报行为与儿童家庭生活方式雷达图

141

不同家庭生活方式的儿童各选项百分比如图 4-14 所示,经进一步统计分析发现:

在通常回报家人的关心和偶尔记得并回报家人的关心的被试中,"和爸妈、爷爷奶奶经常住在一起"、单亲家庭和离异再组合家庭的儿童之间存在非常显著的差异($|AR|>2.58$),"和爸妈住在一起"和"父母(1 人或 2 人)常年在外打工"的儿童与其他家庭生活方式的儿童之间不存在显著差异($|AR|\leqslant1.96$)。

在常常忘记回应家人的爱的被试中,"和爸妈、爷爷奶奶经常住在一起"和离异再组合家庭的儿童之间存在非常显著的差异($|AR|>2.58$),"和爸妈住在一起"、"父母(1 人或 2 人)常年在外打工"和单亲家庭的儿童与其他家庭生活方式的儿童之间不存在显著差异($|AR|\leqslant1.96$)。

4.3 同伴错误提醒行为

通过问卷数据的分析可知,本省 67.48% 的儿童面对同伴犯错都会主动提醒,26.85% 的儿童有时会指出同伴的错误之处,还有 5.67% 的儿童通常不会提醒犯错的同伴。(见图 4-15)

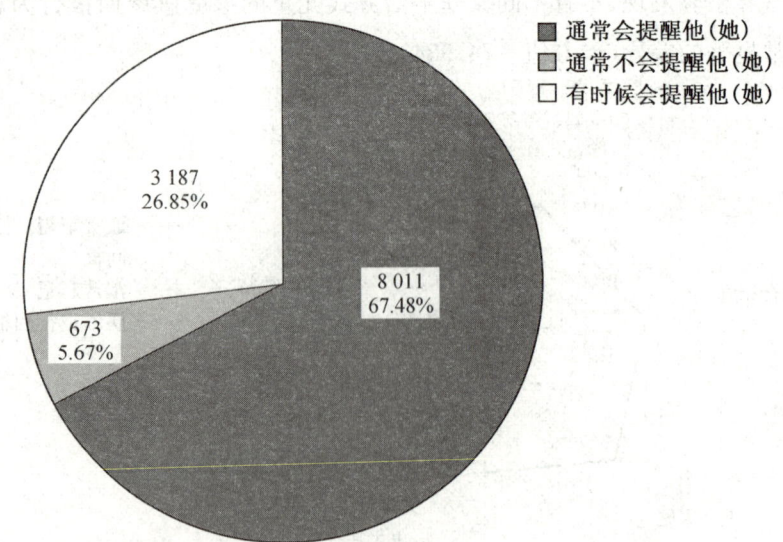

图 4-15 同伴错误提醒行为与儿童人数百分比分布图

(1) 年段差异。

经差异检验发现,本省不同年段儿童的同伴错误提醒行为总体上存在非常显著的差异(卡方值=444.836,$P \leqslant 0.01$)。

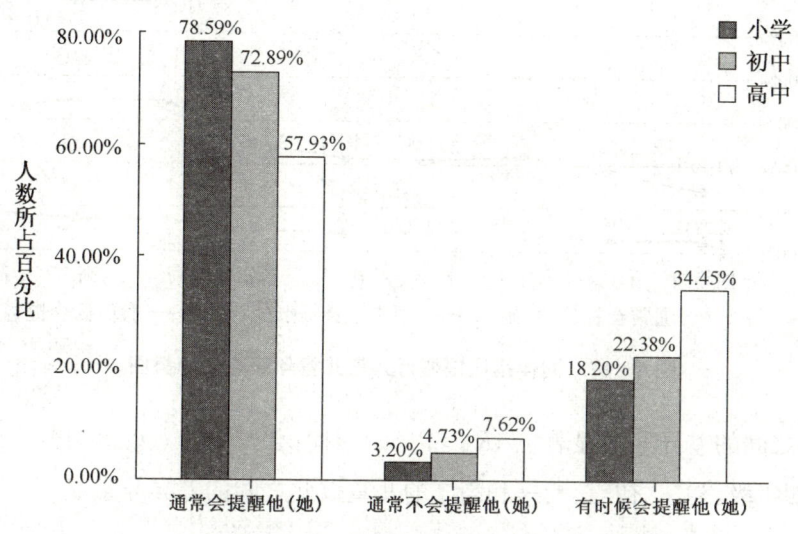

图 4-16 同伴错误提醒行为与儿童年段分布图

不同年段儿童各选项百分比如图 4-16 所示,经进一步统计分析发现:

在同伴共处中通常会指出对方错误之处、通常不会提醒同伴所犯错误和有时会提醒同伴的错误行为的被试中,小学生、初中生和高中生之间表现出非常显著的差异($|AR|>2.58$)。在同伴共处中通常会指出对方错误之处的被试中,人数比例随着年段的上升而呈现逐渐下降的趋势;在通常不会提醒同伴所犯错误的被试中,人数比例随着年段的上升而呈现逐渐增长的趋势;在有时会提醒同伴的错误行为的被试中,人数比例随着年段的上升而呈现逐渐增长的趋势。

经差异检验发现,本省不同年级儿童的同伴错误提醒行为总体上存在非常显著的差异(卡方值=474.173,$P \leqslant 0.01$)。

不同年级儿童各选项百分比如图 4-17 所示,经进一步统计分析发现:

随着年龄的增长,在同伴共处中通常能直接指出同伴错误的人数比例整体呈下降趋势,除了初三外,各年级儿童之间的差异非常显著($|AR|>2.58$);通常不会提醒的人数比例整体呈小幅上升趋势,四年级、五年级、高一、高二和高三儿

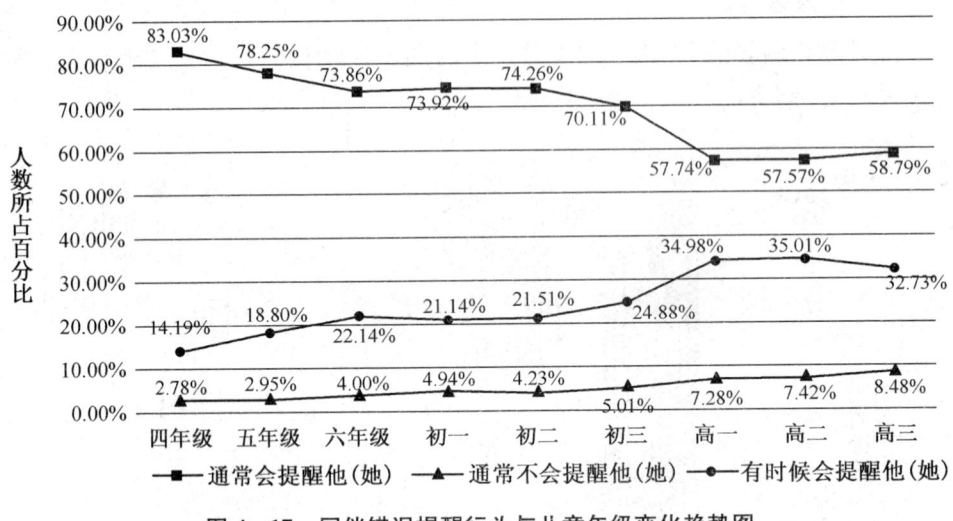

图 4-17 同伴错误提醒行为与儿童年级变化趋势图

童彼此之间的差异非常显著（$|AR|>2.58$）；有时会提醒的人数比例整体呈上升趋势，四年级、初二、初三、高一和高二的儿童彼此之间的差异非常显著（$|AR|>2.58$）。

(2) 性别差异。

经差异检验发现，本省不同性别儿童的同伴错误提醒行为总体上存在非常显著的差异（卡方值＝42.011，$P\leqslant 0.01$）。

不同性别儿童各选项百分比如图 4-18 所示，经进一步统计分析发现：

在同伴共处中通常会指出对方错误之处这一项上，男生人数比例低于女生且男女生差异非常显著（$|AR|>2.58$），在同伴共处中通常不会指出对方错误之处这一项上，男生人数比例高于女生且男女生差异非常显著（$|AR|>2.58$）。

在有时会提醒同伴这一项上，男女生差异不显著（$|AR|\leqslant 1.96$）。

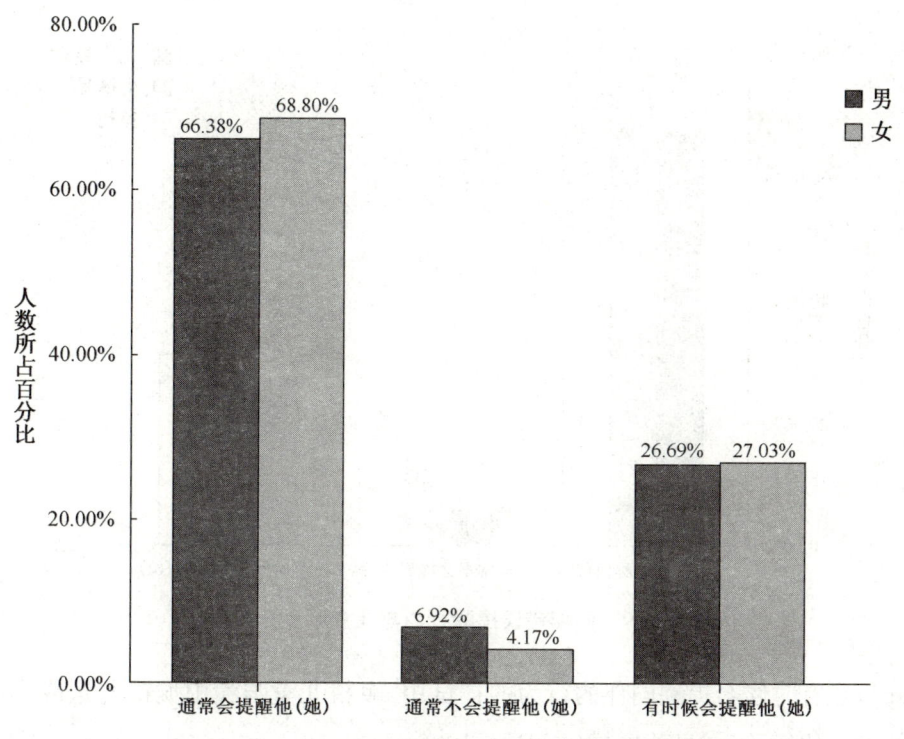

图 4-18 同伴错误提醒行为与儿童性别分布图

(3) 城乡差异。

经差异检验发现,本省城乡儿童的同伴错误提醒行为总体上存在非常显著的差异(卡方值=56.971,$P\leqslant 0.01$)。

城乡儿童各选项百分比如图 4-19 所示,经进一步统计分析发现:

在同伴共处中通常会指出对方错误之处的被试中,小城镇儿童与乡村儿童之间存在非常显著的差异($|AR|>2.58$),人数比例从大中城市到小城镇再到乡村呈倒 V 字形走势;在同伴共处中通常不会提醒同伴所犯错误的被试中,小城镇儿童与乡村儿童之间存在非常显著的差异($|AR|>2.58$),人数比例从大中城市到小城镇再到乡村呈 V 字形走势;在有时候会提醒同伴的行为的被试中,大中城市儿童和小城镇儿童之间存在比较显著的差异($1.96<|AR|\leqslant 2.58$),人数比例从大中城市到小城镇再到乡村呈 V 字形走势。

在同伴共处中通常会指出对方错误之处和通常不会提醒同伴所犯错误的被试中,大中城市儿童与小城镇儿童或乡村儿童相比,不存在显著差异($|AR|\leqslant$

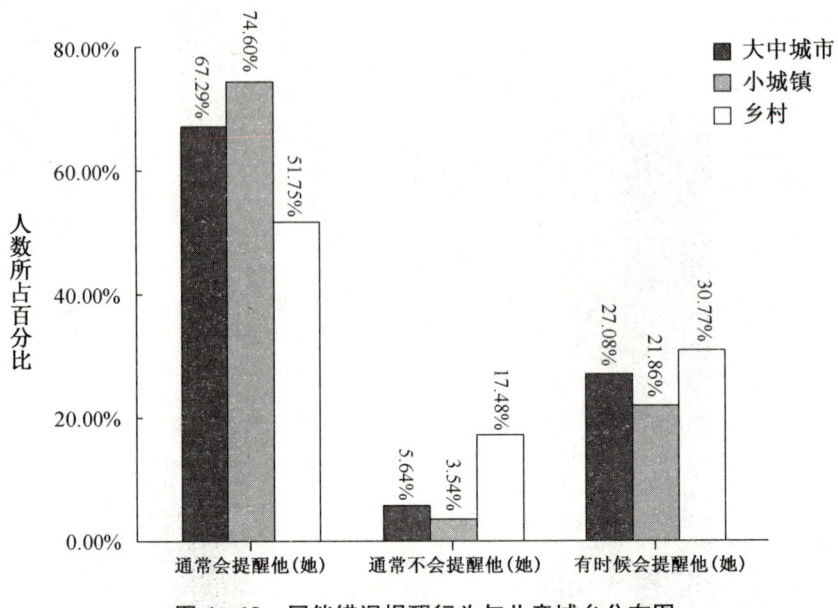

图4-19 同伴错误提醒行为与儿童城乡分布图

1.96);在有时候会提醒同伴的行为的被试中,乡村儿童与大中城市儿童或小城镇儿童相比,不存在显著差异($|AR|\leqslant 1.96$)。

(4) 生活满意度差异。

经差异检验发现,本省不同生活满意度儿童的同伴错误提醒行为总体上存在非常显著的差异(卡方值=641.099,$P\leqslant 0.01$)。

不同生活满意度的儿童各选项百分比如图4-20所示,经进一步统计分析发现:

在三种选择上,不同生活满意度的儿童之间都存在非常显著的差异($|AR|>2.58$)。在同伴共处中通常会指出对方错误之处的被试中,人数比例随着生活满意程度的下降而呈现逐渐下降的趋势;在通常不会提醒同伴所犯错误的被试中,人数比例随着生活满意程度的下降而呈现逐渐增长的趋势;在有时候会提醒同伴的行为的被试中,人数比例随着生活满意程度的下降而呈现倒V字形走势。

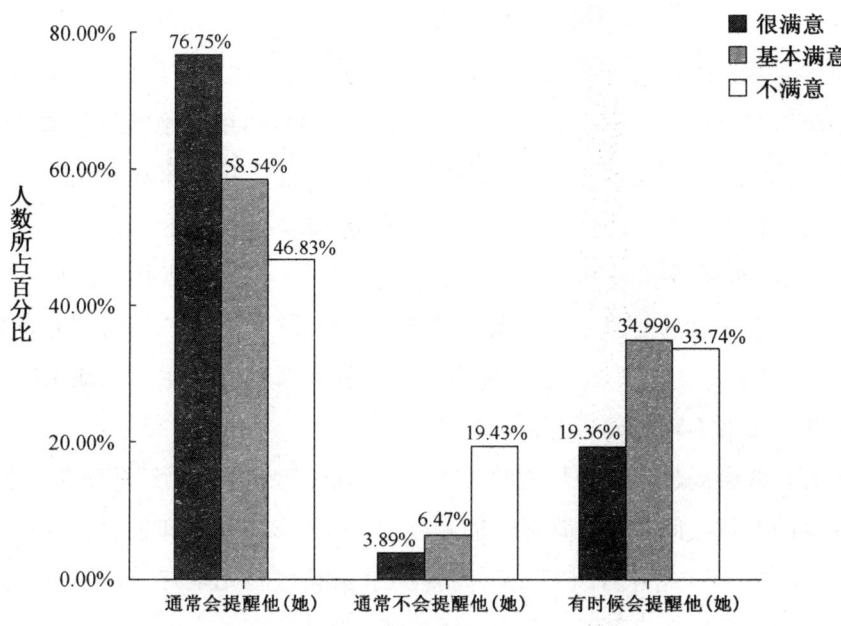

图 4-20 同伴错误提醒行为与儿童生活满意度分布图

(5) 家庭生活方式差异。

经差异检验发现,本省不同家庭生活方式的儿童的同伴错误提醒行为总体上存在非常显著的差异(卡方值＝70.263,$P \leqslant 0.01$)。

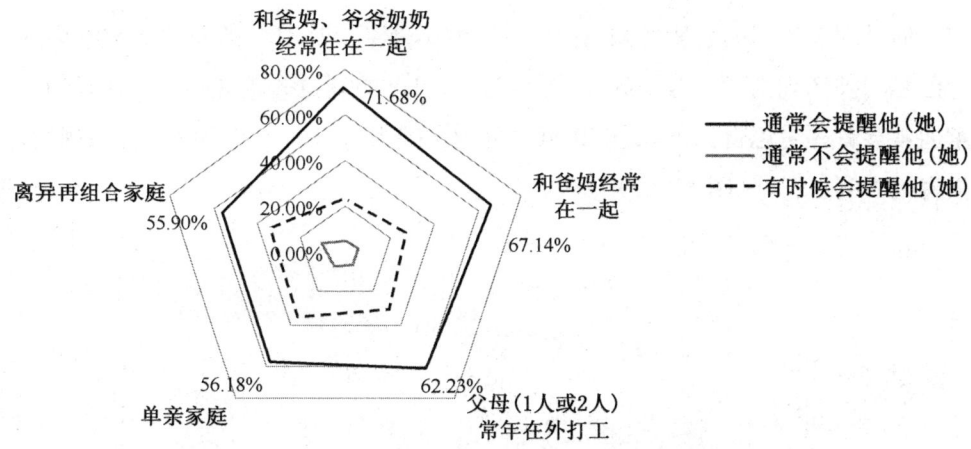

图 4-21 同伴错误提醒行为与儿童家庭生活方式雷达图

不同家庭生活方式的儿童各选项百分比如图 4-21 所示,经进一步统计分析发现:

在同伴共处中通常会指出对方错误之处的被试中,"和爸妈、爷爷奶奶经常住在一起"、"父母(1 人或 2 人)常年在外打工"和离异再组合家庭的儿童之间存在非常显著的差异($|AR|>2.58$),"和爸妈住在一起"、单亲家庭的儿童与其他家庭生活方式的儿童之间不存在显著差异($|AR|\leq1.96$)。

在通常不会提醒同伴所犯错误的被试中,"和爸妈、爷爷奶奶经常住在一起"和离异再组合家庭的儿童之间存在非常显著的差异($|AR|>2.58$),"和爸妈住在一起"、"父母(1 人或 2 人)常年在外打工"、单亲家庭的儿童与其他家庭生活方式的儿童之间不存在显著差异($|AR|\leq1.96$)。

在有时候会提醒同伴的行为的被试中,"和爸妈、爷爷奶奶经常住在一起"和单亲家庭的儿童之间存在非常显著的差异($|AR|>2.58$),"和爸妈住在一起"、"父母(1 人或 2 人)常年在外打工"、离异再组合家庭的儿童与其他家庭生活方式的儿童之间不存在显著差异($|AR|\leq1.96$)。

4.4 公共生活行为

4.4.1 违反规则的行为

通过问卷数据的分析可知,在公共生活中,本省 61.81% 的儿童通常不会为一己私利破坏规则,20.23% 的儿童偶尔会为自己的利益逾越规则,17.96% 的儿童通常会首先考虑自己的利益,甚至很可能会因为自身的利益而破坏公共规则、损害他人利益。(见图 4-22)

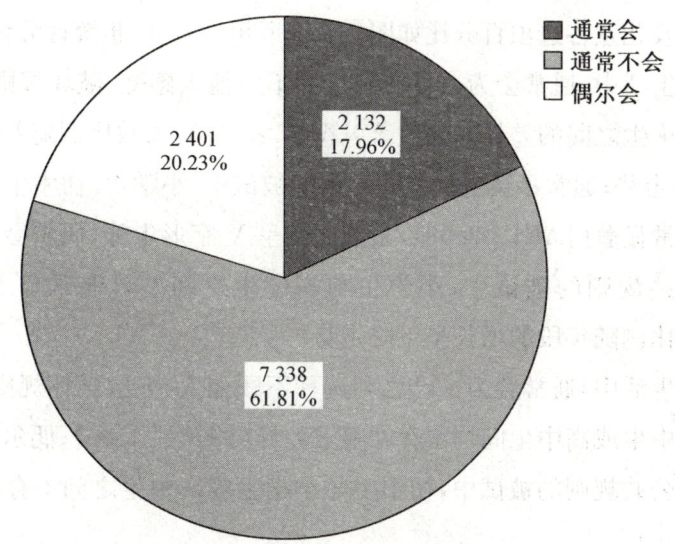

图4-22 违反规则行为与儿童人数百分比分布图

(1) 年段差异。

经差异检验发现,本省不同年段儿童的违反规则行为总体上存在非常显著的差异(卡方值=131.616,$P \leqslant 0.01$)。

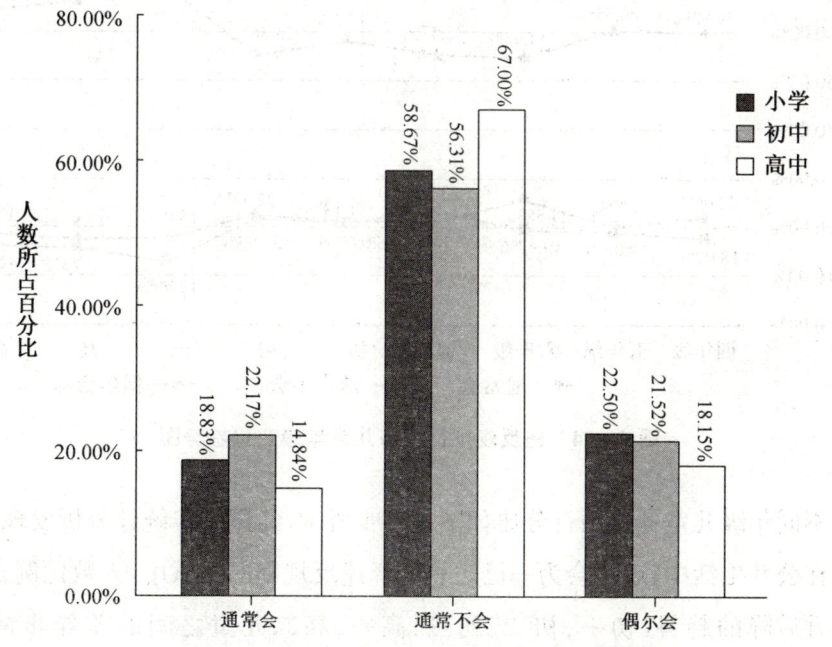

图4-23 违反规则行为与儿童年段分布图

不同年段儿童各选项百分比如图4-23所示,经进一步统计分析发现:

在公共生活中,通常会为一己之利选择不顾他人感受、破坏规则的被试中,初中生和高中生之间的差异非常显著($|AR|>2.58$),人数比例随着年段的上升呈倒V字形走势;通常不会选择只顾私利的被试中,小学生、初中生和高中生之间的差异非常显著($|AR|>2.58$),人数比例呈V字形走势;偶尔会为个人利益选择破坏公共规则的被试中,小学生与高中生之间差异非常显著($|AR|>2.58$),人数比例随年段的增长呈下降走势。

在公共生活中,通常会为一己之利选择不顾他人感受、破坏规则的被试中,小学生与初中生或高中生间均不存在显著差异($|AR|\leqslant1.96$);偶尔会为个人利益选择破坏公共规则的被试中,初中生与小学生或高中生之间不存在显著差异($|AR|\leqslant1.96$)。

经差异检验发现,本省不同年级儿童的违反规则行为总体上存在非常显著的差异(卡方值=155.176,$P\leqslant0.01$)。

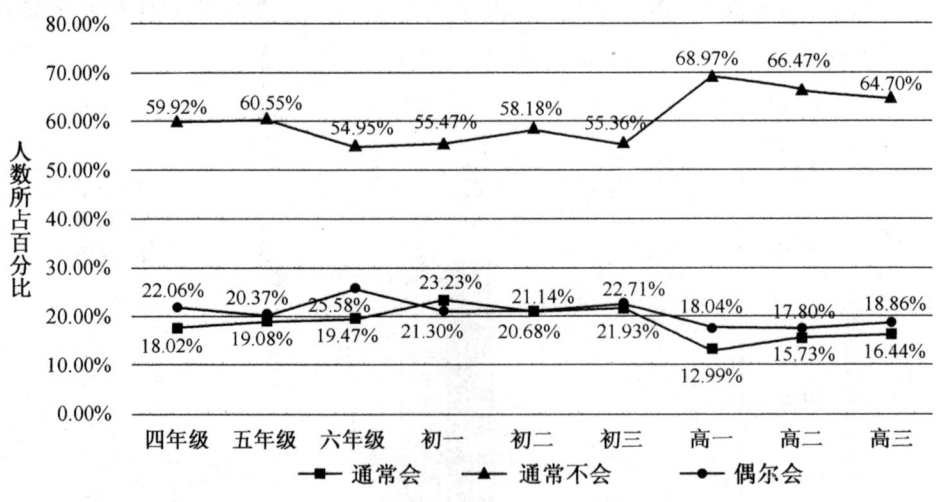

图4-24 违反规则行为与儿童年级变化趋势图

不同年级儿童各选项百分比如图4-24所示,经进一步统计分析发现:

在公共生活中,通常会为一己之私选择违反规则的被试中,人数比例整体上呈先升后降的趋势,初一、初二、初三、高一、高二儿童之间的差异非常显著($|AR|>2.58$),其余年级差异不显著($|AR|\leqslant1.96$);通常不会选择只顾私利的

被试中,人数比例整体上呈先降后升的趋势,初一、初二、初三、高一、高二儿童之间的差异非常显著(|AR|>2.58),其余年级差异不显著(|AR|≤1.96)。

在公共生活行为中,儿童逐渐能够做到遵守规则以及照顾他人感受,偶尔会为个人利益不顾他人感受的被试中,人数比例整体呈下降趋势,且六年级、高一、高二儿童之间的差异非常显著(|AR|>2.58),其余年级差异不显著(|AR|≤1.96)。

(2) 性别差异。

经差异检验发现,本省不同性别儿童的违反规则行为总体上存在非常显著的差异(卡方值=325.910,$P \leq 0.01$)。

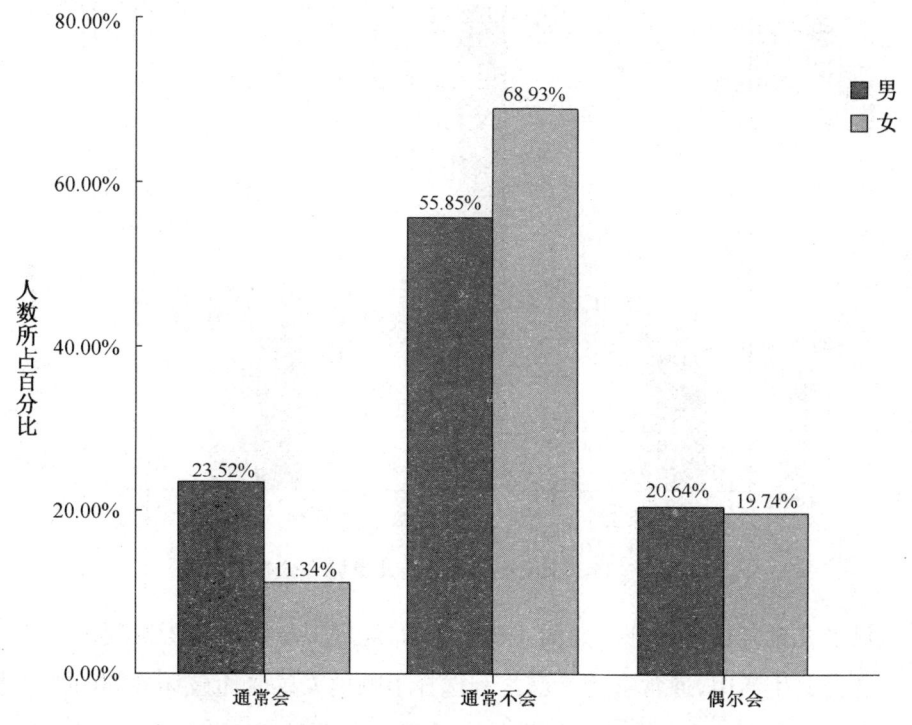

图 4-25 违反规则行为与儿童性别分布图

不同性别儿童各选项百分比如图 4-25 所示,经进一步统计分析发现:

在公共生活中,通常会为一己之利选择不顾他人感受而破坏规则和通常不会选择只顾私利的被试中,男女生间的差异非常显著(|AR|>2.58)。通常会为一己之利选择不顾他人感受而破坏规则的被试中,男生人数比例高于女生;通常

不会选择只顾私利的被试中,女生人数比例高于男生。

偶尔会为一己私利不顾他人感受的被试中,男生人数比例高于女生,二者差异不显著($|AR|\leqslant1.96$)。

(3) 城乡差异。

经差异检验发现,本省城乡儿童的违反规则行为总体上存在非常显著的差异(卡方值=37.071,$P\leqslant0.01$)。

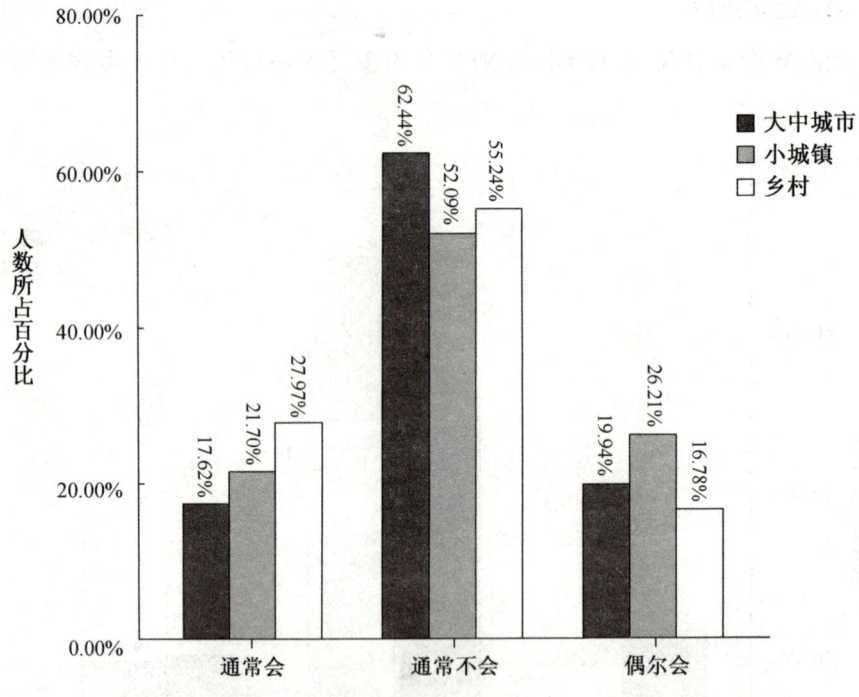

图 4-26 违反规则行为与儿童城乡分布图

城乡儿童各选项百分比如图 4-26 所示,经进一步统计分析发现:

在公共生活中,通常会为一己之利选择不顾他人感受而破坏规则的被试中,乡村儿童与大中城市儿童或小城镇儿童之间的差异非常显著($|AR|>2.58$),人数比例从大中城市到小城镇再到乡村呈逐渐增长的趋势;通常不会选择只顾私利的被试中,大中城市儿童和小城镇儿童之间的差异非常显著($|AR|>2.58$),人数比例从大中城市到小城镇再到乡村呈 V 字形走势;偶尔会为一己私利选择不顾他人感受的被试中,大中城市儿童和小城镇儿童间的差异非常显著($|AR|>$

2.58),人数比例从大中城市到小城镇再到乡村呈倒 V 字形走势。

在公共生活中,通常会为一己之利选择不顾他人感受而破坏规则的被试中,小城镇儿童与大中城市儿童或乡村儿童间不存在显著的差异($|AR|\leqslant 1.96$);通常不会选择只顾私利和偶尔会为一己私利选择不顾他人感受的被试中,乡村儿童与大中城市儿童或小城镇儿童间不存在显著的差异($|AR|\leqslant 1.96$)。

(4)生活满意度差异。

经差异检验发现,本省不同生活满意度儿童的违反规则行为总体上存在非常显著的差异(卡方值=140.105,$P\leqslant 0.01$)。

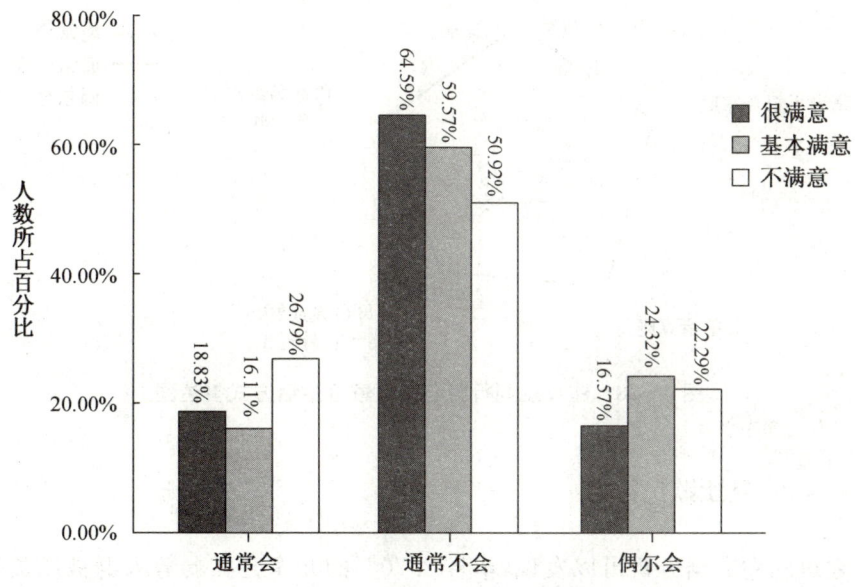

图 4-27 违反规则行为与儿童生活满意度分布图

不同生活满意度的儿童各选项百分比如图 4-27 所示,经进一步统计分析发现:

在公共生活中,通常会为一己之利选择不顾他人感受、破坏规则的被试中,不同生活满意度的儿童都呈现非常显著的差异($|AR|>2.58$),人数比例随着生活满意程度的下降呈 V 字形走势;通常不会选择只顾私利的被试中,不同生活满意度的儿童都呈现非常显著的差异($|AR|>2.58$),人数比例随着生活满意程度的下降呈逐渐下降的趋势;偶尔会为一己私利选择不顾他人感受的被试中,对生活很满意和基本满意的儿童之间的差异非常显著($|AR|>2.58$),人数比例随

着生活满意程度的下降呈倒V字形走势。

在公共生活中偶尔会为一己私利不顾他人感受的被试中,对生活不满意的儿童与对生活很满意或基本满意的儿童之间不存在显著的差异($|AR|\leqslant 1.96$)。

(5) 家庭生活方式差异。

经差异检验发现,不同家庭生活方式的儿童总体差异不显著(卡方值=11.957,$P>0.05$)。不同家庭生活方式的儿童选择如图4-28所示。

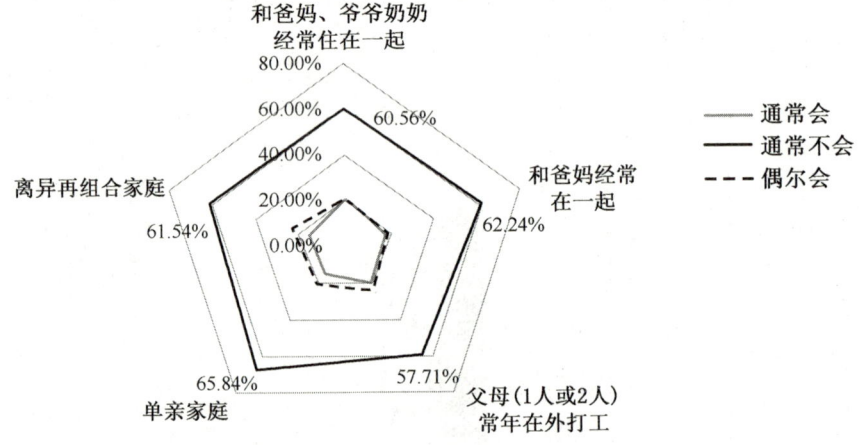

图4-28 违反规则行为与儿童家庭生活方式雷达图

4.4.2 制止欺负行为

通过问卷数据分析可以发现,本省2.70%的儿童会在弱势人群被欺负时想"去看看好不好玩";9.32%的儿童则是因为"不想多事",而忽视他人的痛苦和需求;31.39%的儿童有制止欺负弱势人群的倾向,但又因害怕自己惹上麻烦而不敢上前;10.86%的儿童会上前劝止欺负弱势人群的行为,否则就报告老师或家长;45.73%的儿童会在弱势人群陷入困境的时候伸出援助之手,必要时还会寻求周围其他人的帮助。(见图4-29)

(1) 年段差异。

经差异检验发现,本省不同年段儿童的制止欺负行为总体上存在非常显著的差异(卡方值=775.782,$P\leqslant 0.01$)。

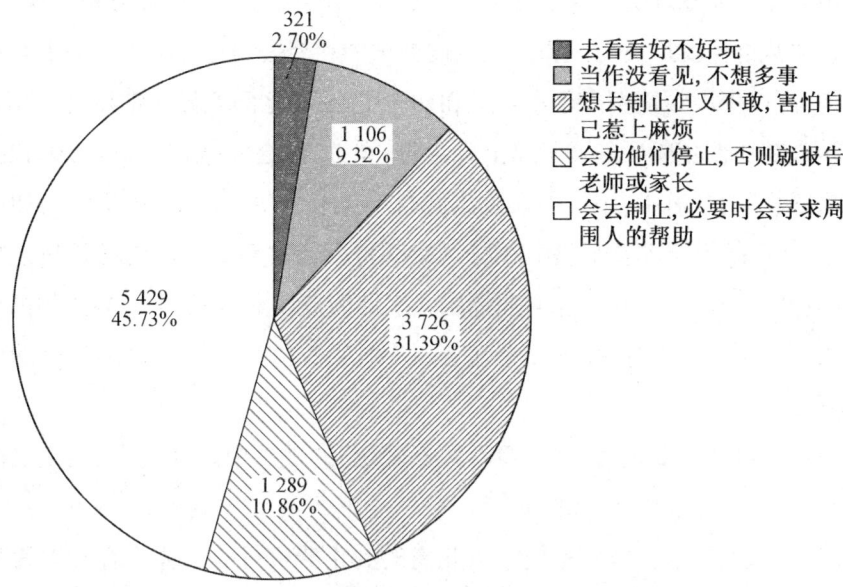

图 4-29 制止欺负行为与儿童人数百分比分布图

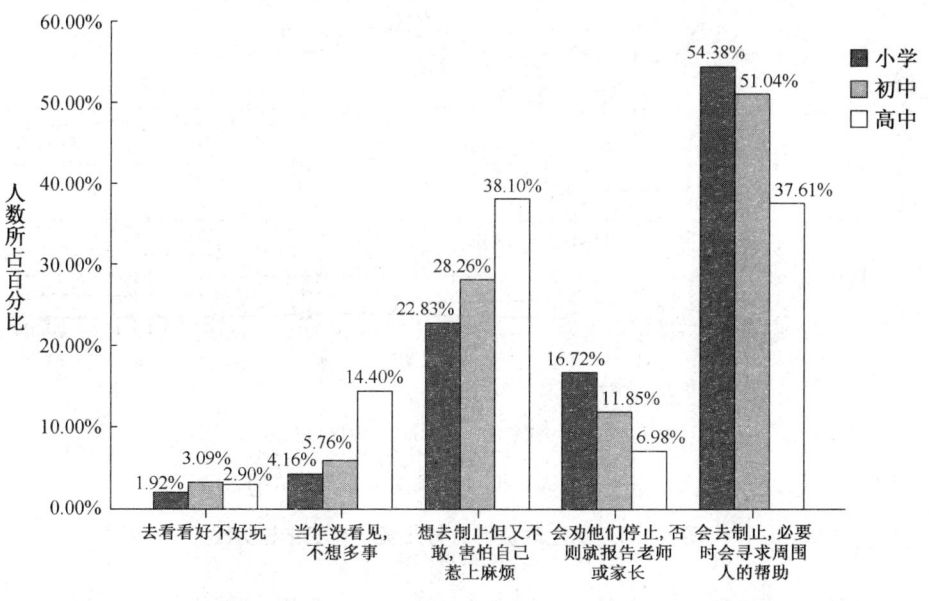

图 4-30 制止欺负行为与儿童年段分布图

不同年段儿童各选项百分比如图 4-30 所示,经进一步统计分析发现:

在弱势群体受欺负时当作没看见的被试中和想去制止却又害怕惹上麻烦的被试中,高中生人数比例高于小学生和初中生,三者之间差异非常显著($|AR|>2.58$),人数比例随年段的增长呈上升走势;在选择"会劝他们停止,否则就报告老师或家长"的被试中,小学生人数比例高于初中生和高中生,小学生与初中生或高中生相比,差异非常显著($|AR|>2.58$),人数比例随年段的增长呈下降走势;在选择上前制止并在必要时向周围人求助的被试中,小学生人数比例高于初中生和高中生,三者之间差异非常显著($|AR|>2.58$),人数比例随年段的增长呈下降走势。

在弱势群体受欺负时想"去看看好不好玩"的被试中,不同年段儿童之间不存在显著的差异($|AR|\leqslant 1.96$)。

经差异检验发现,本省不同年级儿童的制止欺负行为总体上存在非常显著的差异(卡方值 $=873.964, P\leqslant 0.01$)。

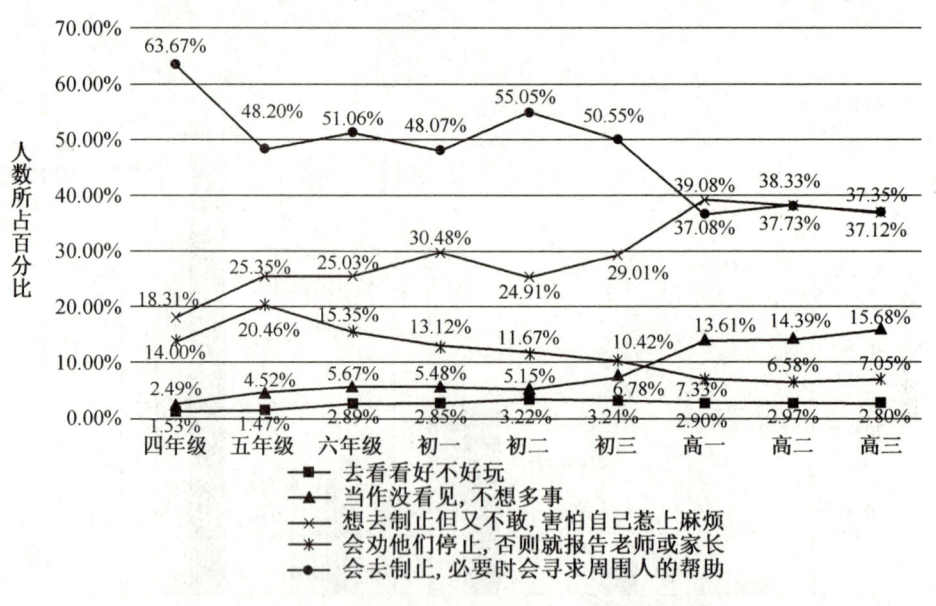

图 4-31 制止欺负行为与儿童年级变化趋势图

不同年级儿童各选项百分比如图 4-31 所示,经进一步统计分析发现:

随着年级的上升,儿童中"去看看好不好玩"的人数比例整体呈平稳趋势,且

四年级和五年级间的差异比较显著(1.96<|AR|≤2.58);不想多事、怕惹上麻烦的人数比例也有增长的趋势,且各个年级之间的差异非常显著(|AR|>2.58);会上前制止并在必要时向周围人求助的人数比例波动较大,五年级下降后初中阶段有所上升,高中阶段又大幅降低,除五年级、初一外,其他各年级儿童之间的差异非常显著(|AR|>2.58)。

(2)性别差异。

经差异检验发现,本省不同性别儿童的制止欺负行为总体上存在非常显著的差异(卡方值=182.389,P≤0.01)。

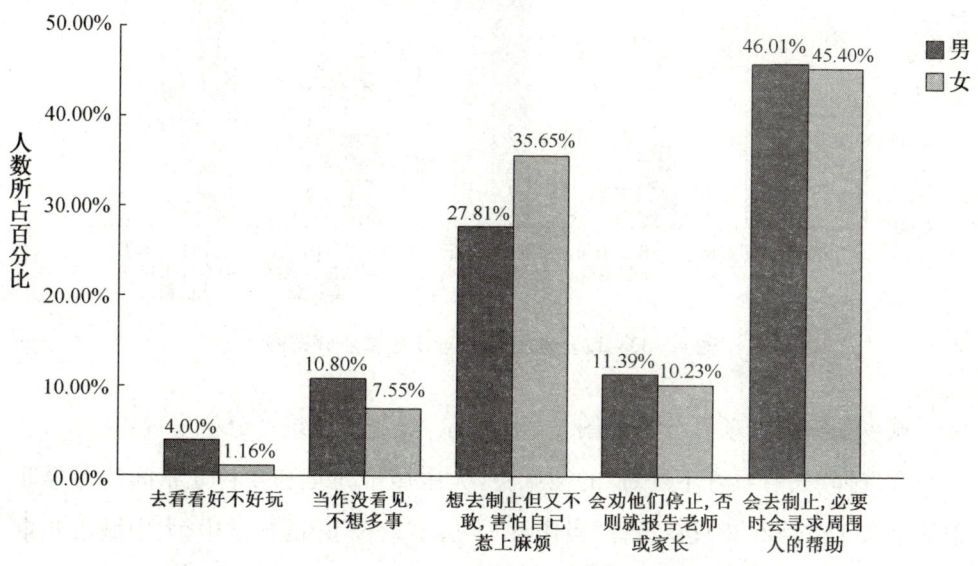

图4-32 制止欺负行为与儿童性别分布图

不同性别儿童各选项百分比如图4-32所示,经进一步统计分析发现:

在选择"去看看好不好玩"、"当作没看见,不想多事"和"想去制止但又不敢,害怕自己惹上麻烦"的被试中,男女生之间存在非常显著的差异(|AR|>2.58)。

在选择"会劝他们停止,否则就报告老师或家长"的被试中,男女生间存在比较显著的差异(1.96<|AR|≤2.58)。

在选择"会去制止,必要时会寻求周围人的帮助"的被试中,男女生之间不存在显著差异(|AR|≤1.96)。

(3) 城乡差异。

经差异检验发现,本省城乡儿童的制止欺负行为总体上存在非常显著的差异(卡方值=186.851,$P \leqslant 0.01$)。

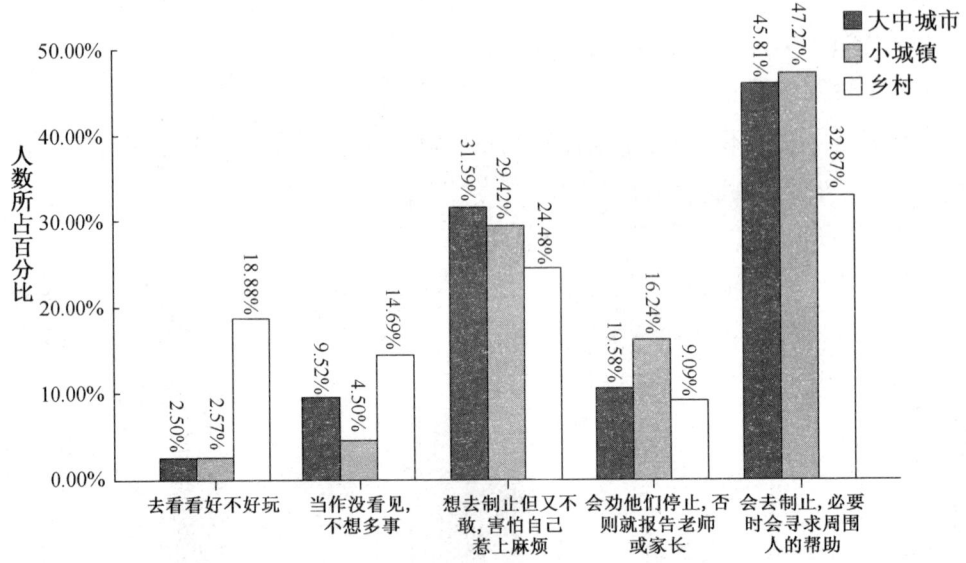

图 4-33 制止欺负行为与儿童城乡分布图

城乡儿童各选项百分比如图 4-33 所示,经进一步统计分析发现:

在选择"去看看好不好玩"的被试中,大中城市儿童和乡村儿童间的差异非常显著($|AR|>2.58$);在选择"当作没看见,不想多事"的被试中,大中城市儿童和小城镇儿童间的差异非常显著($|AR|>2.58$),人数比例从大中城市到小城镇再到乡村呈 V 字形走势;在选择"会劝他们停止,否则就报告老师或家长"的被试中,大中城市儿童和小城镇儿童间的差异非常显著($|AR|>2.58$),人数比例从大中城市到小城镇再到乡村呈倒 V 字形走势。

在选择"当作没看见,不想多事"的被试中,乡村儿童人数比例高于大中城市儿童和小城镇儿童,乡村儿童与大中城市儿童或小城镇儿童间存在比较显著的差异($1.96<|AR|\leqslant 2.58$)。

在选择"去看看好不好玩"的被试中,小城镇儿童与大中城市儿童或乡村儿童间不存在显著的差异($|AR|\leqslant 1.96$);在选择"想去制止但又不敢,害怕自己惹

上麻烦"的被试中,城乡儿童间均不存在显著的差异($|AR|\leqslant 1.96$);在选择"会劝他们停止,否则就报告老师或家长"的被试中,乡村儿童与大中城市儿童或小城镇儿童间不存在显著的差异($|AR|\leqslant 1.96$);在选择"会去制止,必要时会寻求周围人的帮助"的被试中,城乡儿童间均不存在显著的差异($|AR|\leqslant 1.96$)。

(4)生活满意度差异。

经差异检验发现,本省不同生活满意度儿童的制止欺负行为总体上存在非常显著的差异(卡方值=730.525,$P\leqslant 0.01$)。

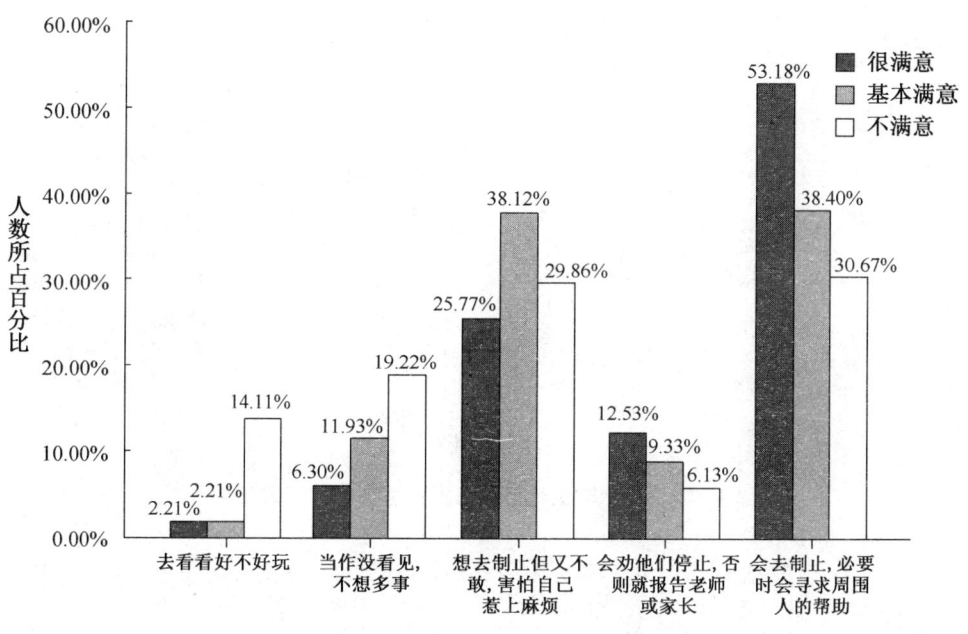

图4-34 制止欺负行为与儿童生活满意度分布图

不同生活满意度的儿童各选项百分比如图4-34所示,经进一步统计分析发现:

在选择"去看看好不好玩"和"当作没看见,不想多事"的被试中,对生活不满意的儿童与对生活基本满意或很满意的儿童的差异非常显著($|AR|>2.58$),人数比例随着生活满意程度的下降而呈现逐渐增长的趋势。

在选择"想去制止但又不敢,害怕自己惹上麻烦"的被试中,对生活基本满意的儿童与对生活不满意或很满意的儿童的差异非常显著($|AR|>2.58$),人数比

例随着生活满意程度的下降而呈现倒V字形趋势。

在选择"会劝他们停止,否则就报告老师或家长"和"会去制止,必要时会寻求周围人的帮助"的被试中,对生活很满意的儿童与对生活基本满意或不满意的儿童的差异非常显著($|AR|>2.58$),人数比例随着生活满意程度的下降而呈现逐渐下降的趋势。

(5) 家庭生活方式差异。

经差异检验发现,本省不同家庭生活方式儿童的制止欺负行为总体上存在非常显著的差异(卡方值$=110.669,P\leq0.01$)。

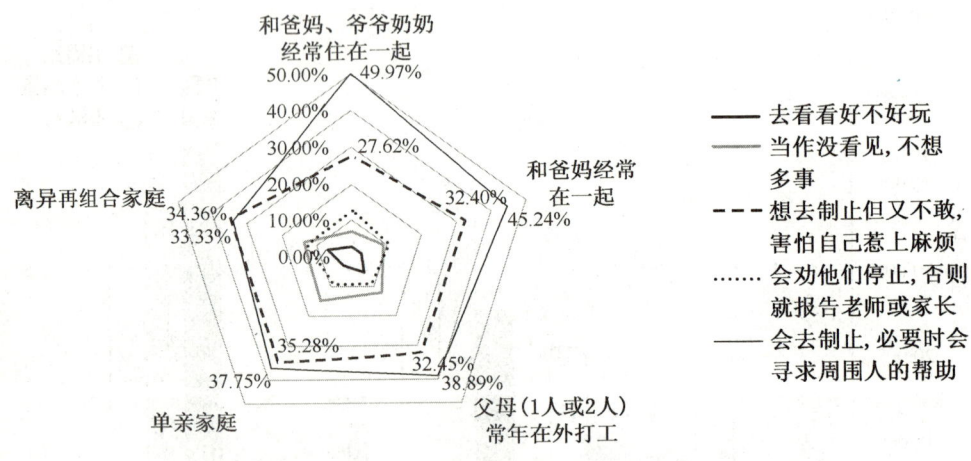

图4-35 制止欺负行为与儿童家庭生活方式雷达图

不同家庭生活方式的儿童各选项百分比如图4-35所示,经进一步统计分析发现:

在选择"去看看好不好玩"的被试中,"和爸妈经常在一起"、"父母(1人或2人)常年在外打工"和离异再组合家庭的儿童间差异非常显著($|AR|>2.58$),"和爸妈、爷爷奶奶经常住在一起"、单亲家庭的儿童与其他家庭的儿童间不存在显著差异($|AR|\leq1.96$)。

在选择"当作没看见,不想多事"的被试中,"和爸妈、爷爷奶奶经常住在一起"和单亲家庭的儿童间差异非常显著($|AR|>2.58$),"和爸妈经常在一起"、"父母(1人或2人)常年在外打工"、离异再组合家庭的儿童与其他家庭的儿童间不存在显著差异($|AR|\leq1.96$)。

在选择"想去制止但又不敢,害怕自己惹上麻烦"的被试中,"和爸妈、爷爷奶奶经常住在一起"和"和爸妈经常在一起"的儿童间差异非常显著($|AR|>2.58$),"父母(1人或2人)常年在外打工"、单亲家庭、离异再组合家庭的儿童与其他家庭的儿童间不存在显著差异($|AR|\leqslant1.96$)。

在选择"会去制止,必要时会寻求周围人的帮助"的被试中,"和爸妈、爷爷奶奶经常住在一起"、离异再组合家庭和单亲家庭的儿童间差异非常显著($|AR|>2.58$),"和爸妈经常在一起"、"父母(1人或2人)常年在外打工"的儿童与其他家庭的儿童间不存在显著差异($|AR|\leqslant1.96$)。

在选择"会劝他们停止,否则就报告老师或家长"的被试中,各种家庭生活方式的儿童间差异不显著($|AR|\leqslant1.96$)。

5 浙江省儿童愿意接受的道德教育方式

浙江省儿童愿意接受的道德教育方式有很多,具体见图 5-1。其中有 34.41% 的儿童倾向于"实际锻炼法",喜欢参加一些有主题的实践活动;有 26.79% 的儿童倾向于"说理教育法",喜欢通过讲故事、寓言或真实事例来让自己明白道理;还有 12.32% 的儿童倾向于"榜样示范法",喜欢观看榜样人物的纪录片。当然,也还有一些儿童愿意接受其他的道德教育方式,如:有 9.44% 的儿童倾向于"讨论法",喜欢参加讨论会或辩论赛;有 8.73% 的儿童倾向于"协商法",认为班里的事情,大家商量着办;有 8.31% 的儿童倾向于"陶冶教育法",认为老师自己做的让人称赞。

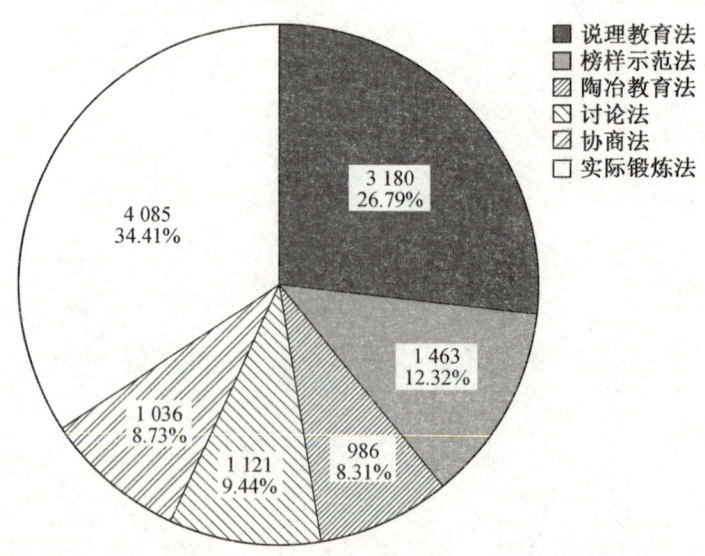

图 5-1 愿意接受的道德教育方式与儿童人数百分比分布图

从以上数据可以看出,绝大多数本省儿童愿意接受以实际锻炼法、说理教育法、榜样示范法为主的道德教育方式,而愿意接受讨论法、协商法、陶冶教育法的儿童则较少。

(1) 年段差异。

经差异检验发现,本省不同年段儿童在愿意接受的道德教育方式上存在非常显著的差异(卡方值=109.135,$P \leqslant 0.01$)。

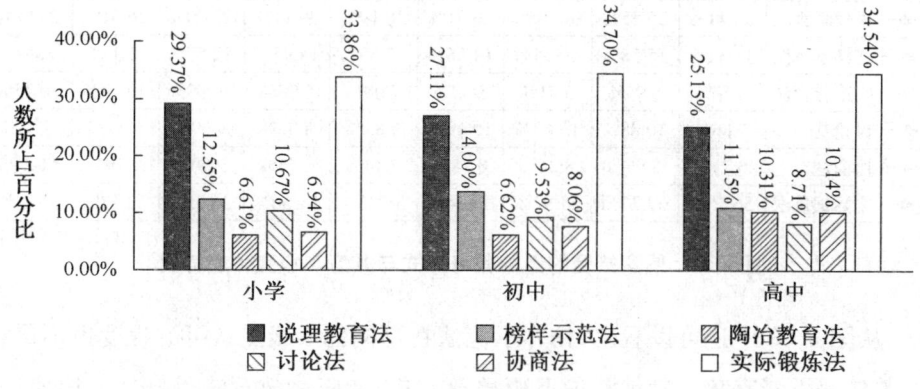

图 5-2 愿意接受的道德教育方式与儿童年段分布图

不同年段儿童各选项百分比如图 5-2 所示,经进一步统计分析发现:

在儿童愿意接受的道德教育方式当中,实际锻炼法在三个年段中所占的比例最高;在愿意接受说理教育法的儿童当中,小学生人数比例高于高中生,小学生与高中生间差异非常显著($|AR|>2.58$);在愿意接受榜样示范法的儿童当中,初中生人数比例高于高中生,初中生与高中生间差异非常显著($|AR|>2.58$);在愿意接受讨论法的儿童当中,小学生人数比例高于初中生和高中生,小学生与初中生或高中生间差异非常显著($|AR|>2.58$);在愿意接受协商法的儿童当中,高中生人数比例高于小学生,高中生与小学生间差异非常显著($|AR|>2.58$)。其他分析维度上,彼此之间均不存在显著差异($|AR|\leqslant 1.96$)。

从愿意接受的道德教育方式与儿童年级变化趋势图来看,实际锻炼法是儿童普遍愿意接受的道德教育方式,不同年级的儿童人数所占百分比均在 30% 以上;说理教育法也是儿童喜欢的道德教育方式,从整体上看,随着儿童年级的升高,喜欢说理教育法的人逐渐减少。(见图 5-3)

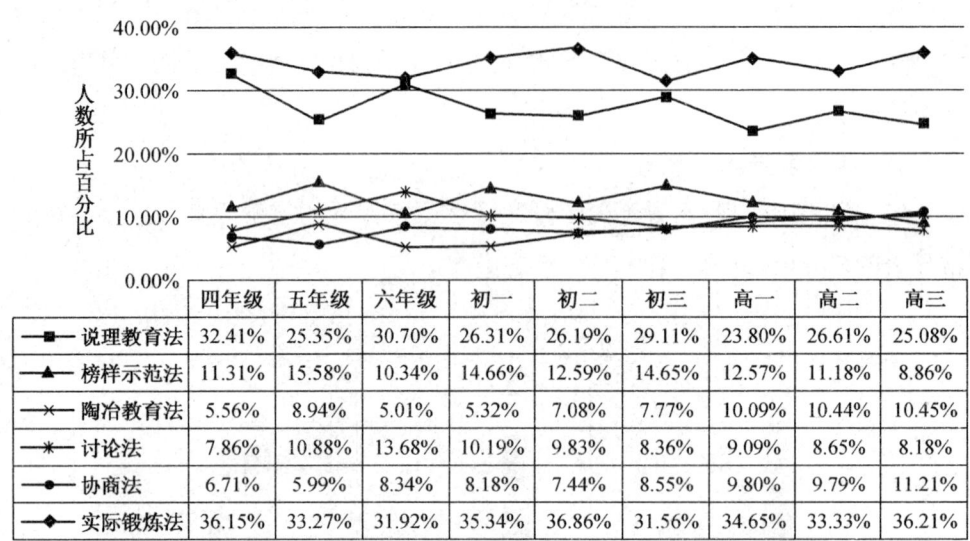

图 5-3 愿意接受的道德教育方式与儿童年级变化趋势图

从图 5-3 中还可以看出,榜样示范法在不同的年级受认可的程度也不尽相同,整体呈下降趋势。其他几种道德教育方式,如陶冶教育法、讨论法、协商法,从整体上来看,所占比重均较小,且都处于一定数值范围内,没有明显的上升或下降趋势。

(2) 性别差异。

经差异检验发现,本省不同性别儿童在愿意接受的道德教育方式上存在非常显著的差异(卡方值＝143.110,$P \leqslant 0.01$)。

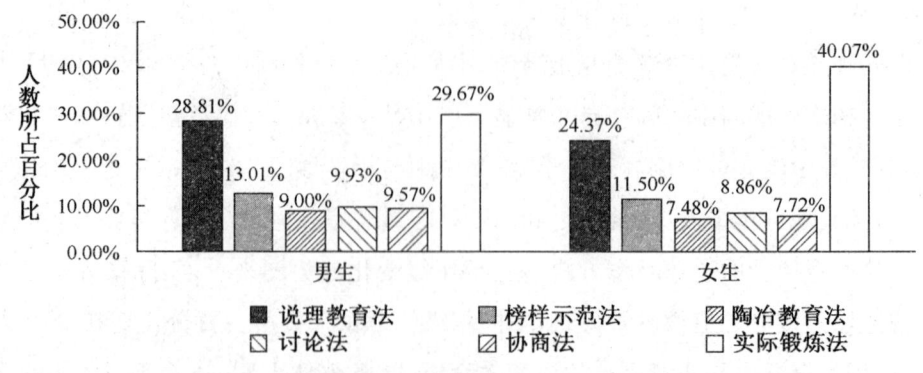

图 5-4 愿意接受的道德教育方式与儿童性别分布图

男女生各选项百分比如图 5-4 所示,经进一步统计分析发现:

在愿意接受实际锻炼法的儿童中,女生人数比例高于男生,且男女生间差异非常显著($|AR|>2.58$);而在愿意接受说理教育法、陶冶教育法和协商法的儿童当中,男生人数比例高于女生,且男女生间差异非常显著($|AR|>2.58$)。

(3) 城乡差异。

经差异检验发现,本省城乡儿童在愿意接受的道德教育方式上存在非常显著的差异(卡方值=26.854,$P\leqslant0.01$)。

城乡儿童各选项百分比如图 5-5 所示,经进一步统计分析发现:

无论是大中城市儿童、小城镇儿童,还是乡村儿童,愿意接受实际锻炼法和说理教育法的人数所占百分比均高于选择其他道德教育方式的人数所占的百分比。

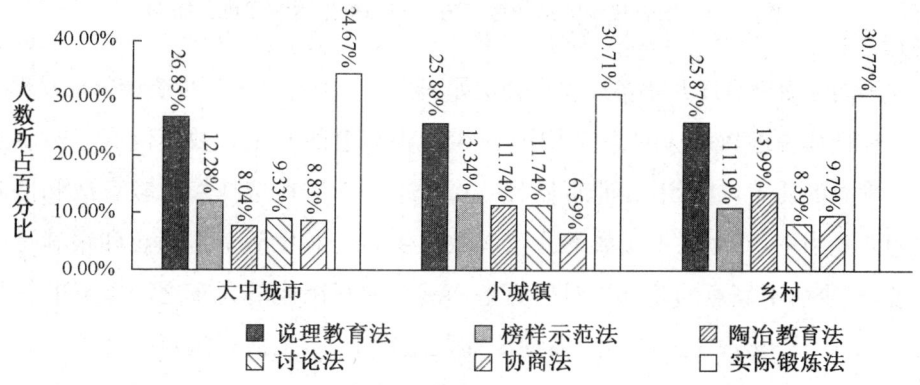

图 5-5 愿意接受的道德教育方式与儿童城乡分布图

在愿意接受陶冶教育法的儿童当中,大中城市儿童和小城镇儿童之间存在非常显著的差异($|AR|>2.58$),乡村儿童与大中城市儿童或小城镇儿童相比,不存在显著差异($|AR|\leqslant1.96$)。

在愿意接受实践锻炼法的儿童当中,大中城市儿童和小城镇儿童之间存在比较显著的差异($1.96<|AR|\leqslant2.58$),乡村儿童与大中城市儿童或小城镇儿童相比,不存在显著差异($|AR|\leqslant1.96$)。

在愿意接受说理教育法、榜样示范法、讨论法和协商法的儿童当中,城乡儿童之间均不存在显著差异($|AR|\leqslant1.96$)。

(4) 生活满意度差异。

经差异检验发现,本省不同生活满意度儿童在愿意接受的道德教育方式上存在非常显著的差异(卡方值=103.682,$P \leqslant 0.01$)。

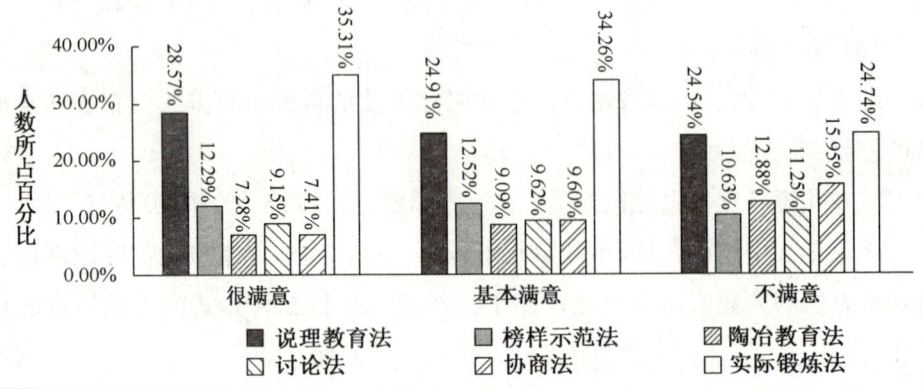

图 5-6 愿意接受的道德教育方式与儿童生活满意度分布图

不同生活满意度儿童各选项百分比如图 5-6 所示,经进一步统计分析发现:

在选择说理教育法的儿童当中,对生活很满意的儿童人数比例高于对生活基本满意的儿童,二者差异非常显著($|AR|>2.58$);在选择陶冶教育法和协商法的儿童当中,对生活不满意的儿童人数比例高于对生活基本满意和很满意的儿童,对生活不满意的儿童与对生活基本满意或很满意的儿童之间差异非常显著($|AR|>2.58$);在选择实际锻炼法的儿童当中,对生活很满意的儿童人数比例高于对生活不满意的儿童,二者差异非常显著($|AR|>2.58$)。其他分析维度上,彼此之间均不存在显著差异($|AR| \leqslant 1.96$)。

在选择榜样示范和讨论法的儿童当中,城乡儿童之间均不存在显著差异($|AR| \leqslant 1.96$)。

(5) 家庭生活方式差异。

经差异检验发现,本省不同家庭生活方式儿童在愿意接受的道德教育方式上总体差异不显著(卡方值=29.525,$P>0.05$)。

不同家庭生活方式儿童各选项百分比如图 5-7 所示,经进一步统计分析发现:

不同家庭生活方式的儿童愿意接受的道德教育方式不存在显著差异

($|AR|\leqslant 1.96$)。

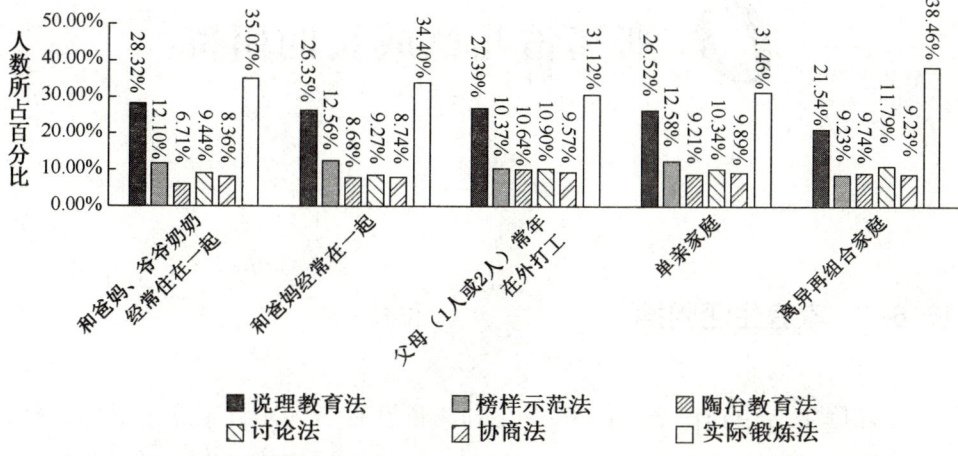

图 5-7 愿意接受的道德教育方式与儿童家庭生活方式分布图

6 浙江省儿童成长的困扰

6.1 家庭生活困扰

在家庭生活中,有53.96%的浙江省儿童没有遇到来自家庭生活的困扰。在有家庭生活困扰的儿童中,家长对他们的学习的压力是他们最主要的困扰,占24.08%;有10.13%的儿童因为家庭关系不和谐而感到苦恼;接着是家庭经济问题,5.75%的儿童表示家里缺钱用;有2.86%的儿童在家里受到严厉的批评甚至体罚并为之困扰;"其他"家庭问题占3.21%。(见图6-1)通过对儿童"其他"的家庭困扰进行数据整理,删除与前面几个选择类似的重复回答,我们可以发现,主要问题还涉及家人健康问题和家人疏于子女教育的问题。

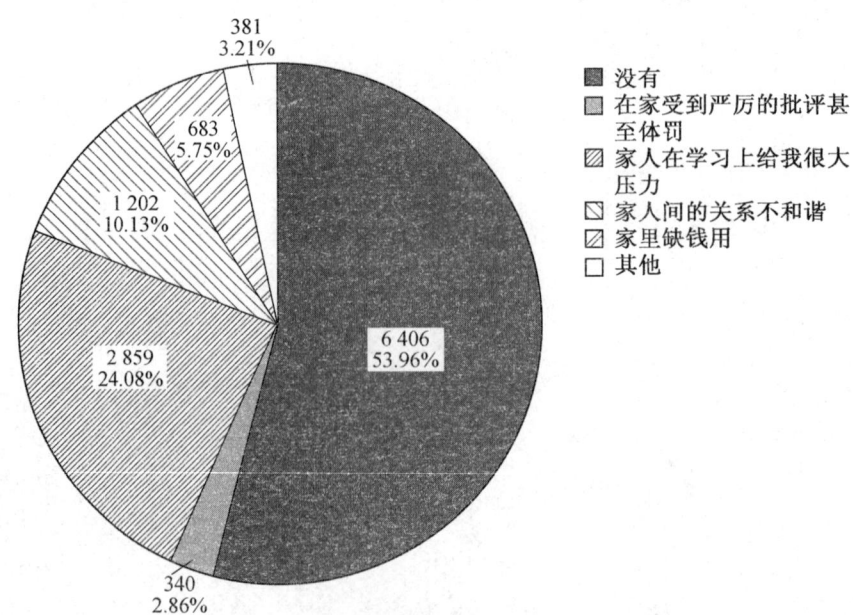

图6-1 家庭生活困扰与儿童人数百分比图

(1) 年段差异。

经差异检验发现,本省不同年段儿童受家庭生活困扰的情况总体上存在非常显著的差异(卡方值=326.068,$P \leqslant 0.01$)。

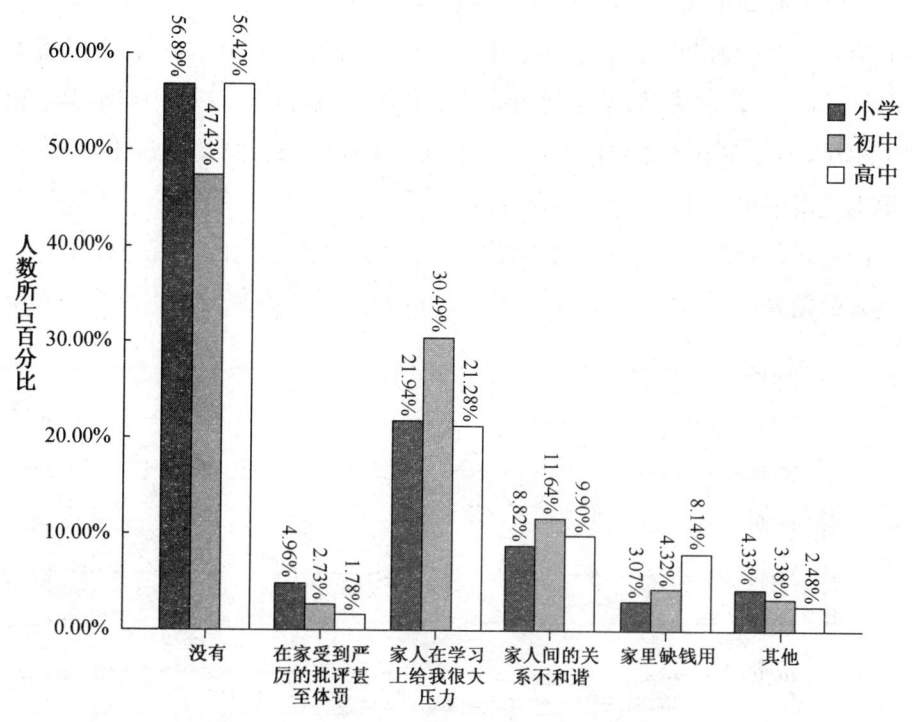

图6-2 家庭生活困扰与儿童年段分布图

不同年段儿童各选项百分比如图6-2所示,经进一步统计分析发现:

在选择"家里缺钱用"的被试中,不同年段儿童间的差异非常显著($|AR|>2.58$),人数比例随年段的上升呈上升趋势。在没有家庭困扰的被试中,小学生和初中生之间的差异非常显著($|AR|>2.58$),人数比例随年段的上升呈V字形趋势。在选择"在家受到严厉的批评甚至体罚"的被试中,小学生和高中生之间的差异非常显著($|AR|>2.58$),人数比例随年段的上升呈下降趋势。在选择"家人在学习上给我很大压力"的被试中,初中生和高中生之间的差异非常显著($|AR|>2.58$),人数比例随年段的上升呈倒V字形趋势。在选择"家人间的关系不和谐"的被试中,小学生和初中生之间的差异非常显著($|AR|>2.58$),人数比例随年段的上升呈倒V字形趋势。在选择"其他"的被试中,小学生和高中生

之间的差异非常显著($|AR|>2.58$),人数比例随年段的上升呈下降趋势。

在选择"没有"家庭困扰的被试中,高中生与小学生或初中生相比,不存在显著差异($|AR|\leqslant1.96$)。在选择"在家受到严厉的批评甚至体罚"的被试中,初中生与小学生或高中生相比,不存在显著差异($|AR|\leqslant1.96$)。在选择"家人在学习上给我很大压力"的被试中,小学生与初中生或高中生相比,不存在显著差异($|AR|\leqslant1.96$)。在选择"家人间的关系不和谐"的被试中,高中生与小学生或初中生相比,不存在显著差异($|AR|\leqslant1.96$)。在选择"其他"的被试中,初中生与小学生或高中生相比,不存在显著差异($|AR|\leqslant1.96$)。

经差异检验发现,本省不同年级儿童受家庭生活困扰的情况总体上存在非常显著的差异(卡方值$=430.384,P\leqslant0.01$)。

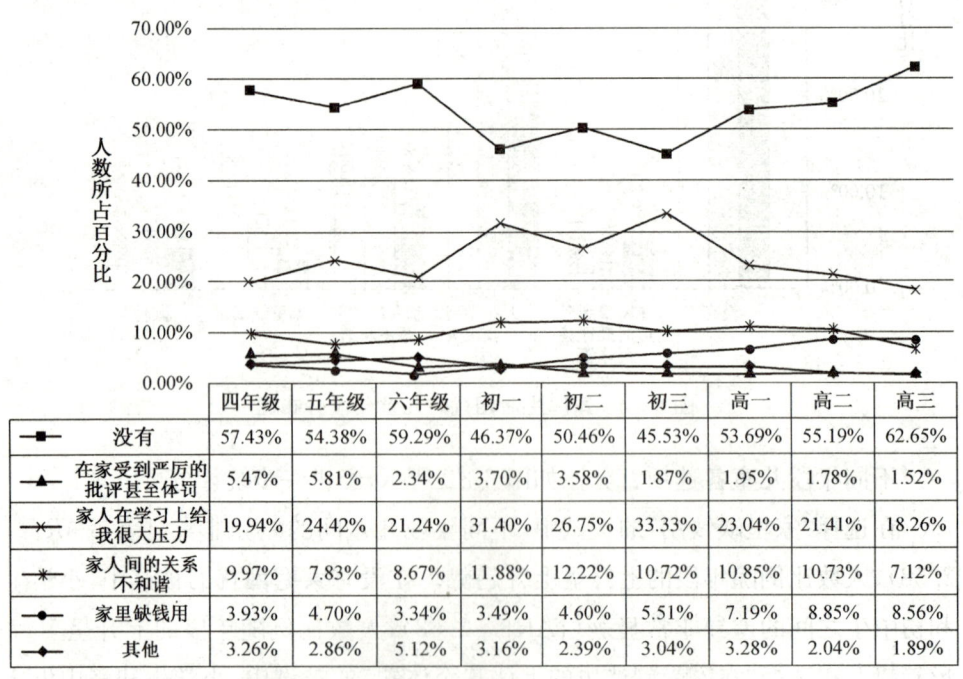

图6-3 家庭生活困扰与儿童年级变化趋势图

不同年级儿童各选项百分比如图6-3所示,经进一步统计分析发现:

相对于小学生与高中生,初中生有更多来自家庭生活的困扰。初中生中没有家庭生活困扰的比例低于小学生和高中生,且四年级、六年级、初一、初三和高三儿童间的差异非常显著($|AR|>2.58$),初三儿童没有家庭生活困扰的人数比

例最低。初中生正值青春发育期,这一时期的孩子身心快速发展变化,他们比较敏感、易怒,与父母在这一时期也容易出现摩擦与争执,这可能也导致了初中生有更多的家庭生活困扰。

在"家人在学习上给我很大压力"这项上,人数比例呈现上下浮动的倒 U 字形趋势,高三儿童的比例是最低的,除五年级、六年级、初二和高一外,其余各年级差异非常显著($|AR|>2.58$)。总的来看,目前小学生、初中生和高中生承受着的最为明显的来自家庭的压力是学业压力。在"家里缺钱用"这项上,人数比例随着年级上升大致呈上升趋势,高中生有此困扰的比例高于小学生和初中生,五年级、六年级、高二和高三儿童间的差异非常显著($|AR|>2.58$)。

(2)性别差异。

经差异检验发现,本省不同性别儿童受家庭生活困扰的情况总体上存在非常显著的差异(卡方值$=35.666, P\leqslant 0.01$)。

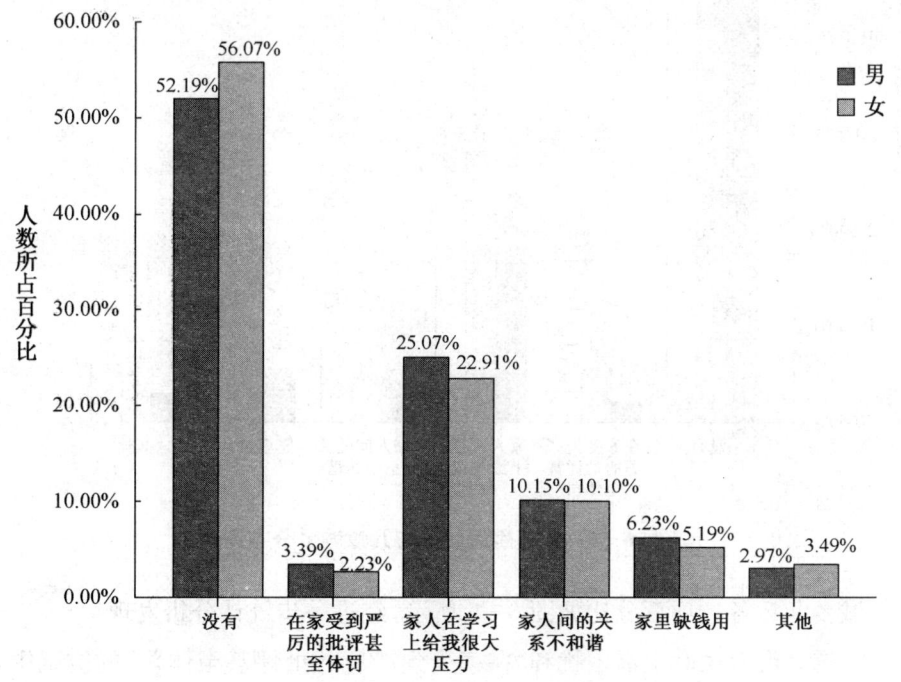

图 6-4 家庭生活困扰与儿童性别分布图

不同性别儿童各选项百分比如图 6-4 所示,经进一步统计分析发现:

没有家庭生活困扰的女生比例高于男生,且二者差异非常显著($|AR|>2.58$)。除"其他"项外,男生有各种家庭生活困扰的比例均高于女生。在"在家受到严厉的批评甚至体罚"和"家人在学习上给我很大压力"选项上,男女生之间的差异非常显著($|AR|>2.58$)。其他分析维度上,二者差异不显著($|AR|\leqslant 1.96$)。

(3) 城乡差异。

经差异检验发现,本省城乡儿童受家庭生活困扰的情况总体上存在非常显著的差异(卡方值$=33.446,P\leqslant 0.01$)。

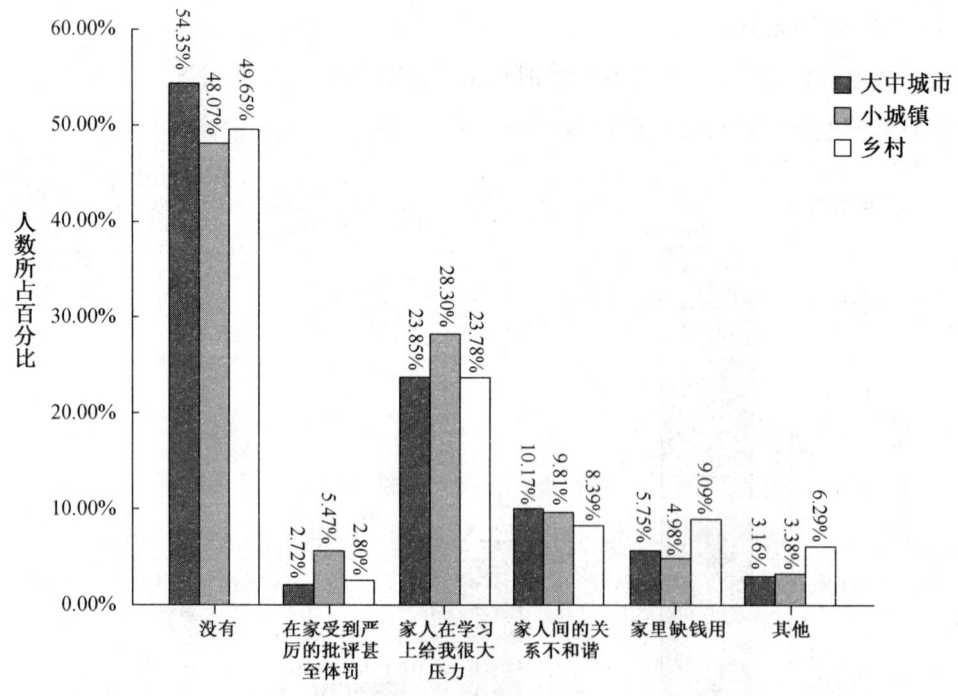

图 6-5 家庭生活困扰与儿童城乡分布图

城乡儿童各选项百分比如图 6-5 所示,经进一步统计分析发现:

在选择没有家庭生活困扰和"在家受到严厉的批评甚至体罚"的被试中,大中城市儿童和小城镇儿童间的差异非常显著($|AR|>2.58$)。在没有家庭生活困扰的被试中,人数比例从在大中城市到小城镇再到乡村呈 V 字形趋势;在选择"在家受到严厉的批评甚至体罚"的被试中,人数比例从大中城市到小城镇再

到乡村呈倒 V 字形趋势。

在选择"家人在学习上给我很大压力"的被试中,大中城市儿童和小城镇儿童间的差异比较显著（$1.96 < |AR| \leq 2.58$）,人数比例从大中城市到小城镇再到乡村呈倒 V 字形趋势。

在选择没有家庭生活困扰、"在家受到严厉的批评甚至体罚"和"家人在学习上给我很大压力"的被试中,乡村儿童与大中城市儿童或小城镇儿童间不存在显著的差异（$|AR| \leq 1.96$）。在选择"家人间的关系不和谐"和"家里缺钱用"的被试中,城乡儿童之间不存在显著的差异（$|AR| \leq 1.96$）。

由图 6-5 可见,家长所给予的学习上的压力是目前中国儿童所承受的来自家庭的主要困扰,其中大中城市的儿童尤为明显。同时,乡村的一部分儿童还承受着比大中城市儿童更为明显的经济方面的家庭压力与困扰。

（4）生活满意度差异。

经差异检验发现,本省不同生活满意度儿童受家庭生活困扰的情况总体上存在非常显著的差异（卡方值＝613.146,$P \leq 0.01$）。

不同生活满意度儿童各选项百分比如图 6-6 所示,经进一步统计分析发现:

在没有家庭生活困扰、有"家人间的关系不和谐"和"家里缺钱用"问题的被试中,不同生活满意度儿童间差异非常显著（$|AR| > 2.58$）。在没有家庭生活困扰的被试中,对生活很满意的儿童人数比例高于对生活基本满意和不满意的儿童,人数比例随着生活满意程度的下降而呈现逐渐下降的趋势;在有"家人间的关系不和谐"问题的儿童中,对生活不满意的儿童人数比例高于对生活很满意和基本满意的儿童,人数比例随着生活满意程度的下降而呈现逐渐上升的趋势;在有"家里缺钱用"问题的儿童中,对生活不满意的儿童人数比例高于对生活很满意和基本满意的儿童,人数比例随着生活满意程度的下降而呈现逐渐上升的趋势。

在有"在家受到严厉的批评甚至体罚"问题的儿童中,对生活不满意的儿童人数比例高于对生活很满意的儿童,二者存在非常显著的差异（$|AR| > 2.58$）,人数比例随着生活满意程度的下降而呈现逐渐增长的趋势;在有"家人在学习上给我很大压力"问题的儿童中,对生活很满意的儿童人数比例低于对生活基本满

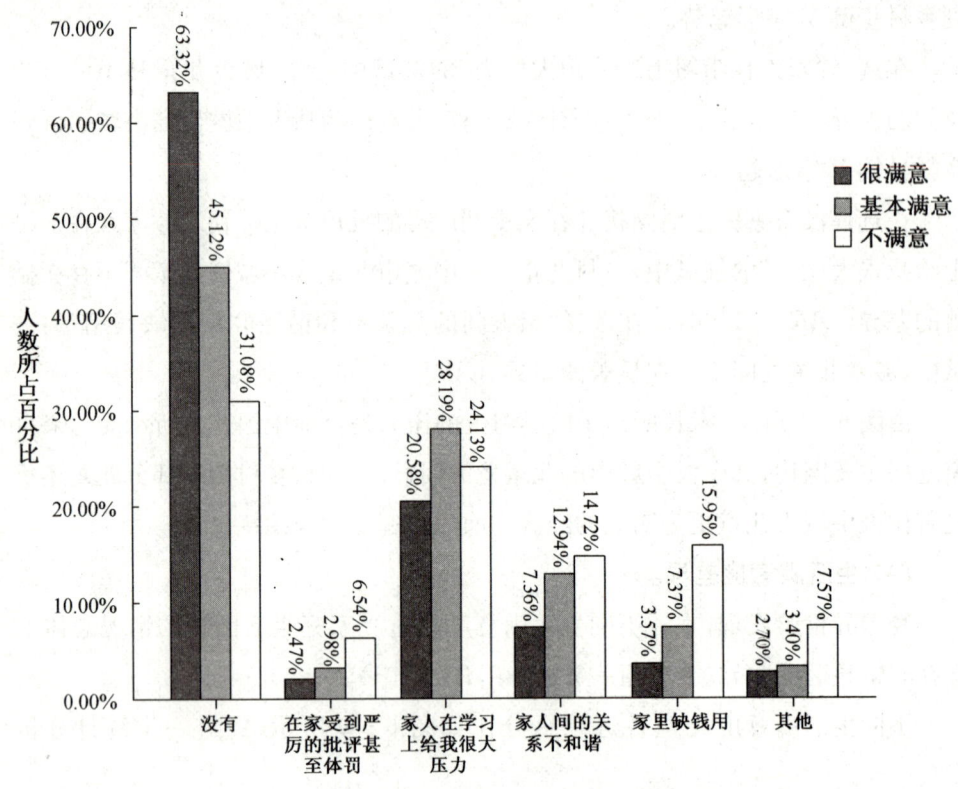

图 6-6 家庭生活困扰与儿童生活满意度分布图

意的儿童,二者存在非常显著的差异($|AR|>2.58$),人数比例随着生活满意程度的下降而呈现倒 V 字形走势。

在有"在家受到严厉的批评甚至体罚"问题的儿童中,对生活基本满意的儿童与对生活很满意或不满意的儿童之间均不存在显著差异($|AR| \leqslant 1.96$);在有"家人在学习上给我很大压力"问题的儿童中,对生活不满意的儿童与对生活很满意或基本满意的儿童之间均不存在显著差异($|AR| \leqslant 1.96$)。

(5) 家庭生活方式差异。

经差异检验发现,本省不同家庭生活方式儿童受家庭生活困扰的情况总体上存在非常显著的差异(卡方值=194.389,$P \leqslant 0.01$)。

不同家庭生活方式儿童各选项百分比如图 6-7 所示,经进一步统计分析发现:

"和爸妈、爷爷奶奶经常住在一起"的儿童中没有家庭生活困扰的比例最高,

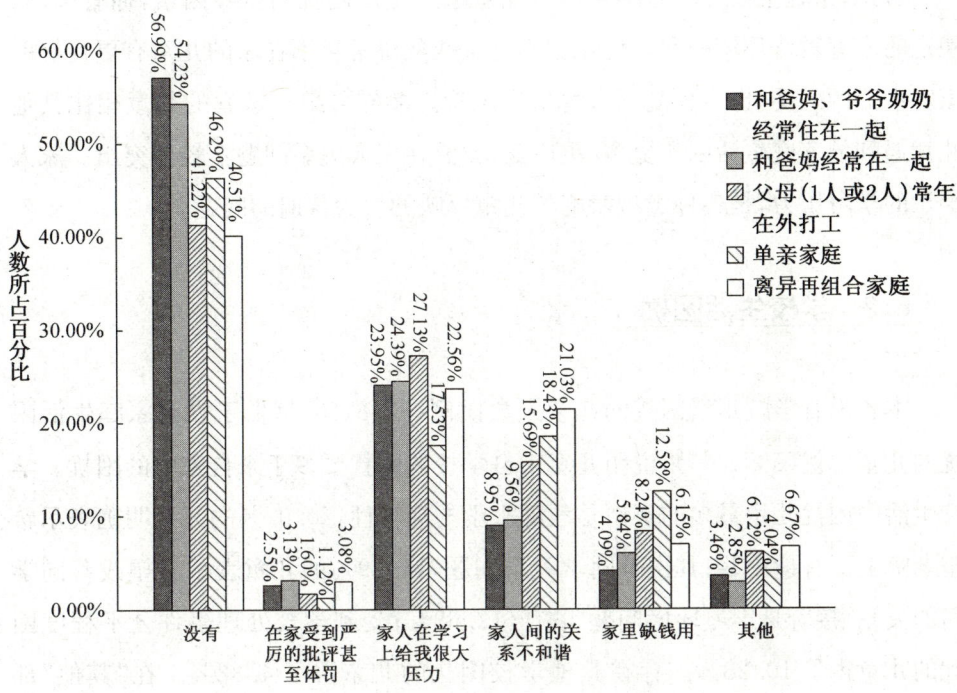

图 6-7 家庭生活困扰与儿童家庭生活方式分布图

其次是"和爸妈经常在一起"的儿童,相比这两者,其他三种类型的儿童中没有家庭生活困扰的比例较低,且除了和父母一起生活的儿童外,其余家庭生活方式的儿童间差异非常显著($|AR|>2.58$);离异再组合家庭的儿童有"家人间的关系不和谐"问题的比例最高,其次是单亲家庭和"父母(1人或2人)常年在外打工"家庭的儿童,这三者与其他家庭生活方式的儿童间差异非常显著($|AR|>2.58$);单亲家庭和"父母(1人或2人)常年在外打工"的儿童有家庭经济困难问题的比例较其他类型的家庭的儿童高,单亲家庭和与父母祖辈一起生活的儿童间的差异非常显著($|AR|>2.58$)。

"和爸妈经常在一起"的儿童受到严厉批判甚至体罚的的比例最高,"和爸妈经常在一起"的儿童与单亲家庭的儿童差异比较显著($1.96<|AR|≤2.58$),与其他家庭生活方式的儿童差异不显著($|AR|≤1.96$)。

"父母(1人或2人)常年在外打工"的儿童和与父母一起生活的儿童中家人给予很大学习压力的比例高于其他几个类型,但彼此间差异不显著($|AR|≤1.96$)。

可见,家庭生活方式是影响本省儿童家庭生活困扰的重要因素,拥有圆满、稳定的家庭教育环境的儿童比家庭不健全或父母常年不在家的儿童有更良好的家庭生活的感受,也更少受到家庭生活困扰。离异再组合家庭的儿童相比其他儿童遇到的家庭生活困扰更多、更广泛,尤其在家人关系问题上较为突出。家人给予的学习压力,是各种类型家庭的儿童反映的较为普遍的问题。

6.2 学校生活困扰

本省没有学校生活困扰的儿童人数比例(37.81%)远低于没有家庭生活困扰的儿童比例(53.96%),说明儿童来自学校的困扰要多于来自家庭的困扰。学校生活中困扰儿童最多的事情是教师教学的趣味性,20.02%的儿童明确表示希望老师上课有趣一些;其次是同学关系问题,14.39%的儿童表示希望改善同学间的关系;接着是学习环境问题,占了12.68%;受到学校处理事件公平程度困扰的儿童占了10.28%。存在其他学校困扰的儿童占了4.82%。在"其他"部分,剔除与前几个选项的重复项,小学儿童的学校困扰还有"师生关系问题"、"作业问题"、"成绩问题"等,中学儿童存在的困扰还有"成绩问题"、"师生关系问题"、"考试压力问题"等。(见图6-8)

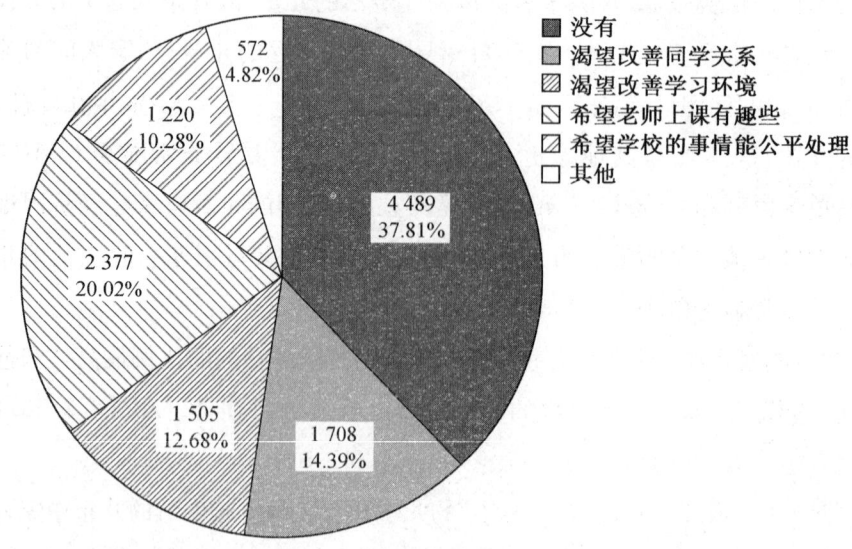

图6-8 学校生活困扰与儿童人数百分比分布图

(1) 年段差异。

经差异检验发现,本省不同年段儿童受学校生活困扰的情况总体上存在非常显著的差异(卡方值=375.021,$P \leqslant 0.01$)。

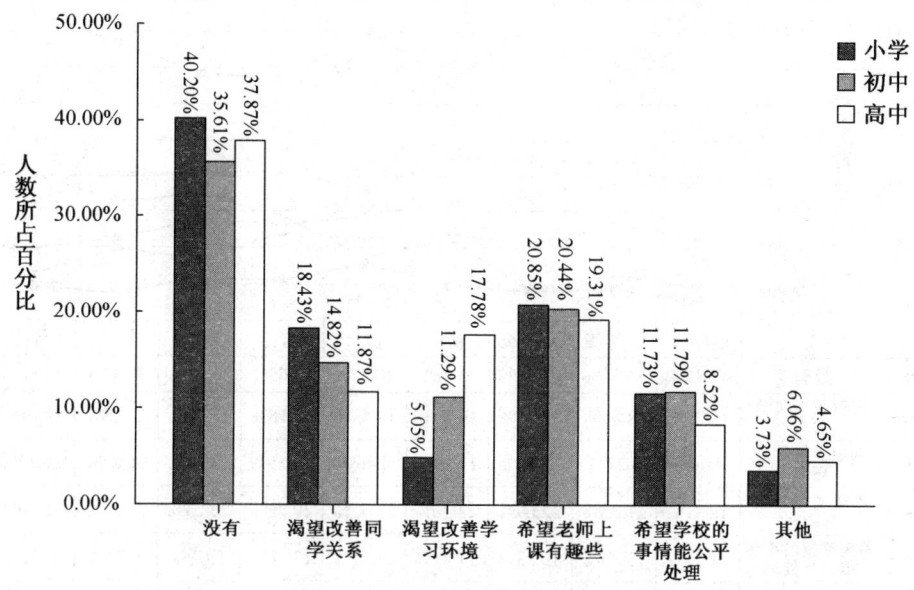

图6-9 学校生活困扰与儿童年段分布图

不同年段儿童各选项百分比如图6-9所示,经进一步统计分析发现:

在没有家庭困扰的被试中,不同年段儿童间的差异非常显著($|AR|>2.58$),人数比例随年段的上升呈V形趋势。在选择"渴望改善同学关系"的被试中,不同年段儿童间的差异非常显著($|AR|>2.58$),人数比例随年段的上升呈下降趋势。在选择"渴望改善学习环境"的被试中,不同年段儿童间的差异非常显著($|AR|>2.58$),人数比例随年段的上升呈上升趋势。在选择"希望学校的事情能公平处理"的被试中,不同年段儿童间的差异非常显著($|AR|>2.58$),人数比例随年段的上升呈倒V字形趋势。在选择"其他"的被试中,小学生和初中生间的差异非常显著($|AR|>2.58$),人数比例随年段的上升呈倒V趋势。

在选择"其他"的被试中,高中生与小学生或初中生相比,不存在显著差异($|AR| \leqslant 1.96$)。在选择"希望老师上课有趣些"的被试中,不同年段儿童间的差异不显著($|AR| \leqslant 1.96$),人数比例随年段的上升呈下降趋势。

经差异检验发现,本省不同年级儿童受学校生活困扰的情况总体上存在非常显著的差异(卡方值=508.409,$P \leqslant 0.01$)。

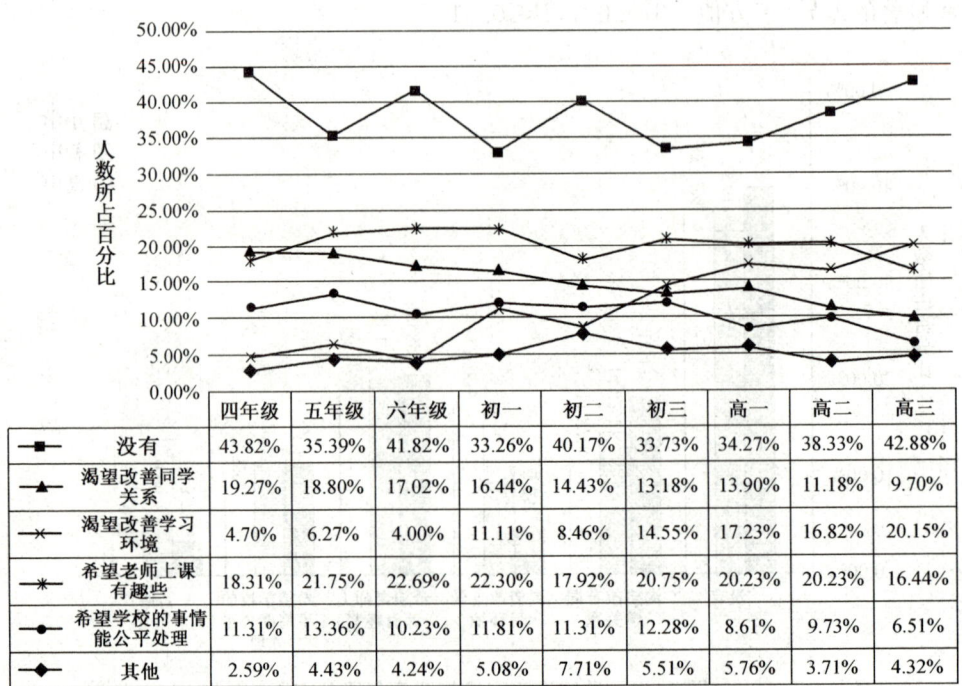

图6-10 学校生活困扰与儿童年级变化趋势图

不同年级儿童各选项百分比如图6-10所示,经进一步统计分析发现:

没有学校生活困扰的儿童整体波动较大,比例最高的是四年级,其次是高三,初一没有学校生活困扰的比例是所有被测年级中最低的,除五年级、初二和高二外,其余年级间的差异非常显著($|AR|>2.58$)。

"希望老师上课有趣些"是困扰几乎所有年级的核心问题之一,每个年级都约有五分之一的儿童有这样的困扰,其中比例较高的是六年级和初一,高于其他年级,四年级、五年级、六年级、高二和高三间的差异非常显著($|AR|>2.58$)。

"渴望改善同学关系"的儿童中比例最高的是四年级,高于其他年级,且四年级、五年级、高二和高三间差异非常显著($|AR|>2.58$)。有"渴望改善学习环境"需求的儿童整体上呈现随年级上升的趋势,小学阶段总体上比例较低,最高点为高三儿童,六年级为最低值,从初二开始就上升,除初一、初三外,其余年级

间的差异非常显著($|AR|>2.58$)。

可见不同年级的儿童面临的具体困扰有所区别,小学阶段的儿童面临较多的学校问题是同学关系和教师的授课方式,初中阶段最为明显的问题是教师的授课方式,到了高中,除了教师的授课方式外,学校的学习环境问题也成为困扰儿童的较为突出的问题之一。

(2)性别差异。

经差异检验发现,本省不同性别儿童受学校生活困扰的情况总体差异非常显著(卡方值=17.591,$P\leqslant0.01$)。

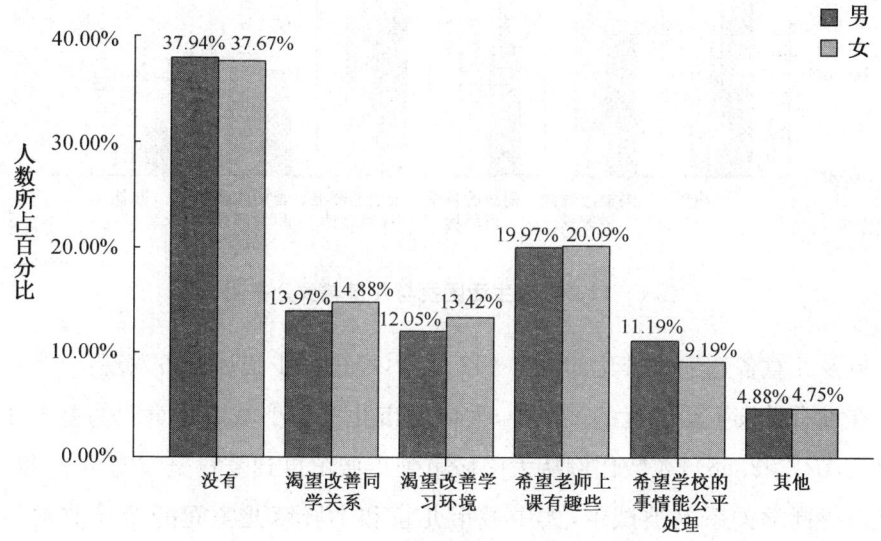

图6-11 学校生活困扰与儿童性别分布图

不同性别儿童各选项百分比如图6-11所示,经进一步统计分析发现:

希望学校能公平处事的被试中,男女生之间存在非常显著的差异($|AR|>2.58$)。

在"渴望改善同学关系""渴望改善学习环境"的被试中,男女生之间存在比较显著的差异($1.96<|AR|\leqslant2.58$)。

在没有学校生活困扰、希望老师上课有趣些、选择"其他"的被试中,男女生之间不存在显著的差异($|AR|\leqslant1.96$)。

(3) 城乡差异。

经差异检验发现,本省城乡儿童受学校生活困扰的情况总体上存在非常显著的差异(卡方值=39.765,$P\leqslant 0.01$)。

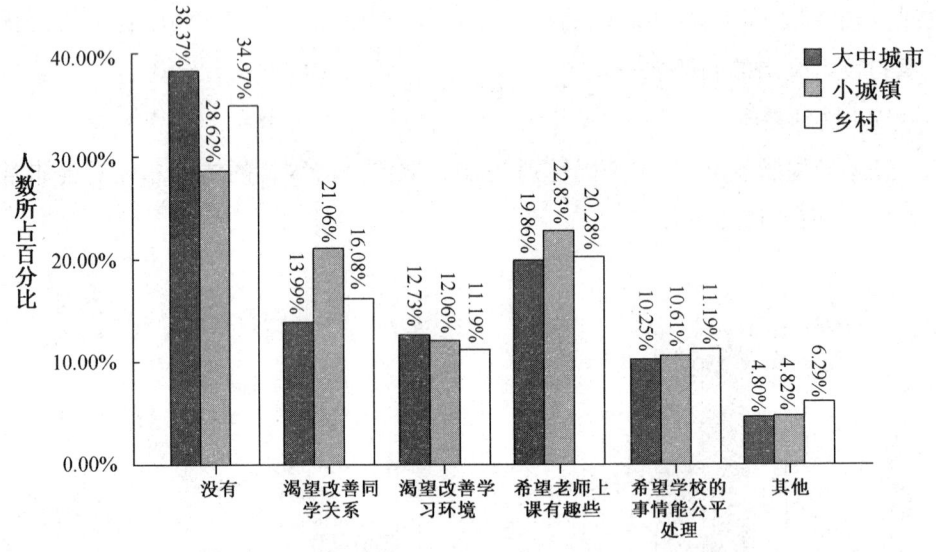

图6-12 学校生活困扰与儿童城乡分布图

城乡儿童各选项百分比如图6-12所示,经进一步统计分析发现:

在没有学校生活困扰的被试中,大中城市儿童和小城镇儿童间的差异非常显著($|AR|>2.58$),人数比例从大中城市到小城镇再到乡村呈V字形趋势;在渴望改善同学关系的被试中,大中城市儿童和小城镇儿童间的差异非常显著($|AR|>2.58$),人数比例从大中城市到小城镇再到乡村呈倒V字形趋势。

在没有学校生活困扰和渴望改善同学关系的被试中,乡村儿童与大中城市或小城镇儿童间均不存在显著的差异($|AR|\leqslant 1.96$);在受学习环境问题困扰、希望学校能够处事公正、受教师的授课方式问题困扰的被试中,城乡儿童间不存在显著的差异($|AR|\leqslant 1.96$)。

(4) 生活满意度差异。

经差异检验发现,本省不同生活满意度的儿童受学校生活困扰的情况总体上存在非常显著的差异(卡方值=690.801,$P\leqslant 0.01$)。

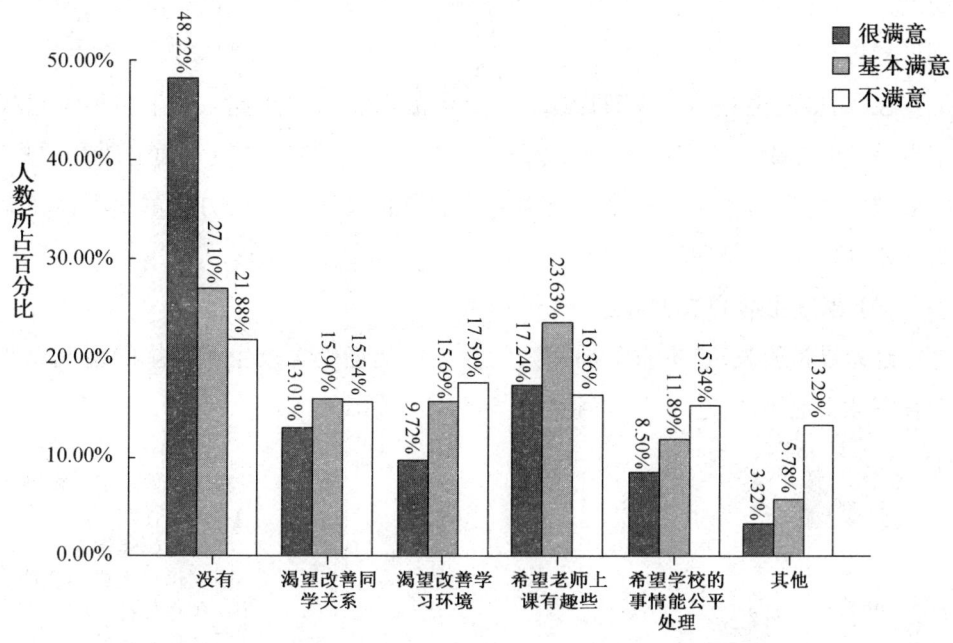

图 6-13　学校生活困扰与儿童生活满意度分布图

不同生活满意度的儿童各选项百分比如图 6-13 所示,经进一步统计分析发现:

在没有学校生活困扰、渴望改善学习环境和受学校处理问题不公困扰的被试中,不同生活满意度的儿童间均存在非常显著的差异($|AR|>2.58$)。在没有学校生活困扰的被试中,对生活很满意的儿童人数比例高于对生活基本满意和不满意的儿童,人数比例随着生活满意程度的下降而呈现逐渐下降的趋势;在"渴望改善学习环境"的被试中,对生活不满意的儿童人数比例高于对生活很满意和基本满意的儿童,人数比例随着生活满意程度的下降而呈现逐渐上升的趋势;在"希望学校的事情能公平处理"的被试中,对生活很满意的儿童人数比例低于对生活基本满意和不满意的儿童,人数比例随着生活满意程度的下降而呈现逐渐上升的趋势。

在"渴望改善同学关系"的被试中,对生活基本满意和很满意的儿童间的差异非常显著($|AR|>2.58$),人数比例随着生活满意程度的下降而呈现倒 V 字形走势;在"希望老师上课有趣些"的被试中,对生活很满意和基本满意的儿童间

的差异非常显著($|AR|>2.58$),人数比例随着生活满意程度的下降而呈现倒V字形趋势。

在"渴望改善同学关系"的被试中,对生活不满意的儿童与对生活很满意或基本满意的儿童间不存在显著的差异($|AR|\leqslant1.96$);在"希望老师上课有趣些"的被试中,对生活不满意的儿童与对生活很满意或基本满意的儿童间不存在显著的差异($|AR|\leqslant1.96$)。

(5) 家庭生活方式差异。

经差异检验发现,本省不同家庭生活方式儿童受学校生活困扰的情况总体上存在非常显著的差异(卡方值=64.661,$P\leqslant0.01$)。

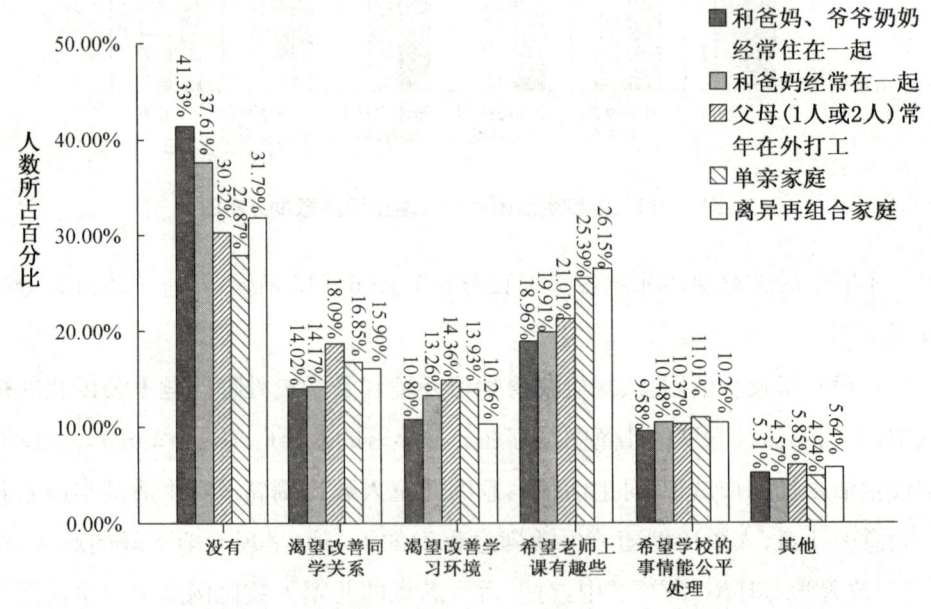

图6-14 学校生活困扰与儿童家庭生活方式分布图

不同家庭生活方式儿童各选项百分比如图6-14所示,经进一步统计分析发现:

"和爸妈、爷爷奶奶经常住在一起"与"和爸妈经常在一起"的儿童比其他儿童对学校生活有更高的满意度,他们中没有学校生活困扰的比例高于其他三种类型,在其他三种类型中,单亲家庭的儿童对学校生活的满意度相对最低,其次是离异再组合家庭和"父母(1人或2人)常年在外打工"的儿童。除了"和爸妈

经常在一起"和离异再组合家庭的儿童外,其余生活方式的儿童间的差异非常显著($|AR|>2.58$)。

在没有学校生活困扰的被试中,"和爸妈经常在一起"、离异再组合家庭的儿童与其他家庭生活方式的儿童间不存在显著差异($|AR|\leq 1.96$)。在"渴望改善同学关系"上,"父母(1人或2人)常年在外打工"的儿童比例最高,且不同家庭生活方式的儿童间不存在显著差异($|AR|\leq 1.96$)。在"渴望改善学习环境"上,"父母(1人或2人)常年在外打工"的儿童比例最高,且不同家庭生活方式的儿童间不存在显著差异($|AR|\leq 1.96$)。在"希望老师上课有趣些"上,离异再组合家庭的儿童比例最高,且不同家庭生活方式的儿童间不存在显著差异($|AR|\leq 1.96$)。在"希望学校的事情能公平处理"上,单亲家庭的儿童比例最高,且不同家庭生活方式的儿童间不存在显著差异($|AR|\leq 1.96$)。"和爸妈经常在一起"和"和爸妈、爷爷奶奶经常住在一起"的儿童在这几项上比例均低于其他各项,可见,父母或祖辈对儿童在校适应状况起着非常重要的作用,缺少父母陪伴(父母有1人或2人常年在外打工)的留守儿童更容易遇到各种类型的学校适应问题。